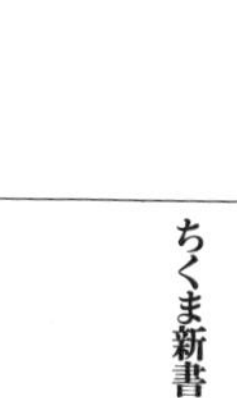

ちくま新書

中東政治入門

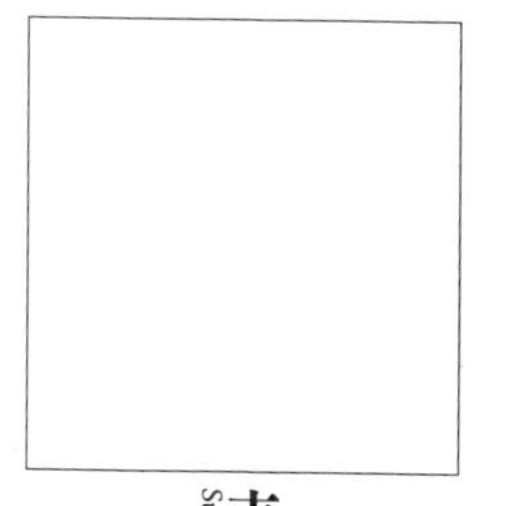

末近浩太
Suechika Kota

1514

中東政治入門【目次】

第2章 独裁——なぜ民主化が進まないのか　071

第3章　紛争――なぜ戦争や内戦が起こるのか　123

終章　国際政治のなかの中東政治　283

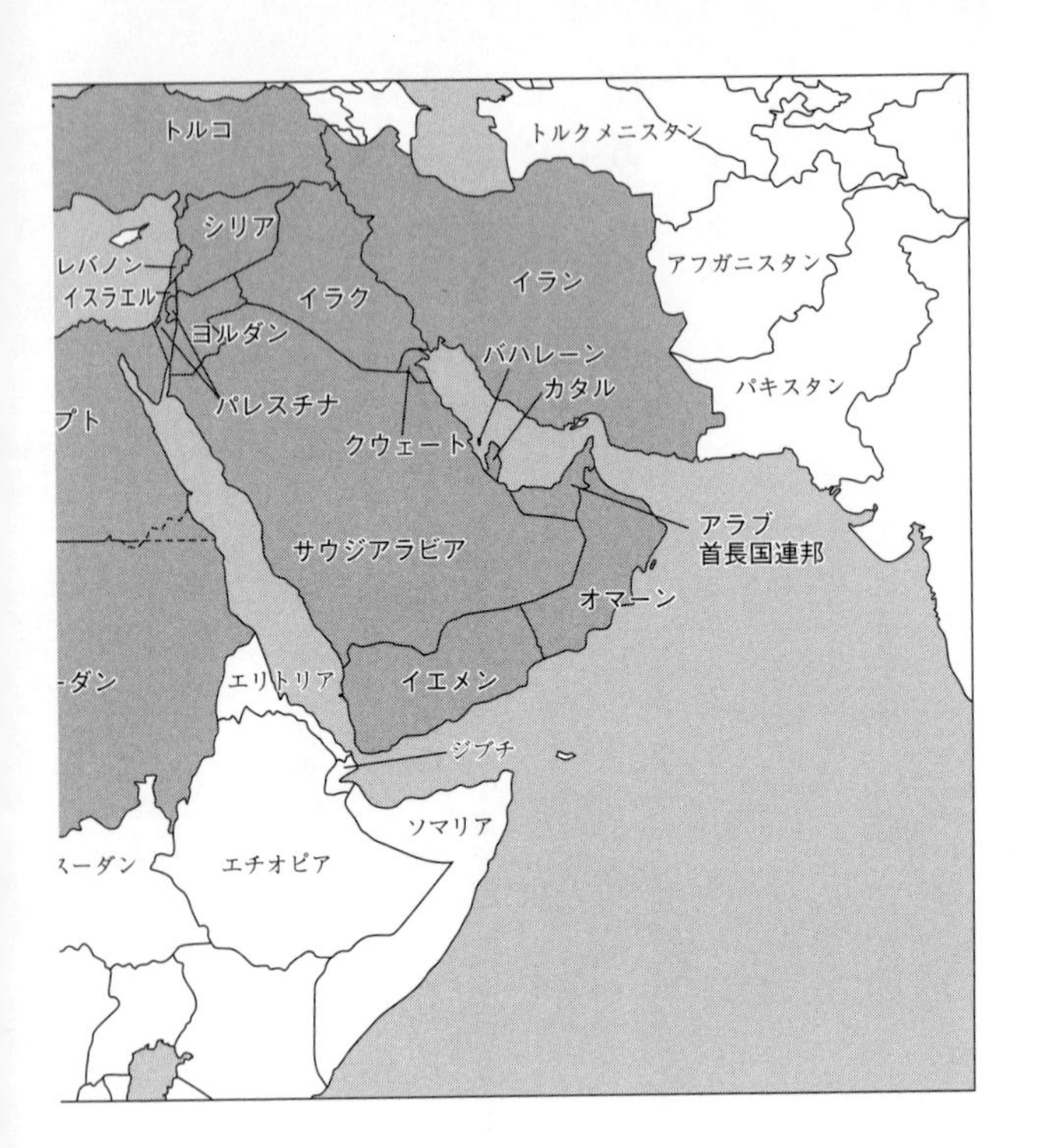
トルコ
トルクメニスタン
シリア
レバノン
イスラエル
ヨルダン
パレスチナ
イラク
イラン
アフガニスタン
パキスタン
バハレーン
カタル
クウェート
アラブ
首長国連邦
サウジアラビア
オマーン
イエメン
エリトリア
ジブチ
ソマリア
エチオピア

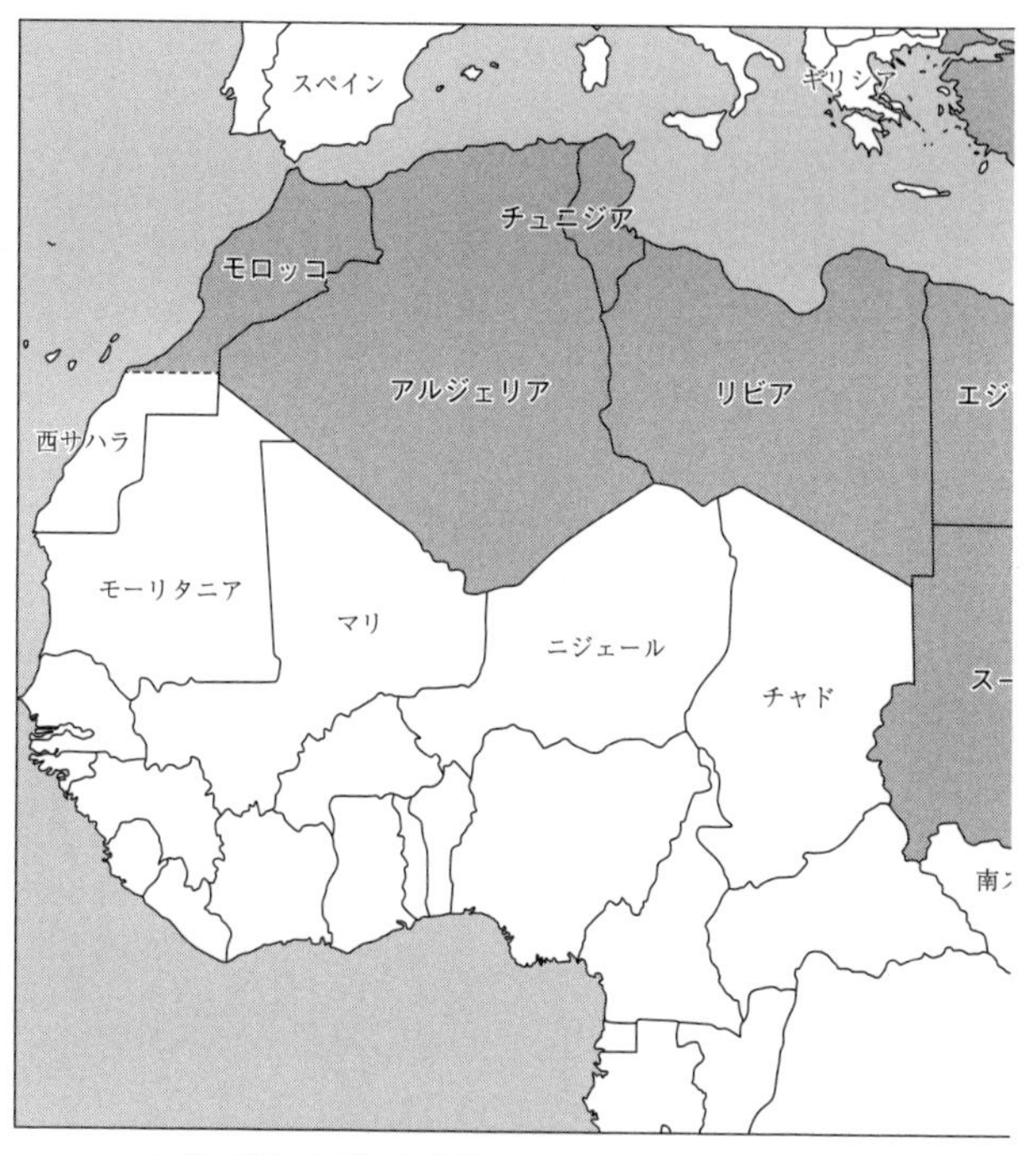

本書で取り上げる中東諸国（太字の国）　出典：著者作成

はじめに

†課題としての中東

中東は難しい。そう感じている人は、少なくないであろう。戦争や内戦が絶えず、民族や宗教の問題が複雑に絡み合っている。加えて、石油や天然ガスをめぐる国際的な争奪戦が問題をさらにややこしくしている——中東に対するイメージは、概ねこんなところであろうか。

確かに、過去一〇年あまりを振り返ってみても、二〇一〇年末からの民主化運動「アラブの春」、シリア、イエメン、リビアでの凄惨（せいさん）な紛争、アル＝カーイダや「イスラーム国（IS）」といった過激派の勃興、イランとサウジアラビアの国家間対立、解決の糸口すら見えないパレスチナ問題やクルド問題など、中東は常に不安定なままである。

さらにその不安定は、中東という地域の内側に留まらない。中東で急増した難民が流入したヨーロッパ各国では、排外主義や偏狭な民族主義（ナショナリズム）の台頭が見られるようになった。二〇一七年のドナルド・トランプ大統領就任後のアメリカは、過激派組織に対する「テロとの戦い」を続けるだけでなく、核開発疑惑で揺れるイランとの対決姿勢を強めた。そして「イスラーム国」は、中東だけでなく欧米諸国の内部にもシンパを増やし、東南アジアやアフリカの一部の国に拠点を築くまでとなった。

このように、中東で起こっていることは、グローバルな広がりを見せ、いまや世界全体の趨勢を左右するものとなっている。だとすれば、日本にとっても、もはや対岸の火事ではなく、その理解に努めていくことは、いまや喫緊の課題となっている。

†日本と中東

実は、日本にとっても、中東は身近な存在になりつつある。

第一に、グローバル化の影響である。日本から中東各国を訪れる人びとの数も、中東各国から日本を訪れる人びとの数も増えている。また、情報通信技術（ICT）の急速な発展によって、かつては難しかった中東各国のメディアへのアクセスもずいぶん簡単になった（逆に、サブカルチャーを中心に、日本のことが中東の人びとに広く知られるようになったことも強調しておきたい）。

第二に、中東での出来事それ自体の日本への波及である。ここ数年、日本政府や国民が中東の不安定に実際に巻き込まれる事案が発生し続けている。中東各国に渡航・滞在している日本人が事件に巻き込まれたケースとしては、二〇一二年と一五年のシリア、二〇一三年のアルジェリア、二〇一五年のチュニジアで起こった拉致や殺害事件が記憶に新しい。特に、二〇一五年初頭に露見したシリアでの「イスラーム国」による邦人誘拐脅迫殺害事件は、日本政府の対中東外交のあり方だけでなく、それまで長らく過激派と無縁だと思われてきた日本社会を震撼させた。

第三に、日本による中東の「平和と安定」への貢献の拡大である。その是非についてはさまざまな議論があるが、一九九一年の湾岸戦争、そして、二〇〇一年九月一一日のアメリカ同時多発テロ事件(以下9・11事件)を経て、日本は、外交努力の強化の他に、ペルシア(アラビア)湾、インド洋、イラク、ソマリア沖海域への自衛隊の派遣を行ってきた。近年では、アメリカとイランとの間の対立が激しさを増すなか、日本は、緊張緩和のための仲介外交を展開したり、ペルシア湾における船舶の航行の安全を確保するための「独自の取り組み」を行うようになった。

✝中東政治を「理解する」

本書の目的は、「中東政治学」という学問の強みを活かしながら、複雑怪奇だと思われっている政治現象の実態や原因の解明を目指す学問であり、「中東政治」を「学」ぶことと、「中東」を「政治学」することの二つの側面をあわせ持つ。

そこでこだわりたいのが、理解というキーワードである。「理解する（understand）」は「知る（know）」とは本質的に異なるものである。

日本では、複雑怪奇な（ものだと思われている）中東政治に関する解説書が数多く出されてきた。中東で何か事件が起こるたびに、新聞やテレビ、インターネットでは、それを伝える多くのニュースであふれかえる。しかし、個々のニュースを追うだけでは、実際に中東で何が起こっているのか大摑みにすることは難しい。かといって、日々ニュースから情報を拾い集め、時間の流れのなかに配置・整理するための手間も時間もない、というのが普通であろう。そのため、現在進行形の事件にフォーカスした解説本は、無数の情報に文脈や一貫した解釈を与えることで、中東で「何が（what）」起きているのか「知る」ことを手助けしてくれる。そこには、即応性や速報性の強みがある。

しかし、その一方で、こうした解説書は、ある事件が「なぜ（why）」起こったのか、その因果関係を提示することには長けていないことが多い。「何が」起きているのかを叙述することと、「なぜ」起こったのかを説明することとは、似て非なるものである。

†「知る」と「理解する」

たとえば、イラクでシーア派とスンナ派の武装組織が交戦し、双方に多数の死傷者が出ているとしよう。その事件を伝えるニュース記事を通して、私たちはイラクで武力衝突が発生している事実を「知る」ことができるが、それだけでは、その原因を「理解する」ことにはならない。

さらにそのニュース記事の最後の部分に、次のように書かれていたとしよう（実際によくある）。「イラクの住民の約六割がシーア派、約二割がスンナ派、約二割がクルド人であるとされる。」この文章から、私たちはイラクの宗派別の人口構成を「知る」ことはできる。しかし、なぜシーア派とスンナ派の人びとが武力衝突したのか、その原因を「理解する」ことはできない。

むしろ、この文章が付け加えられることで、記事はトリッキー（油断のならない）なものになる。イラクの宗派別人口構成がシーア派とスンナ派の武力衝突の一件とどのような関係があるのか、判然としないからである。しかし、読み手の側からすれば、このように書かれると――それが意図的であるにせよ、ないにせよ――、宗派が違えば紛争が起こる、言い換えれば、複数の宗派が存在していること自体を武力衝突の原因とする因果関係を述べているようにも受け取れる。

つまり、このニュース記事からは、①複数の宗派集団が存在する、②武力衝突が起こった、という二つの事実を「知る」ことはできても、なぜ事件が起こったのか「理解する」ことはできない。にもかかわらず、この二つが併記されることで、①が②の原因になっているかのような因果推論に誘導され、結果的にわかった気になってしまう危なさがある。宗教や宗派の違いにこだわるから殺し合いが起こるのだ、と。これでは、こうした中東をめぐるありがちな思い込みや偏見が上塗りされることはあっても、中東政治に対する理解が深まることはない。

†中東政治学とは何か

では、中東で起きていることを「理解する」ためには何が必要なのか。ここで登場するのが、中東政治学という学問である。中東政治学は、ある事象に対する解説よりも説明を重んじる。「何が」起こっているのかを「知る」ことはもちろん大事だが、それに加えて、「なぜ」起こったのかを「理解する」ための説明の体系を築いていく。これが、学問としての中東政治学の主たる役目である。

ジャーナリストや記者といった個人による取材や調査の成果には、その独自性や唯一性という強みがある。事件直後の現場に足を運んだり、現地の人びとの生の声を拾うことで得た情報は、何にも代えがたい成果となる。しかし、その個別の成果が、独自であり唯一であるがゆえに、「なぜ起こったのか」を説明する際の妥当性を検証することは難しい。いわゆる反証可能性の問題である。その結果、無数の個別の成果に基づく解説が乱立することとなり、私たちが中東政治を「理解する」ことを目指すとき、何を参照してよいのか、戸惑うこととなる。それらは、必ずしも説明のための道筋を示してくれるとは限らない。

　これに対して、中東政治学は、学問のルールに則った研究者の集団による不断の営みであり、「何が」起こっているかを「知る」ための新たな情報やデータを収集しながら、それをもとに「なぜ」起こったのかを説明する方法を絶えず更新していく。そこでは、それまで妥当だと考えられていた説明が否定されることもあるが、それは、新しい説明の方法が生み出される過程でもあり、さまざまな研究の切磋琢磨や積み重ねの結果でもある。そして、こうした戦いを勝ち抜いた説明が、「定説」や「通説」として人口に膾炙（かいしゃ）していく。

　先に述べたイラクでの武力衝突の説明を例に取れば、その原因はスンナ派とシーア派という宗派の違いよりも、時期や地域によっては同一宗派内での対立も生じ、そこでは、国家権力や富の分配が争点となっていたりすることが明らかになってきている。宗派の違いこそが対立の原因だとする「宗派対立」論は、武力衝突が「なぜ」起こったのかを説明しきれないということになる。

本書では、中東政治学という学問の枠組みを用いながら、中東政治で「何が」起こっているかを「知る」だけでなく、「なぜ」起こったのかを「理解する」ための考え方を論じていく。前者については、主に中東の歴史を解説した本、あるいは各国別の政治を概観した本が充実している。そのため、本書は、後者に重きを置き、これまでの大部の学術書でしか論じられてこなかった中東政治学のエッセンスを取り入れながら、中東政治を「理解する」ことを目指していく。本書の新しさと強みは、ここにある。

†本書の構成

本書では、中東政治に関する従来の本に見られる時系列・国別ではなく、国家、独裁、紛争、石油と経済発展、宗教というテーマ別で章立てがなされている。そして、これらのテーマは、中東をめぐる「よくある」疑問や謎に基づいている。

こうしたテーマ別の章立てを採用したのは、本書が「なぜ」起こったのか、すなわち、特定の国や地域（を「知る」こと）よりも、中東の政治現象（を「理解する」こと）それ自体に力を注いでいるからである。そのため、各章では、そこで扱われる政治現象について、それぞれ「なぜ」で始まる問いが立てられている。

第1章は「国家――なぜ中東諸国は生まれたのか」である。本書を読み進めていく上での最も基礎的な情報を整理するために、まずは中東という地域全体を概観し、その特徴を大摑みにする。中東にはどのような国があるのか、その民族、宗教・宗派、政治体制、歴史などの違いを紹介する。その上で、そもそもなぜ中東諸国は生まれたのか、そして、なぜそうした違いが生じたのか、国家形成や植民地主義の影響に注目しながら論じていく。

第2章は「独裁――なぜ民主化が進まないのか」である。中東は、世界有数の独裁の「宝庫」であり、中東の民主化の可能性/不可能性には、常に中東の内外から高い関心が寄せられてきた。そのため、本章の問いは、なぜ中東諸国では長年にわたって独裁が続いてきたのか、となる。しかし、この問いは、別の問いを惹起する。それほど強靭な独裁であれば、なぜ「アラブの春」で崩壊してしまったのであろうか。本章では、独裁者とそれに抗議する一般市民のそれぞれの戦略に着目しながら、これらの問いに答えていく。

第3章は「紛争――なぜ戦争や内戦が起こるのか」である。中東は、通俗的なイメージだけでなく、統計的に見ても紛争が絶えない地域である。中東では、どのような紛争が起こってきたのか。それらの紛争はなぜ起こったのか、そして、一度起こった紛争はなぜなかなか終わらないのか。本章では、主に紛争研究の知見を活かしながら、その規定要因の把握を目指す。

第4章は「石油――なぜ経済発展がうまくいかないのか」である。中東が石油や天然ガスといった天然資源を豊富に抱える地域であることは、よく知られている。しかし、「神の恩寵（おんちょう）」であるはずの天然資源は、必ずしも中東の人びとに幸福をもたらしてはいない。経済発展の停滞、産業構造の歪み、不平等な富の再分配、さらには、独裁者の跋扈（ばっこ）――本章では、なぜ豊富な天然資源がこうした問題を引き起こしてきたのか、その原因とメカニズムに迫る。

第5章は「宗教――なぜ世俗化が進まないのか」である。中東では、宗教――特にイスラーム――が、政治に大きな影響力を及ぼし続けてきた。それを象徴するのが、近年の過激派の台頭であろう。本章では、中東諸国における政教関係とイスラーム主義というイデオロギーの二つに着目し、中東ではなぜ宗教の力が根強いのか考えてみたい。

終章では、「国際政治のなかの中東政治」と題し、これまでの各章で論じてきた中東政治のダイナミズムを国際政治のなかに位置づけながら、それが持つ今日の世界に対する意味と意義について確認する。冒頭で述べたように、中東は「閉じられた地域」ではなく、その動静は世界全体への波及効果を持つ。私たちは中東で起こっていることにどのように向き合うべきなのか、本書の締めくくりとして考えてみたい。

それでは、早速、本論に入っていこう。

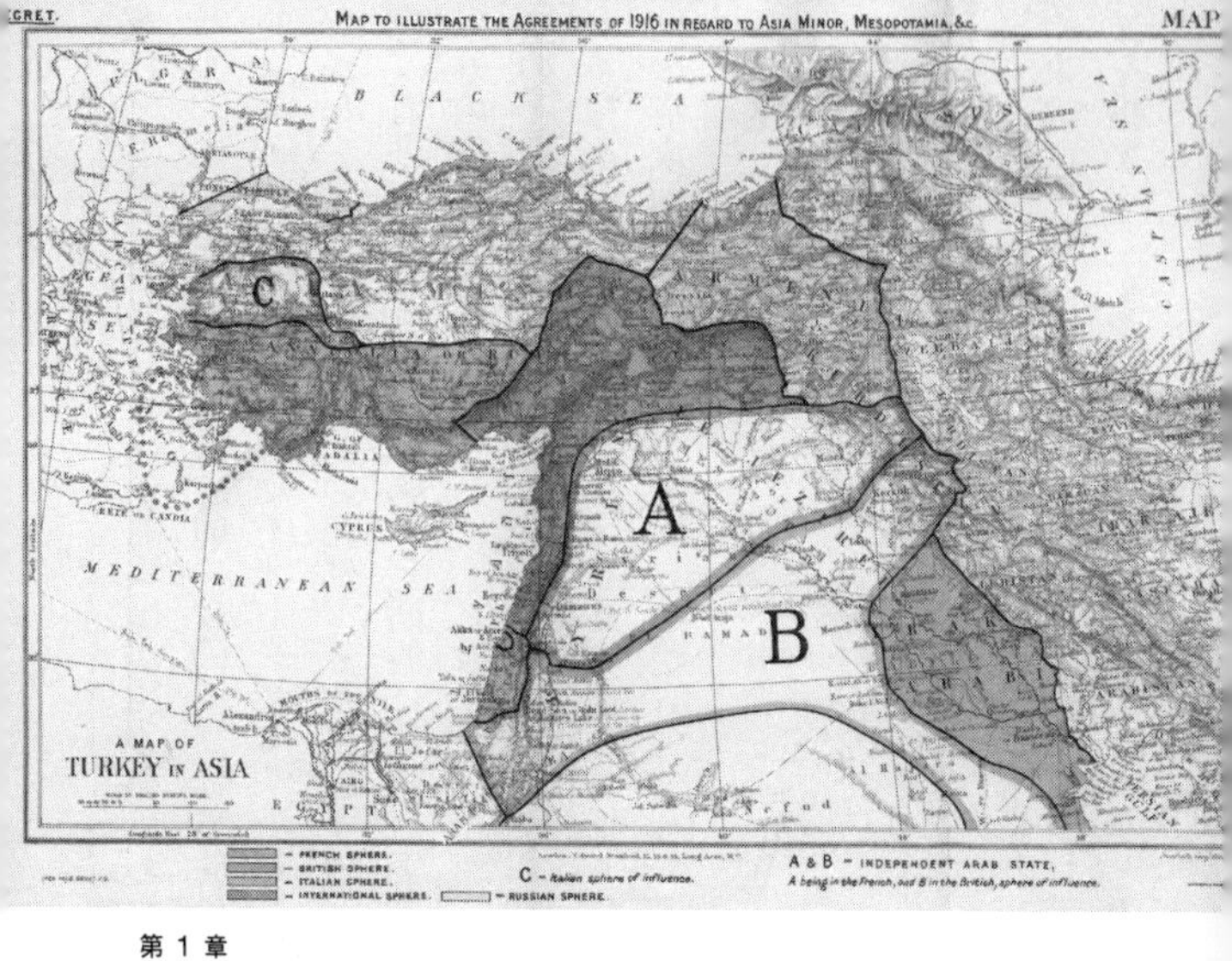

第 1 章

国家——なぜ中東諸国は生まれたのか

西洋列強による第一次世界大戦後のオスマン帝国領分割・支配の計画。イギリス外務省により1918年に作成された。(IOR/L/PS/18/D228、大英図書館所蔵)

今日、中東と呼ばれている地域は、二〇を超える国からできている。これらの国々、すなわち、中東諸国には、気候的には砂漠、経済的には石油、政治的には独裁、そして、宗教的にはイスラームといったイメージが伴うかもしれない。

しかし、実際の中東諸国の姿は、もう少し多様である。スキーができるような雪山を持つ国、石油が産出されない国、定期的に選挙が実施される民主的な国、そして、イスラーム以外の宗教を奉じる国。

このような多様な姿を持つ中東諸国は、なぜ、どのように生まれたのであろうか。それらが多様な姿を持つとすれば、なぜ中東と一括り(ひとくく)りにされるのであろうか。本章では、中東諸国の形成過程を歴史的に概観しながら、これらの問いに答えていく。

1 中東諸国の多様性

†経済と政治から見る中東諸国

中東は、一般に、西は大西洋に面したモロッコ、東はペルシア湾に面したイランまでの地域を指すことが多い。一方、北はヨーロッパとの境界であるトルコ、南はアフリカ大陸のスーダンまでとされる。この地域には、二〇から三〇程度の国家がひしめいている。ただし、中東諸国の数え方は、パレスチナ(パレスチナ国)、西サハラ(サハラ・アラブ民主共和国)、ソマリランドやプントランドといった、国際社会からの正式な承認を得られていない未承認国家をどのように扱うかによって違ってくる。

本書では、中東政治学が主に対象としてきたトルコ、イラン、シリア、レバノン、ヨルダン、パレスチナ、イスラエル、イラク、クウェート、カタル(カタール)、アラブ首長国連邦(UAE)、バハレーン(バーレーン)、オマーン、サウジアラビア、イエメン、エジプト、スーダン、リビア、チュニジア、アルジェリア、モロッコの二一ヶ国を中東諸国として扱う。

中東は、気候的には、そのほとんどが砂漠性の乾燥地帯または半乾燥地帯に位置している。代表的な砂漠としては、北アフリカのサハラ砂漠、アラビア半島のダフナー砂漠やルブアルハリ(ルブア・アル＝ハーリー)砂漠が知られている。一方、アラビア半島南部に位置するイエメンの高原地帯オマーンの山地、イランの西北部、トルコの東北部・中央高原周辺の山脈では、相当量の降雨量がある。また、地中海東岸に面するトルコの沿岸地域やパレスチナやイスラエル、そして、天然のスキー場を持つレバノンは、地中海性気候に分類され、そこでは、冬期には雨や雪が降る湿潤な日々が続く。

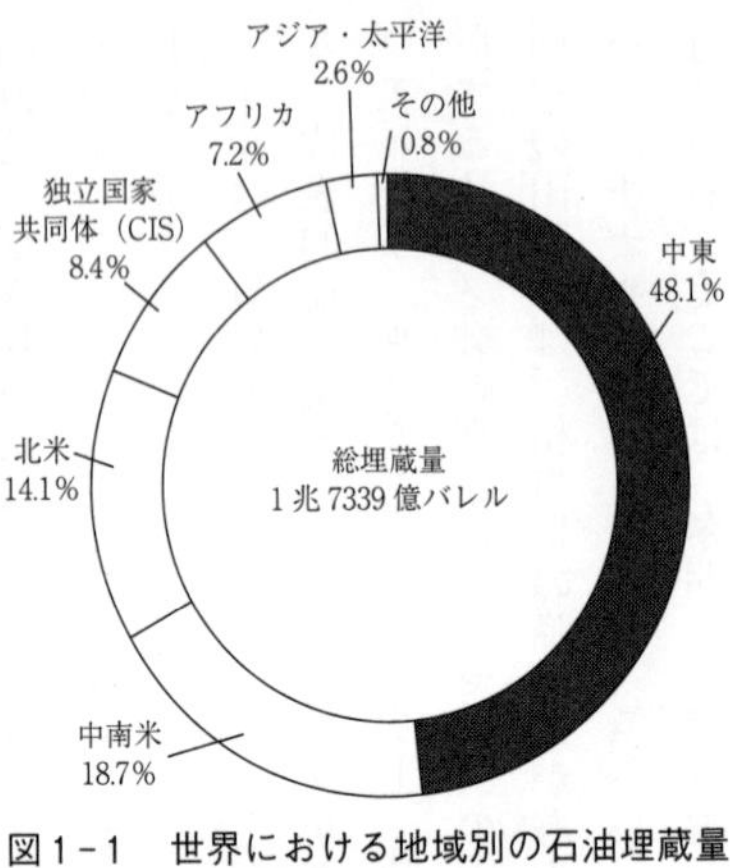

図1-1　世界における地域別の石油埋蔵量の割合（2019年）

出典：BP 2020をもとに筆者作成

経済的には、よく知られているように、クウェート、カタル、アラブ首長国連邦、バハレーン、オマーン、サウジアラビアからなるペルシア湾周辺の諸国――本書では、湾岸アラブ諸国と呼ぶ――が、莫大な石油の埋蔵量（全世界で確認されている総量の半分弱）を抱えているが、イラン、イラク、アルジェリア、シリアなどでも相当量の石油が産出されている（図1-1）。また、天然ガスも豊富に産出され、特にカタルが世界有数の埋蔵量・輸出量を誇っている。

このように、中東諸国は、豊富な天然資源を擁する一方で、世界の金融センターを目指すドバイ（アラブ首長国連邦を構成する七つの首長国の一つ）やハイテク産業の振興に力を入れてきたイスラエルなどの一部の諸国を除けば、独自の産業は発展途上にある。こうしたなか、特に非産油国において国民一人あたりの国内総生産（GDP）は伸び悩んでいる。失業率については、天然資源の有無にかかわらず、特に若年層において世界的にも高いと見られている（第4章を参照）。

政治的には、政治体制の違いを見てみると、中東諸国は、君主制と共和制の二つに大別される。君主制とは、王や首長といった称号を名乗る一人の個人が国家を統治する政治体制である。他方、共和制とは、一人ではなく国民が統治上の最高決定権を担う政治体制であり、大統領や首相、またはその両方が国民の代表としてそれを委ねられることが多い。

特に君主制については、世界の大部分が中東に集中している（ヨルダン、クウェート、カタル、アラブ首長国連邦、バハレーン、オマーン、サウジアラビア、モロッコ）（第2章を参照）。中東諸国では、この君主制と共和制の違いに関わりなく、全体として独裁的な政治が目立つが、イスラエルやトルコ、イラン、レバノン、二〇一二年以降のチュニジアでは選挙を通した政権交代が起こっており、一定の民主的な政治も行われている。

政治の安定性においてもさまざまな違いがあるが、二〇世紀初頭の独立・建国期以来、体制転換や内戦を経験した諸国が目立つ。体制転換が起こった諸国としては、イラン、エジプト、チュニジアが、他方、内戦に陥った諸国には、レバノンやヨルダンがあり、また、体制転換と内戦の両方を経験した諸国として、イラク、イエメン、リビアがある（第3章を参照）。

†民族と宗教から見る中東諸国

このように、中東諸国には経済と政治の面で多様な姿が見て取れるが、民族と宗教を基準に見てみると、もう少しシンプルな構図となる。

まず、民族的には、アラブ諸国、イラン、トルコの三つに大別される。ここで言う民族とは、共通の言語（母語）を話す人間集団であり、それぞれアラビア語、ペルシア語、トルコ語の話者がアラブ人、イラン人（ペルシア人）、トルコ人と呼ばれる。イラン人とトルコ人がそれぞれ一つの国家を持っているのに対して、アラブ人は二二の国家を築いてきた。これをアラブ諸国という。

アラブ諸国とは、アラブ人による国家が複数形で併存している状態を指す表現である。そのため、アラブ人のなかには、この状態を分裂としてネガティヴに捉える人びとと、分権としてポジティヴに見る人びとの両方がいる。言い換えれば、将来の「アラブの統一」を掲げるアラブ民族主義者がいると同時に、イラクやシリアといった各国への帰属意識を重視する国民主義者も多くいる。ただし、いずれの立場をとるにせよ、アラブ諸国は独自の国際機関であるアラブ諸国連盟（通称アラブ連盟）を結成しており、内外で生じるさまざまな問題に対してアラブ人全体で解決しようとする取り組みを続けている。そのため、今日においては、アラブ諸国によって形成される地理的空間は、一定の自己完結性を持ったアラブ世界と呼ばれる（終章を参照）。

中東の三大民族であるアラブ人、イラン人、トルコ人に加えて、忘れてはならないのが、少数言語の話者としての少数派（マイノリティ）の存在である。中東では、アラビア語、ペルシア語、トルコ語の三大言語以外にも、クルド語やベルベル（アマーズィーグ）語などさまざまな言語が話されている。ただし、それらの言語の話者は、それぞれ独自の国家

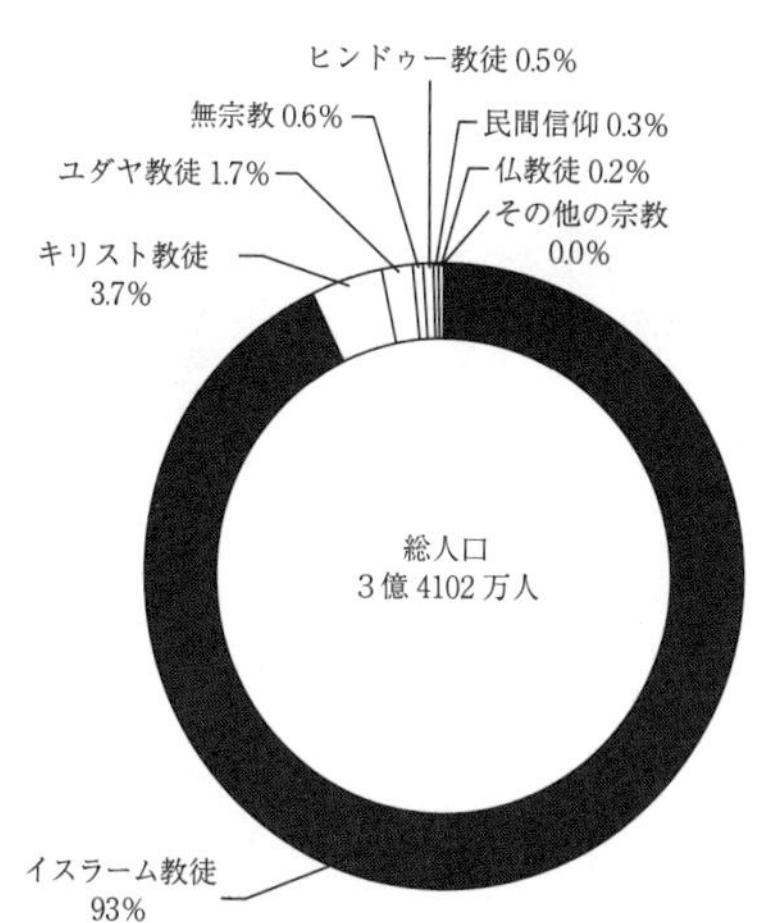

図1-2　中東における宗教別の人口割合（2010年）

出典：Pew Research Center 2015をもとに著者作成

を持っておらず、三大言語の諸国のなかで少数派として生きている。

他方、宗教的には、言うまでもなく、イスラームが最も多くの信者を擁する宗教であり、その数は中東全体の人口の九割以上と見られている。ただし、宗派的には、最大勢力のスンナ派の他に、シーア派、ドルーズ派、アラウィー派、イバード派、ザイド派などが存在する。歴史を振り返ってみると、中

東は、イスラームだけでなく、キリスト教、ユダヤ教の発祥の地でもある。そのため、レバノンやシリアではキリスト教徒が人口の一〇～三〇パーセントを占めており、イスラエルではユダヤ教徒が七五パーセントに上る（なお、キリスト教のなかにもカトリック、プロテスタント、正教などの宗派が、一方、ユダヤ教にもラビ派、カライ派、サマリア派（教）などのグループがある）（図1-2）。

†他称としての中東

このように、中東諸国が多様性を内包しているのだとすれば、なぜ中東という一つの地域として一括りされてきたのであろうか。言い換えれば、何が中東とそれ以外を分ける境界なのであろうか。

実のところ、「中東とはどこか」という問いに対する答えは定まっていない。先に述べたように、中東は、西はモロッコから東はイランまでとされることが多いが、北アフリカのモロッコ、アルジェリア、チュニジアが除かれ縮小することもあれば（この場合「中東・北アフリカ（The Middle East and North Africa: MENA）」と呼ばれ、中東と北アフリカが区別される）、逆にパキスタンやアフガニスタンを加えて拡大する場合もある。

この曖昧さは、中東がそれ自身を形成する内的論理が希薄な地域であることに起因する。

つまり、この地域に住む人びとが自ら「中東人」、あるいは、「中東出身者」であるというアイデンティティを持つことが皆無だということである。

「中東（The Middle East）」という英語の言葉は、著書『海軍戦略論』で知られるアメリカの軍人・海軍史家アルフレッド・セイヤー・マハン（一八四〇～一九一四年）が一九〇二年に寄稿したイギリスの雑誌において最初に用いたものと言われている。それによると、中東は、西であるヨーロッパと東であるインドとの「中間（middle）」に位置する地域とされ、当時のイギリスにとって対外戦略上の重要性が高まっていたペルシア湾周辺一帯を指す言葉であった（Adelson 1995: 22-3）。

興味深いのは、陸であるはずの中東が、ペルシア湾という海によって規定された点である。それは、海軍力こそが国家間の権力関係を大きく左右するという考え方、言い換えれば、「海を制する者が世界を制する」というのが当時の国際政治における主流であったからである。

このように、中東はあくまでも概念が先行したものであり、何よりも西洋列強という外部の力によって生み出された他称なのである。

そのため、今日の中東をまなざしていく際に意識しなくてはならないのは、中東とは「どこか」よりも、中東とは「何か」という不断の問いかけとなる。中東を中東として論じることの意味はそれほど自明ではなく、そこで暮らす人びとの意思や希望が必ずしも反映されたものではないことに留意しなくてはならない。

これを踏まえ、以下の各節では、中東諸国がかたちづくられていく過程、すなわち、国家形成と呼ばれる一連の過程を歴史的に論じていく。その過程は、①領土の画定や国民の定義といった輪郭ができる「出現（起源）」、②法制度の整備や国民意識の醸成が進む「形成」、そして、③国際的に承認される「独立」の三段階に分けることができる。順番に見ていこう。

2 植民地国家の出現

†東方問題という難問

実際には、概念としての中東だけでなく、それを構成する実体としての中東諸国の形成にも西洋列強が大きく関わっていた。ここでの鍵は、一九世紀後半から二〇世紀初頭にかけての「東方問題」である（Bromley 1994: 61-9）。

東方問題とは、西アジアから北アフリカにかけての地域——後に中東と呼ばれることとなる──を支配していたオスマン帝国（一二九九～一九二二年）の領土を中心とした西洋列強の衝突と、それに伴う国際関係的・政治的混乱のことを指す。

一九世紀後半、いち早く近代化を遂げて国力を増大させた西洋列強は、植民地主義によるアジアやアフリカへの勢力拡大を推し進めた。西洋から見て東方に位置したオスマン帝国は、西洋列強の角逐（かくちく）の主戦場となった。その結果、西洋列強が、西洋（ヨーロッパ）の外で覇権争いを激化させ、東洋（アジア）で政治や社会の混乱を引き起こしたのである。そのため、東方問題における「東方」とは、あくまでも主体である西洋が客体である東洋を一方的に扱うという意味が含まれている。

とはいえ、西洋列強が勢力を拡大させていった背景には、東洋諸国の国力の相対的な低下があったのも事実である。一六世紀には地中海沿岸地域一帯を版図に収めたオスマン帝国は、一九世紀に入ると軍事的にも経済的にも弱体化を見せていた。その結果、西洋列強の植民地主義が進出する余地が生まれた（鈴木二〇一八）。

西洋列強によるオスマン帝国に対する分割・支配の拡大は、帝都イスタンブルから遠く離れた周縁部から起こった。その後、二〇世紀に入ると、第一次世界大戦の敗戦国となったことをきっかけに、周縁部だけでなく、中心部を含むその領土の大半が西洋列強による植民地分割・支配を受けるようになった。一九二二年の帝国廃止の後に近代国家として独

表1－1　中東諸国の出現（起源）・形成・独立

国名	宗主国	統治形態	植民地支配の期間	独立年	独立時の政治体制
北アフリカ					
モロッコ	フランス	植民地	1912–1956	1956	君主制
アルジェリア	フランス	植民地	1830–1962	1962	共和制
チュニジア	フランス	植民地	1881–1956	1956	君主制
リビア	イタリア	植民地	1911–1951	1951	君主制
東地中海					
エジプト	イギリス	植民地	1882–1922	1922	君主制
シリア	フランス	委任統治	1920–1946	1946	共和制
レバノン	フランス	委任統治	1920–1943	1943	共和制
ヨルダン	イギリス	委任統治	1920–1946	1946	君主制
イスラエル	イギリス	委任統治	1920–1948	1948	共和制
パレスチナ	イギリス	委任統治	1920–1948	1994（暫定自治政府）	共和制
イラク	イギリス	委任統治	1921–1932	1932	君主制
アラビア半島（*湾岸アラブ諸国）					
クウェート*	イギリス	協定による統治	1899–1961	1961	君主制
カタル*	イギリス	協定による統治	1916–1971	1971	君主制
アラブ首長国連邦*	イギリス	協定による統治	1892–1971	1971	君主制（連邦制）
バハレーン*	イギリス	協定による統治	1880–1971	1971	君主制
オマーン*	イギリス	協定による統治	1891–1971	1971	君主制
サウジアラビア*	独立国	－	－	1744（第一次） 1824（第二次） 1932（第三次）	－
イエメン（北部）	独立国	－	－	1918（オスマン帝国から独立）	君主制
イエメン（南部）	イギリス	植民地	1839–1967	1967	共和制
その他					
トルコ	独立国	－	－	1923（オスマン帝国から独立）	共和制
イラン	独立国	－	－	1779（ガージャール朝） 1925（パフラヴィー朝）	君主制

出典：著者作成

立を果たしたトルコこそ植民地化を免れたものの、その他の旧帝国領の大部分はイギリス、フランス、イタリアなどの植民地となった（ローガン二〇一六）（表1-1）。

†植民地国家の出現

これらの西洋列強による植民地分割・支配によって生み出された新たな政体（ポリティ）は、後の中東諸国のプロトタイプとなった。ここで言う政体とは、権力と支配の中心としての政府（行政権力）が、必要であれば物理的な力を行使して、一定領域内の人びとを統治する組織のことを指す。つまり、オスマン帝国の広大な版図が領域的に分割されることで、一定の独立性・自律性を持った国家の一群の輪郭ができていったのである。

西洋列強による旧オスマン帝国領の分割・支配については、実際には、植民地に加え、国際連盟による委任統治、共同統治、保護領、条約、協定、占領などのバリエーションがあった。しかし、それらの間には、中東政治学者R・オーウェンが呼ぶ「植民地国家」としての共通の様式が存在していた。その様式とは、①新たに設定された首都を中心とした中央集権的な統治、②西洋列強と一部の有力者との同盟関係および経済的従属を通した植民地政策、③西洋列強による外部からの政治的・経済的な意思決定の三つであった。

こうした植民地国家は、それぞれの地域の事情や住民の意思を反映したものとは言えなかったため、その存立を支える正統性（レジティマシー）が薄弱であった。

正統性とは、本書の各章で何度も出てくる重要な概念であるが、支配者が自らの支配を正当化するための根拠のことである。支配者は、もし圧倒的な強制力があれば、人びとを服従させることができるかもしれない。しかし、それだけでは、安定的な支配を築くことはできない。人びとが正当なものとして受け入れることではじめて、その支配者による支配は確固たるものになる。

では、人びとは、支配者による支配が何に支えられているときに、それを正当だと見なすのか。社会学者M・ヴェーバーの有名な分類によると、①合理的、②伝統的、③カリスマ的の三つの正統性があるとされる。①は、形式的に正しい手続きによって成文化された法や規則が持つ合理性、②は、歴史的に秩序と支配を司ってきた権力が持つ神聖性、③は、ある個人に備わった非日常的なカリスマ性によってそれぞれ支配が支えられることで、支配者は安定的な支配を築きやすくなる（ウェーバー二〇一二：二三―三二頁）。

後で詳しく述べるように、地域差は存在していたものの、旧オスマン帝国領における植民地国家は、そこで暮らす人びとにとっては、西洋列強の意思が強く作用するかたちで出現した新たな政治の単位であった。そのため、それを支配する新たな支配者に対して正統性を見いだすことは容易なことではなかったのである（オーウェン二〇一五：三〇―四三頁）。

†誰が中東諸国をつくったのか

こうした歴史的な背景から、中東政治学では、中東諸国は西洋列強の思惑が強く反映したという意味で「人工性」の高いものと見られる傾向が強い。しかし、その一方で、中東諸国の形成をそこで暮らす人びとによって担われたもの、つまり、「人工性」の低いものと捉える見方もある。たとえば、社会学者I・ハーリクは、中東諸国を五つのタイプに分け、うち四つはイマーム（指導者）やアミール（首長）、スルターン（王）などの中東の歴史的な政治権力、もしくは近代化を通して新たに勃興した官僚や軍人によって自発的に形成されたものとし、うち一つだけが西洋列強による植民地主義によって創出された——シリア、レバノン、ヨルダン、パレスチナ、イラク——と論じた（Harik 1990）。

結局のところ、中東諸国は誰がつくったと見るべきなのであろうか。

この問いに答えるためには、西洋列強の影響と中東各地の個別の歴史的な事情の両方に目配りしながら、国家がつくられていく一連の過程を分析する必要がある。というのも、オスマン帝国の権力が残存しているうちは新たな国家は形成され得ないが、かといって、それを弱体化させた西洋列強の植民地主義や外国の干渉が払拭（ふっしょく）されない限り、やはり新たな国家の形成は不可能なためである。さらには、西洋列強が植民地国家から撤退したからといって、それに代わる支配を確立する主体とその支配に服従する人びとの集団が出現しなければ、国家のプロトタイプとなる政体は形成され得ない（Saouli 2012: 29-33）。

†三つの起源

この考え方に基づき、西洋列強の植民地政策と植民地国家の人びととの相互関係に着目すると、旧オスマン帝国領内に出現した諸国――中東以外も含む――の起源は、次の三つに大別できる。

第一に、民族主義の勃興によるオスマン帝国からの独立運動である。具体的には、セルビア（一八〇四年）、ギリシア（一八二一～九年）、ルーマニア（一八六六年）、ブルガリア（一八七八年）の独立運動であるが、その背景には、これらの地域が民族を形成するための独自の言語を持っていたこと、人口の多数派をキリスト教徒が占めていたこと、そして、それゆえに、オスマン帝国の弱体化を企図していた英仏露の西洋列強からの支持・支援を受けやすかったことがあった。つまり、近代西洋起源の民族主義による国家建設へと歩を進めるための条件が整っていたのである。

これらの諸国は、現在ではギリシアと東欧に含まれるが、一九世紀の段階ではオスマン帝国の支配下にあった。そのため、この地域での民族主義による国家建設の成功は、それ自体が帝国の弱体化をもたらすと同時に、帝国内の各地での独立運動を後押しすることとなった。ギリシアや東欧諸国の独立は、中東諸国の形成につながっていたのである。

第二に、オスマン帝国の地方有力者による自治の挑戦（とその失敗）である。帝国領内の各地では一九世紀の初頭からそうした動きがみられたが、なかでも顕著であったのが、エジプトのムハンマド・アリー（一七六九？〜一八四九年）とチュニジアのアフマド・ベイ（一八〇五〜五五年）による独立国家建設の挑戦であった。彼らは、ヨーロッパを範とした近代化を通して国力の増強を推し進め、時には実際に西洋列強と手を結ぶことで、東方問題の荒波を乗り越えて「独自の国家としての独立を果たそうとした。これと同様の挑戦は、他ならぬオスマン帝国の中央政府にも見られ、対内的には近代化の推進、対外的には西洋列強との積極的な外交を展開することで、国力の低下と西洋列強の進出という内憂外患を解消しようとした。

第三に、東地中海からアラビア半島にかけての地域における西洋列強の地政学的な勢力圏の出現である。英仏露の覇権争い――東方問題――の結果として、これらの西洋列強と結びついたさまざまな地方権力が台頭していった。特にシリアとレバノンをフランスが、パレスチナ、トランス・ヨルダン（後のヨルダン）、イラク、アラビア半島の北東部および東岸部をイギリスが、それぞれ自らの勢力圏に収め、そこにオスマン帝国に代わる新たな政体を築くことに奔走した。なかでも、よく知られているのが、イギリスがマッカ（メッカ）の太守ハーシム家との間で交わしたフサイン・マクマホン書簡（一九一五〜一六年）である。イギリスは、ハーシム家に対してアラブ人のための独立国家建設を約束し、それを軍事的・政治的に支援することで、自らの勢力圏を拡大しようとしたのである。

†西洋列強による関与の度合い

これらの三つの起源のうち、第一の諸国、すなわち、後のギリシアと東欧諸国は、西洋列強による植民地化を免れ、むしろ、その支持・支援を得ることで民族主義に基づく近代国家を形成していった。これに対して、中東諸国の形成を考える上では、第二と第三の起源に着目することになる。

第二の起源の諸国は、オスマン帝国からの分離独立を目指すという面では第一と似ているが、植民地主義の影響を強く受けることとなった点で異なる。西洋列強による植民地主義は、イスタンブルの中央政府による支配を弱めることで地方有力者の台頭を促したが、それと同時に、こうして新たに生まれた政体を植民地国家として支配した。このパターンが見られたのが、先に述べたエジプトとチュニジアであった。

帝国領エジプトでは、一七九八年にナポレオン・ボナパルト（一七六九〜一八二一年）

率いるフランス軍の侵攻を受け内乱が続いていた。そうしたなか、マケドニア出身の軍人であったムハンマド・アリーが、一八〇五年、オスマン帝国の総督を武力で排除し自らが新たな総督を名乗ることで、事実上の独立国家を誕生させた。そこでは、西洋的な近代化政策が導入されたが、やがてそれが行き詰まることで西洋列強への経済的な従属を余儀なくされ、一八八二年にはイギリスの軍事占領下に置かれた。

チュニジアでは、一七〇五年のフサイン朝の成立をもって、オスマン帝国からの事実上の独立が果たされていた。一八三七年に即位したアフマド・ベイは、ムハンマド・アリーのエジプトを範とする近代化を試みたものの、対外債務の膨張によって一八八一年には財政破綻に陥った。それをきっかけにフランス軍が侵攻し、以後、チュニジアは、フランスの保護領という名の植民地となった。

ちなみに、この第二の起源に見られたようなイギリスやフランスとの関係強化や西洋的な近代化政策、そして、その結果としての西洋列強への従属的な地位への転落は、実のところオスマン帝国の中央政府それ自体にも見られた。帝国領の周縁部での分離独立運動の発生を受けて、イスタンブルの中央政府は、西洋列強を範とする西洋的近代化による帝国の立て直しを試みた。しかし、西洋的な近代化を通した富国強兵のコストは国家の財政を圧迫し、やがて巨額の対外債務を抱えることで西洋列強への経済的な従属を余儀なくされた。

第三の起源の諸国は、西洋列強が新たな政体の形成の過程それ自体に強い影響力を行使したことで、当初より植民地国家として船出した点を特徴とする。西洋列強は、オスマン帝国の権力を排除した新たな政体をつくりだすために、新たな指導者や政治権力の出現を後押しした。しかし、実際に帝国の中央政府の影響力が排除されると、西洋列強は、これらの政体を独立させることなく自らの支配下に置いた。

湾岸アラブ諸国では、イギリスが、世界進出のための戦略的拠点と見なしていたイエメン南部の港湾都市アデンへの進出（一八三九年）を皮切りに、休戦海岸（現在のアラブ首長国連邦、一八五三年）、バハレーン（一八八〇年）、オマーン（一八九一年）、クウェート（一八九九年）、カタル（一九一六年）の地方有力者との協定の締結を通して、オスマン帝国から独立した政体の形成を後押しした。さらに、イギリスは、エジプト（一八八二年）とスーダン（一八八九年）にも侵攻し植民地とした。北アフリカ諸国では、フランスが、アルジェリア（一八三〇年）、モロッコ（一九一二年）、また、イタリアがリビア（一九一一年）に進出した。

第一次世界大戦の時期になると、英仏間のサイクス・ピコ協約（一九一六年）や戦後の講和条約であるセーヴル条約（一九二〇年）によって、西洋列強の勢力圏の調整、特にイギリスとフランスの間の植民地国家の境界線とそれぞれの「取り分」が決められていった。その結果、イギリスがイラク（一九一七年より軍事占領、一九二一年より委任統治領）、トランス・ヨルダンとパレスチナ（一九二〇年より委任統治領）、他方、フランスがシリアとレバノン（一九二〇年より委任統治領）を、それぞれ植民地とした。

なお、アラビア半島の西部に位置していたサウジアラビアは、英仏の植民地となることはなかった。特にイギリスの関心は、戦略的に重要な南部のイエメンや東部の湾岸アラブ諸国に向けられていた。これに対して、西部では、地方有力者であったサウード家が、宗教勢力との盟約を結ぶことで権力争いを制し、一七四四年の段階でオスマン帝国からの独立国家（第一次サウード王国）を誕生させていた。ただし、その領内には、フサイン・マクマホン書簡を根拠にイギリス主導で建設されたヒジャーズ王国が存在した時期もあった（一九一六～三二年）。

このように、旧オスマン帝国領内に出現した諸国の間でも、その国家形成の過程において、西洋列強とそこで暮らしてきた人びととの関係は大きく違っていた。西洋列強による新たな政体の形成への関与の度合い、つまり「人工性」が最も低かったのが、第一の起源のギリシアや東欧諸国であり、反対に最も高かったのが、第三の起源を持つ中東諸国の一群であると言えよう。

†イランとイスラエルの起源

以上見てきた中東諸国は、すべてオスマン帝国からの分離・独立の過程でそのプロトタイプとなる政体の出現を経験した。しかし、中東諸国のなかでも、旧オスマン帝国領の外に位置するものがある。イランである。

イランには、一八世紀から一九世紀にかけての時期にガージャール朝（一七九六〜一九二五年）という独自の王朝が存在していた。ただし、近代国家としてのイランが形成された背景には、やはり東方問題があった。国力の低下と西洋列強——ロシア、イギリス、フランス——の進出という内憂外患を抱えていたのである。特にロシアとの戦争の敗北による講和条約——ゴレスターン条約（一八一三年）やトルコマーンチャーイ条約（一八二八年）——により、帝国領の割譲や経済的従属が進んでいた。そして、第一次、第二次世界大戦中にはロシアとイギリスによって領土の一部が占領され、西洋列強の覇権争いの舞台となった。

こうしたなかで、一九二五年に軍人のレザー・ハーン（一八七八〜一九四四年）が一般市民の民族主義的な感情を背景にクーデタを敢行し、自らが皇帝（シャー）を名乗った。こうして、西洋列強に対する独立を掲げたパフラヴィー朝イラン（一九二五〜七九年）が誕生した。

イランの国家形成の過程は、先に論じた第二の起源、すなわち、地方有力者による自治確立に近いと言える。レザー・ハーンによるクーデタの成功は、西洋列強の進出に対して無力と見なされたガージャール朝の中央政府への危機感を抱いた人びとの強い意志なしには起こりえなかった。そのため、イランの国家形成における「人工性」の度合いは比較的低かったものと言える（吉村二〇一一：八八-九四頁）。

このイランの例とは反対に、政体の出現における「人工性」の度合いが極めて高かった中東の国家が、イスラエルである。

イスラエルは、旧オスマン帝国領パレスチナに建国された国家であり、西洋列強が新たな政体の創出に大きく作用した第三の起源の諸国の一つである。しかし、ここで注意すべきは、後にイスラエルとなる政体の成員の多くが中東の外部から来たユダヤ人の入植者たちであった点である。入植者たちはシオニズムと呼ばれるユダヤ民族主義を掲げることでパレスチナへの移住を推し進めたが、この移住を実質的に後押ししたのが西洋列強であった。その目的は、西洋列強がパレスチナに対してユダヤ人の入植を通した植民地支配を行うためというよりも、むしろ、自国内の「他民族」であったユダヤ人を排除・追放することにあった。このことを象徴したのが、ユダヤ人の「民族的郷土」の設立を約束したイギリス外相によるバルフォア宣言（一九一七年）であった。イスラエルは、西洋列強の直接的な植民地ではなく、ユダヤ人の入植者による植民地国家として創出されたのである（臼杵二〇一三：一七七―八八頁）。

以上、本節を通して見てきたように、誰が中東諸国をつくったのか、という問いへの答えは一様ではない。西洋列強の思惑が強く反映した場合もあれば、中東各地の個別の歴史的な事情が作用した場合もあった。ほとんどの中東諸国は、オスマン帝国の崩壊と西洋列強の進出にともなって出現した植民地国家としての共通性を有しながらも、それぞれが異なる起源を持っていたのである（Bromley 1994: 46–85）。

3 近代国家の形成

†宗教の時代から民族の時代へ

オスマン帝国崩壊後に形成された新たな政体としての植民地国家――それらは、その後、どのように近代国家としての中東諸国へとその内実を変えていったのであろうか。

近代国家は、領土、国民、主権の三要素からなるとされている。一定の地理的領域（領土）とそこで恒常的に暮らす住民（国民）が存在しているだけでなく、その領土と国民に対する排他的な実効的支配権（主権）が確立することで、はじめて国家としての条件が整う。こうした国家のあり方は、近代西洋という特定の時空間で誕生・発展したものであった。

特に主権の概念が定式化されたのは一六世紀のことであった。フランスの法学者J・ボダンが一五七六年に著した『国家論』がその画期となり、その後、一六四八年のウェストファリア条約によって実際の仕組みとして運用が本格化し、やがて、西洋を越えて世界の各地に広がっていった。

中東も例外ではなく、イスラームという宗教に立脚した土着の帝国――イスラーム国家としてのオスマン帝国――の崩壊後、こうした近代国家の仕組みが拡大していった。それに伴い、主権の及ぶ範囲を領土、その担い手を国民とする考え方、すなわち、民族主義が隆盛することで、近代国家は特定の民族によって築かれる国民国家と同義となっていった（Rogan 2019）。

この近代国家の仕組みの到来は、主権の捉え方をめぐる大きな転換を迫るものであった。というのも、オスマン帝国崩壊までの中東では、主権を神（アッラー）のものとするイスラーム国家が主流であったからである。端的に言えば、イスラーム法の諸原則に立脚する国家である。伝統的なイスラーム政治思想では、国家はイスラーム法を執行する機関と位置づけられる。近代国家では、法（憲法、刑法、民法など）が主権者である国民によって定められるのに対して、イスラーム国家では、国家が形成される以前から神を主権者とする法――イスラーム法――が存在する。つまり、イスラームの理念においては、ある国家を統べるために人が法をつくるのではなく、神の法を体現するために国家がつくられるのである（小杉一九九四：二八－四四頁）。

そのため、オスマン帝国の崩壊とは、そこで暮らしてきた人びとに対して、そもそも国家とは何か、そこでどう生きるのか、といった実存をめぐる大きな転換を迫るものであった。自分は何のために生きているのか。たとえば、それまで神のために生きてきた人が、これからは近代国家やそれを構成する特定の民族のために生きることになる。あるいは、自分は何者なのか。それまで同じイスラーム教徒だったのが「イラク人」となり、「シリア人」や「エジプト人」とは区別される。オスマン帝国の崩壊と近代国家の形成は、そこで暮らしてきた人びとのアイデンティティを動揺させた（末近二〇一八：二〇－九頁）。

†収奪国家論

近代国家の形成については、政治学や社会学、歴史学において、国家建設の理論としてさまざまな研究がなされてきた。なかでも有名な議論が、ヨーロッパにおける近代的な国家の形成過程の説明を試みた社会学者C・ティリーによる「収奪国家」論である。

国家は、一定の強制力をもって領土内の人びとを拘束する法制度を整備し、治安を維持するだけでなく、対外的な安全保障を確立できなくてはならない。つまり、その能力が高い国家が生き残り、逆に低い国家が淘汰されることになる。

そこでティリーが注目したのが、国家の生き残りを左右する戦争であり、そのコストを調達するために不可欠な課税の実態であった。国家は、国民から強制的に徴税と徴兵をすることで大規模な常備軍の整備が可能となる。こうした戦争遂行のための法制度の整備が、国家の仕組みの形成と拡大につながり、一定領域内での主権的支配の確立を促したとされる。つまり、近代国家だけが生き残り、都市国家や帝国などの他の形態の前近代的な国家が淘汰されたのは、それが最も高い戦争遂行能力を獲得したからであった。「戦争が国家をつくり、国家が戦争をつくった」のである（Tilly 1992: 67-95）。

では、オスマン帝国領に新たに出現した政体である植民地国家は、どのように近代国家としての中東諸国へと変容していったのであろうか。

これらの植民地国家の政府は、東方問題という荒波のなかで生存、つまり、戦争を勝ち抜くために、多くの兵士の動員と物資の調達に奔走した。つまり、人びとからの収奪（徴税と徴兵）を推し進め、そのための法制度、たとえば、ヨーロッパ諸国を範とした司法、立法、行政の諸制度や官僚機構、国旗や国歌、国軍や警察などを整備していったのである。

むろん、植民地国家への帰属意識を持たない人びともいたが、やがてはそこで生じた新たな権力や資源へのアクセスの拡大を試みるようになり、また、そのためには政府が整備した法制度に適した方法を採用することを合理的なものと見なすようになった。つまり、人びとは、新たな現実を受け入れ、それに適応しようとしたのである。その結果、植民地国家は、徐々に近代国家としての内実を伴うようになっていった。

†植民地国家から近代国家へ

先に述べたように、オーウェンは、一九世紀末から二〇世紀初頭にかけて出現した植民地国家には、次の三つの特徴があると論じた――①新たに設定された首都を中心とした中央集権的な統治、②西洋列強と一部の有力者との同盟関係および経済的従属を通した植民地政策、③西洋列強による外部からの政治的・経済的な意思決定である。

この三つの特徴が、それぞれどのように近代国家の形成に作用したのか見てみよう（オーウェン二〇一五：四一－三頁）。

第一に、首都を中心とした中央集権化の進展は、行政権力を司る少数の支配エリートを生み出しただけでなく、近代的な教育を受けた都市住民の数を増加させた。支配エリートたちは、首都の政府を掌握し、収奪（徴兵と課税）を実践するための法制度としての近代国家を整備していった。これに対して、一般市民は、政府に対する組織的なストライキ、デモ、ボイコットなどを通して政治に関与するようになり、国民としての意識を醸成していった。

たとえば、エジプトのカイロ、イラクのバグダード、トランス・ヨルダンのアンマン、シリアのダマスカス、レバノンのベイルート、チュニジアのチュニス、アルジェリアのアルジェ、リビアのトリポリなど——これらの都市がそれぞれの植民地国家の首都に制定され、そこを中心に政府と一般市民の相互関係からなる近代国家の内実が醸成されていった。

第二に、多くの植民地国家では、支配エリートたちが西洋列強の宗主国の利益の代弁者として政府の運営に携わった。その際、宗主国は、君主制の政治体制の採用を好んだ。それは、世襲王家が自国と安定的・継続的な友好関係を築き、また、独立を求める民族主義者たちの反乱を鎮める役割を担うものとして期待されたからであった。

たとえば、一九二二年に独立を果たしたエジプトでは、先に述べたムハンマド・アリー家が世襲王家として君臨し、イギリスの植民地支配を継続させる役割を果たした。西洋列強と地方有力者の結びつきが植民地主義を再生産するという現象は、チュニジア（フサイン家）、リビア（サヌーシー家）、イラク（ハーシム家）でも見られた。

なお、一九二〇年に植民地国家として創出されたレバノンとシリアでは、フランスの委任統治の名の下に共和制の政治体制が採用された。しかし、大統領という地位自体が委任統治によって法制度的に保障されていたものであったため、世襲王家と同様、誰が大統領になっても宗主国の方針に従順になりがちであった。

第三に、一部の植民地国家においては、政府や支配エリートだけでなく、一般市民も宗主国の植民地政策から大きな影響を受けていた。

たとえば、パレスチナや北アフリカでは、西洋列強の白人移住者たちが政治だけでなく、経済においても特権的な地位を独占していたため、そこでもともと暮らしていた人びととの間の軋轢を生んだ。パレスチナでは、一九世紀末よりヨーロッパで激しい迫害を受けたユダヤ人たちの大量移住が起こったことで、この地で暮してきた人びとであるパレスチナ人との衝突を生み出した。北アフリカの植民地国家——チュニジア、アルジェリア、モロッコ——では、宗主国との強いつながりを持った白人移住者が法制度や市場のあり方に強い発言権を持つことで、そこで暮らしてきた人びとからの反発を招いた。

この三つの植民地国家の特徴からは、それぞれにおける近代国家の形成が宗主国による一方的かつ抑圧的な過程を経たものであったことがわかる。しかし、ここで重要なことは、こうした植民地国家のあり方が、そこで暮らしてきた人びとに新たに国民としての共通の帰属意識を根付かせたことである。反植民地主義の感情は、中東以外の地域でも見られたように、民族主義勢力を勃興させ、独立運動やその後の急進的な政権の誕生の一因となったのである（オーウェン二〇一五：四三頁）。

4 中東諸国の独立

†独立運動の隆盛

こうして近代国家としての形成が進んだ中東の植民地国家は、その後、どのようにして中東諸国として独立を果たしていったのであろうか。

中東諸国の独立の波は、三度にわたって訪れた。第一の波として、まず、エジプトとイラクが一九三〇年代までに独立を達成した。第二の波は、第二次世界大戦中から大戦後にかけての時期に訪れ、レバノン、ヨルダン、シリア、リビア、モロッコ、チュニジアが一九四三年から五六年の間に独立した。その後、第三の波として、クウェート、アルジェリア、イエメンが一九六〇年代に、そして、バハレーン、カタル、アラブ首長国連邦が一九七一年に、それぞれ独立を達成した。

なぜ、西洋列強は中東から影響力を後退させ、植民地国家の独立を許したのであろうか。イギリスがクウェートと休戦海岸（アラブ首長国連邦）の独立を承認した際のように、支配にかかる費用対効果の不均衡――植民地支配が自国の経済を圧迫していた――から西洋列強が一方的に撤退する場合もあったが、それはいわば例外であった。多くの植民地国家においては、反植民地主義を掲げる独立運動が隆盛することで、西洋列強が撤退を余儀なくされた。

反植民地主義を掲げた独立運動は、政党や政治組織を結成した。エジプトのワフド党、チュニジアのネオ・ドゥストゥール党、そして、モロッコのイスティクラール党、アルジェリアの国民解放戦線（FLN）などである。一方、ヨルダン、イラク、シリア、エジプトでは、独立運動は政党や政治組織だけでなく、さまざまなかたちをとった。嘆願や署名の呼びかけといった地道なものもあれば、抗議デモ、ストライキ、ボイコット、暴動、武装闘争などの急進的なものもあった。

こうしたさまざまな独立運動に直面した西洋列強は、第一次世界大戦以降の国際的な民族自決の気運の高まりを受けたこともあり、植民地国家を次々と手放していったのである（Gelvin 2020: 193–221）。

†宗主国による抑圧を越えて

とはいえ、独立への道のりは平坦なものではなかった。植民地国家における独立運動と西洋列強の宗主国との関係は一様ではなく、比較的スムーズに独立へと歩を進めた場合もあれば、両者の間の激しい紛争が生じた場合もあった（ローガン二〇一三：二七五―三八九頁）。

それを左右した要因の一つが、西洋列強による独立運動に対する抑圧の度合いであった。というのも、取り締まりや弾圧が激しいほど、そこで勃興する独立運動も暴力的なものとなりがちだからである。そして、宗主国による抑圧の度合いを左右したのは、それぞれの植民地国家におけるその支配形態の違いであった（Angrist 2019: 16-9）。

たとえば、シリア、レバノン、アルジェリアは、いずれもフランスが支配する植民地国家であった。しかし、フランスは、シリアとレバノンの独立を一九四六年の段階で認めた一方で、アルジェリアに対しては一九六二年まで認めなかった。この二つのケースの間に違いが生じたのは、シリアとレバノンが委任統治領であったのに対して、一八三〇年からアルジェリアは本国からの多くの入植者を伴う文字通りの植民地とされていたためであった。つまり、フランスは、アルジェリアを政治的・経済的に本国の一部として統合していたため、独立運動に対する激しい弾圧のコストがかかったとしても手放すことが難しくなっていたのである。

イギリスによって独立運動への激しい弾圧が行われた南イエメンにも、アルジェリアと同じようなパターンを見ることができる。周辺のバハレーン、休戦海岸、オマーン、クウェート、カタルが比較的平穏に独立に歩を進めることができたのに対して、南イエメンが独立運動と宗主国のイギリスとの激しい戦いを経験したのは、前者が現地の支配エリートとの協定による統治という間接的な支配形態をとっていたのに対して、後者は港湾都市アデンを中心とするその土地が直接的な植民地になっていたからであった。イギリスは、アデンをインド洋航路確保のための重要な戦略的拠点と見なしていたのである（Sato 2016: 35–42）。

宗主国が植民地国家に勃興した独立運動を取り締まりないしは弾圧するという現象は、アルジェリア、南イエメン以外にも中東の各地に共通していた。フランス支配下のシリアやチュニジアでも、イギリス支配下のエジプトやイラクでも、宗主国と独立運動の間で暴力的な衝突が繰り返された。

こうして、植民地国家は、独立運動と宗主国との間の激しい角逐（かくちく）を経験しながら、中東諸国としての独立へと歩を進めていった。その結果、国際的な承認を得た近代国家としての中東諸国が誕生していったのである。

†ポストコロニアルな支配

しかしながら、これらの中東諸国の多くは、近代国家として独立を果たした後も、旧宗主国の影響力が残存するという問題に直面した。すなわち、近代国家に不可欠な徴税と徴兵の両面において旧宗主国に依存し続けることを余儀なくされ、翻って、旧宗主国はそれを利用することで中東諸国への影響力を保持しようとしたのである。何よりも、軍事と経済の両面において脆弱であるということは、単純に旧宗主国による干渉を自国の力で排除できないことを意味していた。

こうした独立後も陰に陽に植民地主義の影響力が残存することは、一般に、ポストコロニアル（植民地以後）な支配と呼ばれる。ただし、イギリスとフランスでは、独立を果たした中東諸国に対するこのポストコロニアルな支配の様式に違いがあった。

イギリスから見てみよう。先に述べたように、イギリスの植民地国家では君主制の政治体制が採用されることが多かったが、独立後もそれは維持され、世襲王家とのつながりを通した旧宗主国の影響力が残存した。エジプトは、法制度上は一九三六年に独立を果たしたが、イギリスによる外交権限やスエズ運河の管理権の掌握は続いた。

また、新たに独立した国家の政府が、旧宗主国であるイギリスに対して軍事や経済における支援を要請したケースもあった。イラクは、一九三二年に独立したが、その後も旧宗主国のイギリスによる軍事援助を受け続け、その見返りとして国内の基地使用を認めた。一九四六年に独立を宣言したヨルダンでは、一九五六年までイギリスの軍人が軍の最高司令官を務めていた。

一方、フランスは、共和制の採用を通してポストコロニアルな支配の継続を試みた。シリアとレバノンは、一九四三年に独立を果たしたが、その後もフランスは、軍の駐留を続け、植民地国家の時代に自国との結びつきを背景に台頭した支配エリートたちとの関係を通して政治や経済に対する影響力を行使した。アルジェリアについては、一〇〇万人以上の「コロン」と呼ばれた白人の入植者が存在しており、一九六二年という遅い時期まで独立を認めることすらしなかった。

このように、イギリスとフランスという宗主国の違い、君主制と共和制という採用された政治体制の違いが、独立後の中東諸国の内実を異なるものとした。しかし、それと同時に、植民地主義の影響力の残存というポストコロニアルな支配の継続は、独立後の多くの諸国に共通する大きな課題となった。

†イランとイスラエルの独立

他方、植民地国家とならなかったイランとイスラエルは、どのように近代国家としての独立に至ったのであろうか。

先に述べたように、イランは政体としての出現に際しての「人工性」の度合いが低く、逆にイスラエルは非常に高かった。ただし、両国とも独立をめぐって西洋列強との目立った衝突がなかった、という点では奇妙な一致を見せていた。

イランは、一九二五年、反植民地主義感情を背景にしたクーデタの成功によりパフラヴィー朝が成立した。イランでは、伝統的に官僚機構が脆弱であり、地方の大土地所有者や部族長の力に依存した分権的な政治が行われてきた。そうしたなか、皇帝（シャー）は、議会の掌握や官僚機構の整備、そして、軍と警察を駆使した反体制派の弾圧による中央集権化を推し進めた。そのコストを支えたのが、一九〇八年に本格的な採掘が始まった石油の存在であった。

しかし、石油は諸刃の剣だった。石油の採掘は、実質的にはイギリスとの合弁会社によって担われていた。そのため、イランは、その輸出から得られるはずの富を独占することはできなかった。石油の富は、近代国家としての船出を支える一方で、西洋列強への経済的・政治的な従属につながるという負の側面も持っていたのである。その結果、イランは、近代国家としての独立を果たしながらも西洋列強への従属の度合いを強めるというジレンマを抱えることとなった。植民地化を免れることでコロニアルな経験をしなかったものの、実質的には他の中東諸国で見られたようなポストコロニアルな支配を受けたのである（オーウェン二〇一五：五〇-二頁、一四五-八頁）。

一方、イスラエルは、パレスチナへのユダヤ人入植者による政体を起源とした。第一次世界大戦後にイギリスの委任統治下に置かれたパレスチナへのユダヤ人の急増は、これに危機感を覚えたパレスチナ人による反発を招いた。イギリスは両者の衝突を解消できず、このパレスチナ問題の調停を国際連合の総会に委ねた。その結果、一九四七年、国連総会で領土の分割が決議され、ユダヤ人のための国家建設が承認されることとなった。そして、翌年、イスラエルは建国を宣言した。

当時の国連加盟国は六七に過ぎず、決議案に賛成した三三の国家の実に三〇が南米を含む欧米諸国であった。つまり、イスラエルにとって西洋列強は、自国の独立を妨げるものではなく、むしろ後押しするものであった。そのため、イスラエルそれ自体がポストコロニアルならぬ、コロニアルな国家として誕生したのだと言える。実際、イスラエルは、中東における「非イスラーム教徒の国家」として、欧米諸国、特にアメリカとの「特別な関係」を持ち、中東において最も西洋的な国家、たとえば、民主的な政治制度や開放的な市場経済を導入した国家となった（臼杵二〇一三：二二六-五二頁）。

†トルコの独立

最後に、トルコの独立を見てみよう。トルコについては、政体の出現から近代国家の形成、そして、独立までの過程において、西洋列強による植民地化を免れた（オーウェン二〇一五：四七－五〇頁）。

トルコは、一九二三年のオスマン帝国の廃止と引き換えに独立を果たした、トルコ人によるトルコ人のための国民国家である。その独立を主導したのが、「建国の父（アタテュルク）」と呼ばれる初代大統領ムスタファー・ケマル（一八八一～一九三八年）であった。オスマン帝国の軍人であったアタテュルクは、帝国末期にトルコ人による国家建設を目指すようになった。その際、トルコ人としての国民意識を醸成し、また、それを代表できる組織として一九二〇年に結成されたのが、大国民会議（アンカラ政府）であった。これが、独立後のトルコの新政府となった。

独立後のトルコでは、国民意識が希薄なクルド人や政教分離による近代化に反発する宗教勢力による挑戦を受けるなど、しばらくは混乱が続いたものの、新政府が軍や官僚機構との関係の強化を通して独裁色を強めていったことで、やがて安定的な統治がなされるようになった（今井二〇一七：一五－四二頁）。

トルコは、植民地化を免れたものの、オスマン帝国の広大な領土を段階的に西洋列強へと手放していった結果残された土地に形成された国家であった。トルコが東方問題の中心でありながらも、植民地にならなかったことで形成されたのだとすれば、その命運は、結局のところ西洋列強の手に握られていたと見ることもできよう。

5 新生中東諸国の困難な船出

†独裁の横行

こうして、二〇世紀の後半までには（パレスチナ以外の）すべての中東諸国が独立を果たしたが、しかしながら、それは、そこで暮らす人びとにとっては別の苦難の始まりであった。多くの中東諸国において、一部の支配エリートが独裁的な統治を行うようになったからである。湾岸アラブ諸国、ヨルダン、モロッコ、イランの君主制、エジプト、シリア、イラク、南イエメン、アルジェリア、チュニジア、トルコの共和制――いずれの政治体制についても、独裁が横行するようになった（なお、イスラエルは共和制の政治体制を採用し、そこでは、民主的な政治が行われたが、その一方で、パレスチナ人に対する抑圧・弾圧を続けていた）。

　なぜ、独立後の中東諸国に独裁が横行するようになったのであろうか。その鍵は、国家としての能力と正統性にある。軍事と経済の両面での旧宗主国への依存から脱却できなかったこと、つまり、ポストコロニアルな支配が続いたことは、次の二つの面で独立後の新政府に大きな課題を突きつけた。第一に、徴税と徴兵からなる収奪国家としての近代国家の能力が不十分なままに置かれ続けたこと、第二に、植民地国家の時代からの正統性の問題がくすぶり続けたことである。

　この二つの課題は、新政府にとってジレンマであった。すなわち、国家としての能力を向上するために旧宗主国に依存し続ければ、独立した国家としての正統性が揺らぎかねない。しかし、旧宗主国への依存なしでは、統治機構の整備や社会・経済開発、軍や警察の近代化に必要な資金と人員が調達できず、国家としての能力の向上が望めない。つまり、いずれを選択しても、それを不満とする軍のクーデタや一般市民の反乱の可能性が残ったのである。

　どうすればこのジレンマを克服できるのか。そこで採用されたのが、独裁という手法であった。新政府は、独裁的な統治を行うことで、軍や一般市民を統制し、自らの権力の維持と独立後の国家の安定化を目指したのである（オーウェン二〇一五：四四－七頁）。

†数少ない民主主義体制

ただし、独立後の中東諸国のなかには、民主的な政治体制を確立したものもあった。イスラエル、レバノン、そして、トルコである。これらの国では、選挙による政権交代が起こる民主的な政治が行われた。

イスラエルとレバノンは、それぞれユダヤ教徒とキリスト教徒という、特定の宗教の信者が多数派となるように国境線を画定することで創出された国家としての共通性を持つ。そして、両国では民主主義体制が採用されたが、ユダヤ教徒とキリスト教徒というそれぞれの多数派が――少数派となったイスラーム教徒に対して――選挙で敗北することがないような仕組みとして設計された。イスラエルは、ユダヤ教を奉じるユダヤ人が多数派となる国家として建国され、少数派であるそれ以外の宗教の信者が選挙で勝利することは事実上不可能であった。レバノンでは、一七（一九八九年に一八に変更）の公認宗派の人口比に応じて公職を配分する「宗派制度」と呼ばれる世界でも希有な政治制度が採用され、キリスト教徒の多数派としての地位が固定化された（第5章を参照）。

トルコは、先に述べたように、独立後にアタテュルク率いる共和人民党による一党独裁の色が強まったが、それに対する他党や国民の不満が蓄積されていったことで、一九四五年には複数政党制による民主的な選挙制度が導入された。

イスラエル、レバノン、トルコは、今日まで選挙による政権交代が見られる民主国家であり続けているものの、中東全体で見れば例外的な存在である。その他の中東諸国では、独立前後の時期から独裁が続いているのが実情である。

以下では、独立後の中東諸国における君主制と共和制のそれぞれの新政府が、どのように独裁的な統治を行うようになったかを見てみよう。

†君主制の独裁

まず、君主制の独裁は、産油国と非産油国の二つのケースに大別できる。産油国は、湾岸アラブ諸国に集中しており、非産油国は、ヨルダンとモロッコである(オーウェン二〇一五：七七－九九頁)。

産油国の独裁を可能としたのが、他ならぬ石油の富であった。湾岸アラブ諸国の政府は、石油から得られる莫大な富によって、国民を管理するための巨大な官僚機構の整備が可能となった。そこで、政府は、国民を財政的に「養う」ことで、反乱を起こすインセンティヴを失わせるという戦略を採った。それを象徴したのが、公務員の規模を拡大させたことであった。独立後のクウェートでは、一九六一年の独立からわずか二〇年で、その規模が労働人口の四分の一を占めるまでとなった。同様の現象は、サウジアラビアやアラブ首長国連邦、カタル、バハレーン、オマーンでも見られた。また、パフラヴィー朝のイランも、英米主導の石油生産に財政的に依存するという事実上のポストコロニアルな支配が続いていたものの、そこから得られる富によって官僚機構を拡大させることで、独裁的な統治を強めた。

しかし、同じ君主制でも、石油の富の恩恵を受けられない非産油国のヨルダンとモロッコでは事情が異なっていた。ヨルダンの世襲王家は、旧宗主国のイギリスだけでなく、石油収入によって裕福となった湾岸アラブ諸国から巨額の援助を享受することで、大規模な官僚機構の整備を推し進めた。一方、モロッコでは、限定的な政治参加を実現することで国内の政治勢力の競合をあえて惹起した上で、世襲王家がその競合の調停者として優位な立場を確保するという戦略が採用された。そして、世襲王家は、地方の有力者や部族との婚姻や同盟関係の強化を通して、巨大な支配エリートの集団を形成していったのである（第2章を参照）。

†共和制の独裁

次に、共和制の独裁はどうであろうか。共和制の中東諸国には、独立時の君主制から体制転換を経験して成立したものが多い。具体的には、エジプト（一九五二年共和制に移行）、チュニジア（一九五六年同）、リビア（一九六九年同）、イラク（一九五八年同）、北イエメン（一九六二年同）である（オーウェン二〇一五：五三-七六頁）。

これらの国の独立後の新政府は、世襲王家による君主制が採用されていたが、軍部のクーデタによって共和制に移行した点で共通する。その際、旧宗主国の傀儡と見なされた世襲王家が排除され、民族主義による国家建設が掲げられた。クーデタの主体となった強大な軍の存在こそが、独立後のこれらの国が近代国家として発展していたことの証であったが、それが、翻って、新政府の崩壊の原因となったのである。

しかし、クーデタ後に成立した革命政府も、先に述べたポストコロニアルな支配に伴うジレンマから自由ではなかった。反植民地主義を掲げた革命によって支配の正統性を得ることができたものの、それと引き換えに近代国家としての能力の向上に必要な資金や技術の不足に悩まされるようになったからである。その結果、革命政府に対する不満を抱く国民に対する規制と統制が強められ、独裁的な統治が行われるようになった。政治参加や言論の自由が制限され、経済、教育、司法、宗教などのあらゆる分野が革命政府によって厳しく管理された。

この規制と統制の強化の背景には、この時期に中東だけでなく世界全体で台頭していた社会主義の存在があった。革命政府は、クーデターの敢行それ自体だけでなく、その後の国民に対する規制と統制の正当化のために、この社会主義を導入した（第4章を参照）。

その嚆矢はエジプトであった。クーデタに成功した軍部は、アラブ社会主義連合という名の政党を結成し、国民全体の受益を掲げる計画経済の名の下で、外資や富裕層によって所有されていた企業や農地の国有化を推進した。これに伴い、統治機構、とりわけ官僚機構が急速に肥大化し、国民に対する規制と統制の強化のための装置となった。一九六〇年代には、エジプトの他に、チュニジア、アルジェリア、イラク、シリア、さらには、北イエメンや南イエメンでも社会主義が導入され、統治機構の肥大化を特徴とする「過剰国家」化と呼ばれる現象が見られた（Ayubi 1995: 196–223）（第4章を参照）。

*

以上、本章を通じて論じてきたように、今日中東と呼ばれる地域は、二つの面で「人工性」を強く帯びている。一つは、一九世紀後半から二〇世紀初頭にかけての時期に西洋列強によってその名称・概念が創られたという認識の面、もう一つは、中東諸国の多くが西洋列強の植民地主義の影響を受けることで「出現」「形成」「独立」していったという実体の面である。

今日の中東諸国の多様な姿は、なぜ、どのように生まれたのか。その背景には、まず、西洋列強の関与という歴史経験、とりわけ、植民地国家としての共通の特徴があった。そして、ティリーの収奪国家論が説明した近代国家の形成過程、すなわち、オスマン帝国崩壊後混乱のなかで戦争遂行能力を備えた中央主権的な政体が各地で出現したことがあった。

しかし、こうした歴史経験を共通の特徴としながらも、中東の各国では個別の事情が作用することで、「出現」「形成」「独立」の各段階での違いが生じることになった。そのため、中東各国の形成における「人工性」には濃淡があったと言える。伝統的な地方有力者の有無、宗主国による抑圧の強弱、そこで適用された政治制度の違い、石油の多寡などの各地の事情によって、今日の中東諸国の姿はそれぞれ異なるものとなったのである。

第 2 章
独裁——なぜ民主化が進まないのか

タハリール広場でムバーラク大統領の辞任表明に歓喜する人びと。エジプト、カイロ。
(AP／アフロ、2011年2月11日)

イラクのサッダーム・フサイン（フセイン）、エジプトのフスニー・ムバーラク（ムバラク）、リビアのムアンマル・カッザーフィー（カダフィー）、シリアのバッシャール・アサド。中東には、世界的にも有名な独裁者が数多く君臨してきた。中東は、独裁の「宝庫」であり、世界でも最も民主化が進んでいない地域である。

数字で見てみよう。イギリスの「エコノミスト・インテリジェンス・ユニット（EIU）」が毎年算出している「民主主義指数」――〇～一〇ポイントで世界各国の民主主義の度合いを示したもの――の地域別平均を見てみると、中東（中東・北アフリカ）が最下位であり続けている（図2-1）。

冷戦の終結をきっかけに世界の多くの地域で民主化が進んだにもかかわらず、中東では、なぜ独裁が横行し続けているのであろうか。なぜ民主化が進まないのであろうか。そこには、何か中東に固有の事情があるのであろうか。本章では、これらの問いに答えてみたい。

1 中東例外論の問題

†独裁とは何か

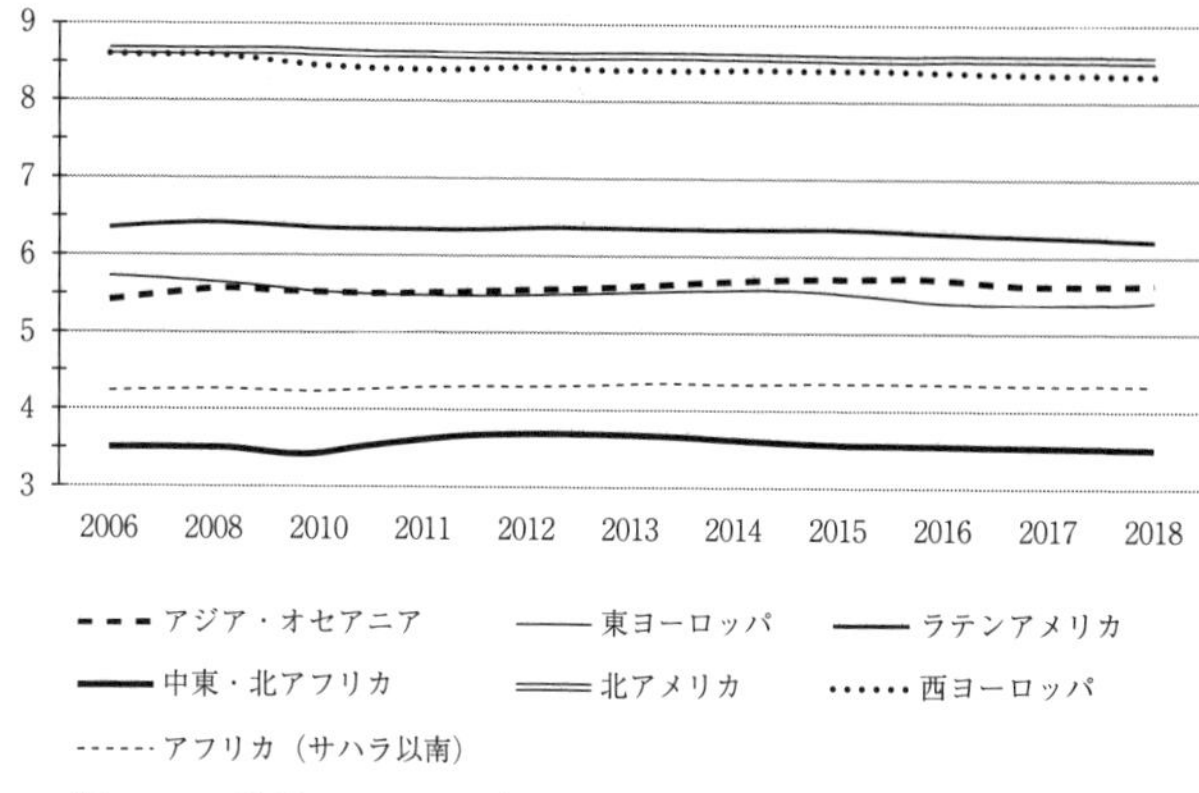

図2－1　世界における民主主義指数の地域別平均（2006－2018年）

出典：Economist Intelligence Unit（EIU）Democracy Index 2019のデータをもとに著者作成

そもそも独裁とは何であろうか。独裁は、民主主義に対置される概念であり、多数ではなく少数ないしは個人に権力が集中している状況を指す。こうした状況が制度化されたものを、独裁体制と呼ぶ。

この独裁には、全体主義と権威主義の二つの種類がある。いずれも少数ないしは個人に権力が集中している点では共通するが、国民に対する支配の様式に違いがある。全体主義とは、かつてのナチス・ドイツやスターリン時代のソ連のように、あるイデオロギーを掲げ、その実現のために一部の人間がすべての国家権力を掌握することを正当とし、すべての国民をそれに向かって動員し、それに従わない国民を抑圧・弾圧する政治体制である。これに対して、権威主義は、国民を積極的に動員しようとはせず、少数の人間による支配に挑戦しない限りにおいて、言論や結社の自由も一定程度許容される政治体制である。そのため、「限定された多元主義」と呼ばれることもある（リンス一九九五：一〇一頁）。

誤解を恐れずに言えば、全体主義が国民全体を同じ方向を向かせる「ハード」な独裁であるのに対して、権威主義は国民にある一つの方向（体制への挑戦）だけは向いてはならないことを強制する「ソフト」な独裁である。

中東諸国の独裁のほとんどが、この後者の権威主義に分類される。そこでは、明確なイデオロギーによる国民動員がなされているわけではなく、体制への挑戦だけが厳しく監視・統制された「ソフト」な独裁の姿を見ることができる。

†中東における権威主義体制

なぜ中東は権威主義体制の「宝庫」となったのであろうか。その原因は、第1章で見たような中東諸国の誕生をめぐる歴史的な過程――旧宗主国からの権力委譲のパターンや近代国家としての能力や正統性の欠如――に求めることができる。

国別で見てみると、独立時より君主制の権威主義体制が採用されたのが、湾岸アラブ諸国（クウェート、バハレーン、カタル、アラブ首長国連邦、オマーン、サウジアラビア）、およびヨルダン、モロッコであった。他方、独立時に共和制となった諸国（アルジェリア、シリア、南イエメン）、あるいは、独立時は君主制であったが革命によって共和制へと移行した諸国（エジプト、リビア、チュニジア、北イエメン、イラク、一九七九年以降のイラン）では、後で詳しく述べる一党独裁型の権威主義体制が目立つようになった。

ここで注目すべきは、これらの権威主義体制の持続年数である。総じて見ると、中東諸国には世界的に見ても長い持続年数を持った権威主義体制が少なくない。なかには民主化した期間を有する諸国もあるが、半世紀以上にわたった権威主義体制もある（図2-2）。

†中東は「民主化の波」に乗り遅れたのか

こうした状況から、中東を民主化の「例外」とする見方が広がった。いわゆる「中東例外論」である（酒井二〇一二；Bromley 1997）。中東例外論には、確立された定義が存在するわけではないが、中東は文化的、歴史的、伝統的に他の地域とはまったく異なる特徴を有していることから、社会科学の理論ではその実態が解明できない、あるいは、困難である、とする考え方を指す。

この中東例外論によると、中東諸国は「民主化の波」に乗り遅れ続けた「例外」ということになる。政治学者S・ハンチントンによれば、世界は二〇世紀末までに三度の「民主

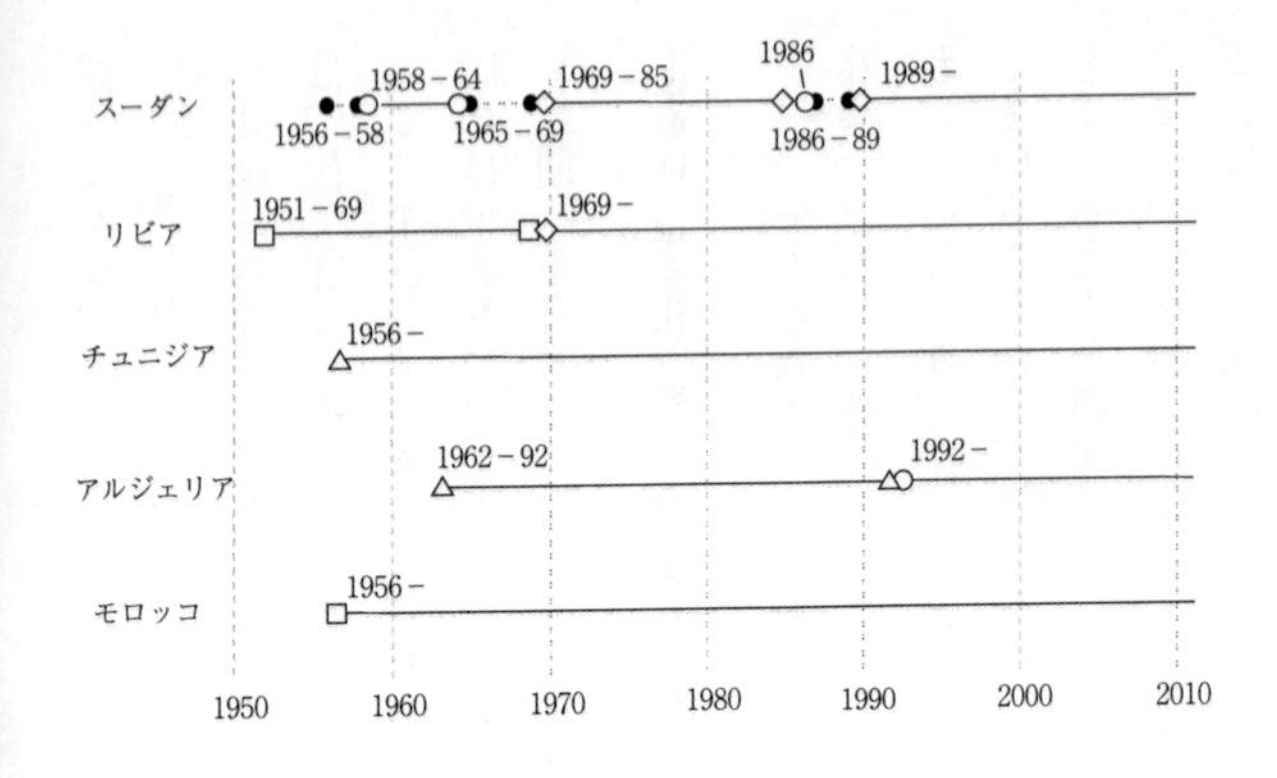

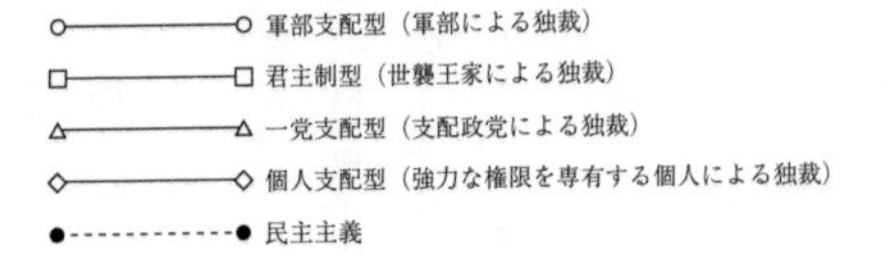

出典：Geddes et al. 2014の Autocratic Regime Data を参考に著者作成

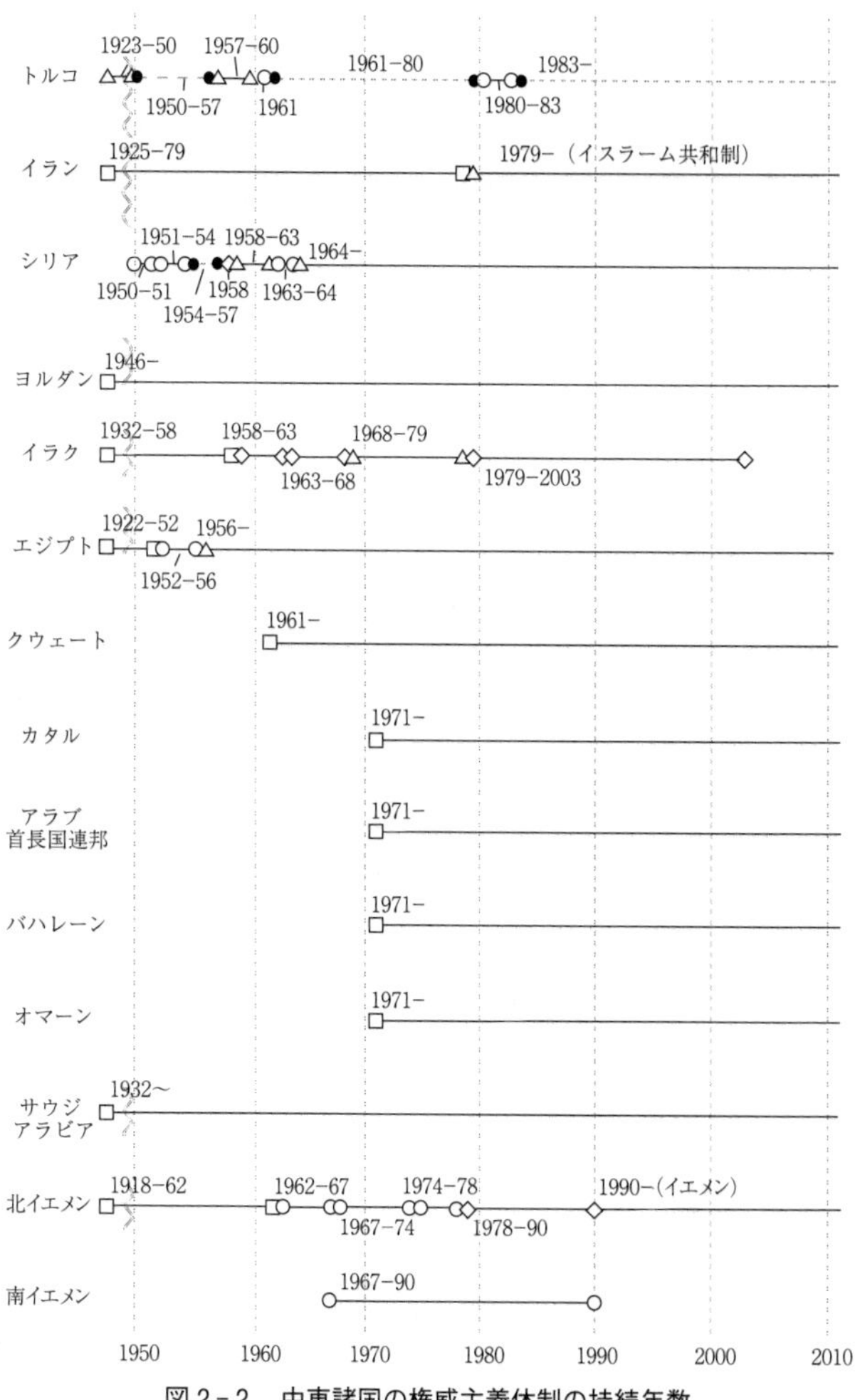

図2−2　中東諸国の権威主義体制の持続年数

化の波」を経験した（ハンチントン一九九五）。しかし、中東にはこの「波」が押し寄せることもなく、二〇一一年の「アラブの春」まで目立った動きが見られなかった。確かに、これは「例外」に見える。

しかし、ここで留意しなくてはならないのは、中東諸国を民主化の「例外」と見なすことには、すべての諸国がいずれは民主化に向かうという暗黙の前提が見え隠れしていることである。「民主化の波」という大きな文脈に鑑（かんが）みると、中東は「例外」に見えるが、そもそもその文脈の設定は正しいのか――あるいは、その認識に近代化論や西洋中心主義などの偏見はないのか――そうした批判は少なくない。

†イスラームは民主化を阻害するのか

中東例外論では、イスラームという宗教が本質的に民主主義と相容れないために民主化を阻害している、と考えられてきた。

民主主義にも社会民主主義や自由民主主義などさまざまなバリエーションがあるが、政治学者R・ダールが主張した「ポリアーキー（多数派による支配）」に象徴されるように、ある国家や社会の成員が集合的に意思決定をするべきだという規範が共有されていると言える（ダール二〇一四）。

この民主主義がイスラームと相容れない、とは、どういうことであろうか。

歴史学者B・ルイスや政治学者S・M・リプセットなどが着目したのは、中東における何世紀にもわたる専制支配の存在や政教分離の原則の不在であった（Lipset 1994; Lewis 1996）。このような「中東起源のイスラーム」と「西洋起源のデモクラシー」は相容れないという主張は、かつてE・サイードが批判したオリエンタリズムの流れを汲んでいると言える（サイード一九九三）。

しかし、イスラームが民主主義の確立を阻害しているとの議論は、歴史的にも、統計的にも、正確ではないことが明らかになっている。

歴史的には、オスマン帝国における憲法の発布と議会の設置（一八七六～七七年）やガージャール朝イランにおける立憲革命（一九〇六～一一年）など、一九世紀末から二〇世紀初頭の段階で既にイスラーム教徒による民主化への動きがあった。また、二〇世紀末以降の中東諸国において民主化を訴えてきたのは反体制派のイスラーム主義者であり、一九八〇年代以降の彼らの勢力拡大と部分的に実現した民主化には「共振現象」が見られた（小杉二〇〇一：六頁）。

統計的には、世論調査を用いた多くの研究において、個人レベルではイスラーム教徒もキリスト教徒と同水準で、あるいは国によってはそれ以上に民主主義を重視していることが明らかにされている。また、イスラーム教徒の間でも、信仰心が強いほど民主主義への支持が低くなるといった傾向は観察されていない（Hofmann 2004; Norris and Inglehart 2004; Tessler 2011: 56–73; 2015: 25–30）。

中東諸国のほとんどが権威主義体制であるという事実は、イスラーム教徒たちが民主主義を欲していない、あるいは、イスラームと民主主義は相容れないとの主張とは別個のものとして考えなくてはならない（末近二〇一七；Diamond, Plattner and Brumberg eds. 2003）。

2　なぜ権威主義体制が持続するのか

†民主化の「例外」か、権威主義体制の「典型」か

では、中東諸国で民主化が進まない本当の原因は何なのであろうか。実はこうした問いの立て方については、世界的に民主化研究が盛んになった一九九〇年代以降に見直しがなされるようになった。すなわち、中東諸国は民主化の「例外」ではなく、権威主義体制の「典型」と捉えるべきではないか、と。

だとすれば、問われるべきは、中東諸国ではなぜ民主化が起こらないのか、ではなく、

なぜ権威主義体制が持続するのか、となる（Albrecht and Schlumberger 2004）。事実、中東以外の地域を見渡してみても、世界には依然として権威主義体制の諸国が多く存在しており、また、ロシアやフィリピンのように、民主主義体制であっても権威主義的な性格を強めている諸国もある。世界は、予定調和的・不可逆的に民主化に向かっているわけではないのである。

このように、中東諸国が「例外」ではなく「典型」であるのだとすれば、権威主義体制の持続について考える際にも、イスラームといった文化的な要素に着目する以前に、他の地域の諸国の政治と共通する特徴を見いだすことが重要となる。

本節では、中東諸国における権威主義体制の持続の原因について、独裁者の視点——その巧妙な権力維持の戦略——から考えてみよう。

†権威主義体制の下位類型

権威主義体制において、独裁者はどのような戦略を駆使して権力の維持をしているのか。権威主義体制には、独裁の主体の違い、すなわち、「誰が支配するのか」という点を基準として、いくつかの下位類型が存在する。

政治学者B・ゲデスらは、政策の決定、指導者の選出、治安機関に対して実権を握る支配グループの違いに着目し、権威主義体制を、①軍部支配型(軍部による独裁)、②君主制型(世襲王家による独裁)、③一党支配型(支配政党による独裁)、④個人支配型(強力な権限を専有する個人による独裁)に分類した(Geddes et al. 2014)(図2-2)。

まず、①軍部支配型とは、一般に軍事政権と呼ばれるものであり、冷戦期に多く見られた。この体制では、軍人が最高指導者の座につき、組織としての軍部を代表する将校団が国家の意思決定に影響を及ぼす(ただし、最高指導者が軍人であっても、最高指導者の裁量が将校団に制約されない場合には、④の個人支配型に分類される)。中東では、軍部によるクーデタ後のエジプト(一九五二~五六年)やシリア(一九五一~五四年)、トルコ(一九六〇~六一年、一九八〇~八三年)などが挙げられるが、いずれも間もなく他の下位類型へと移行した。

②の君主制型においては、最高指導者が王や首長などの称号を持っており、世襲により指導者の交代が行われる。このように君主を独裁者とする君主制型の権威主義体制は、今日の世界においてはあまり多くないが、クウェート、バハレーン、カタル、アラブ首長国連邦、オマーン、サウジアラビアの湾岸アラブ諸国に集中して見られる。加えて、中東ではヨルダンとモロッコもこれに分類される。

③一党支配型とは、特定の強力な政党が政権を支配する権威主義体制である。厳密に言

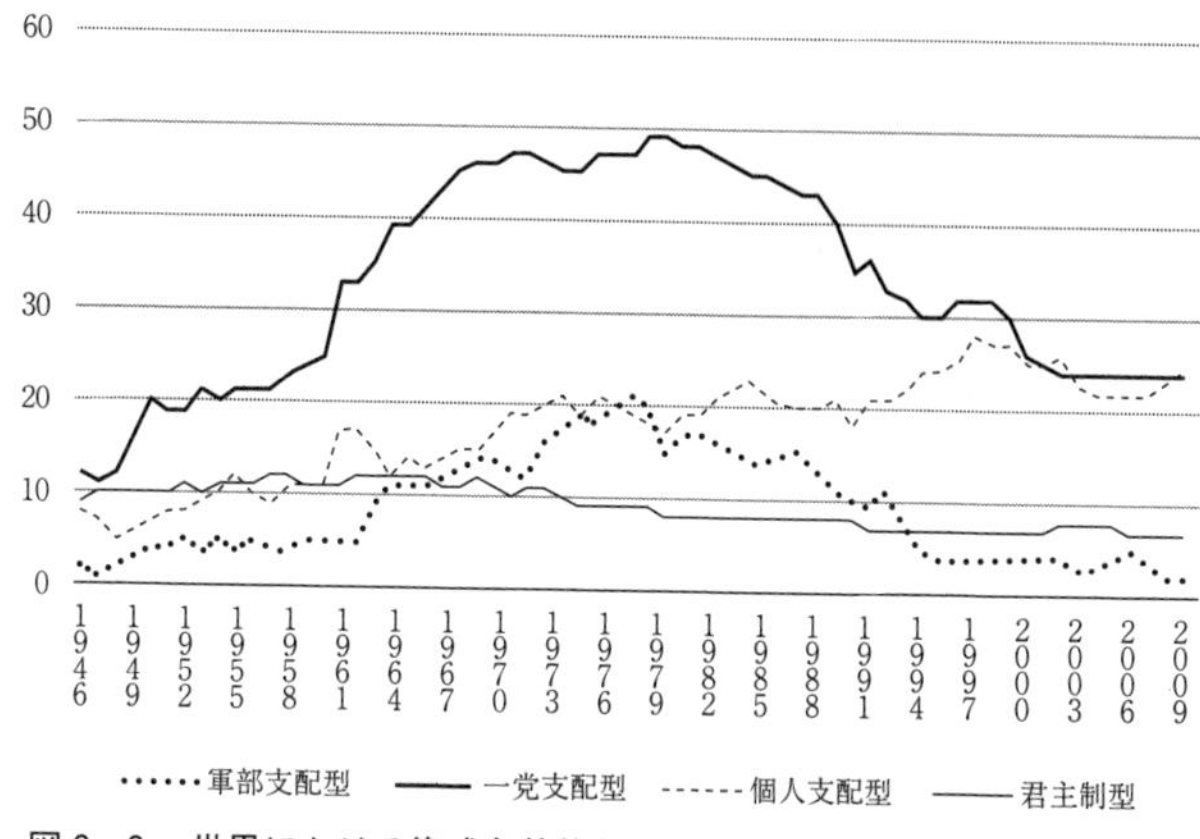

図2-3　世界における権威主義体制の下位類型別の数（1946―2010年）

出典：Geddes et al. 2014の Autocratic Regime Data をもとに著者作成

えば、支配政党以外の政党が選挙への参加が認められない場合と、支配政党以外の政党も選挙に出ることが認められるが、政権交代だけは許容されない場合がある。前者は単一政党制、後者は優位政党制と区別され、冷戦終結後は、後者の方が多く見られるようになっている。中東でも同様の傾向が見られ、エジプト、シリア、チュニジアなどがこれに含まれる。

最後に、④個人支配型は、単独の文民もしくは軍人の指導者に政策や人事に関する意思決定の権限が集中する権威主義体制を指す。中東では、イラク（一九七九～二〇〇三年）やリビア（一九六九～二〇一一年）などが知られていたが、今日までにいずれもが崩壊を経験している。

このゲデスらの下位分類によると、一九四六年から二〇一〇年までの期間において、世界では一党支配型の権威主義体制が最も顕著なタイプであったことがわかる。また、軍部支配型、および一党支配型の権威主義体制を敷く国が、二〇世紀末の民主化の「第三の波」とともに減少している一方で、個人支配型の権威主義体制の数は増えている。君主制型は、その数がゆるやかに減少しているものの、比較的その変動の幅は小さい（図2-3）。

中東諸国の権威主義体制は、②の君主制型と③の一党支配型に大別できる。ゲデスの研究によると、一九四六年から二〇一〇年までの期間における権威主義体制の崩壊率は、①の軍部支配型が一三・一パーセントだったのに対して、②の君主制型が二・〇パーセント、③の一党支配型は二・六パーセント、④の個人支配型が六・七パーセントであった（Geddes et al. 2014）。この傾向を見る限り、②の君主制型と③の一党支配型からなる中東諸国の権威主義体制は、比較的に崩壊しにくい傾向を持っていると言える。

中東諸国の権威主義体制はなぜ崩壊しにくいのか。以下では、②の君主制型と③の一党支配型のそれぞれが崩壊しにくい原因について、ゲデスの「誰が支配しているのか」という見方を敷衍（ふえん）して、独裁者による権力維持の戦略を具体的に見てみよう。

†君主制型の特徴

まず、②の君主制型である。これらの中東諸国の世襲王家の起源は一九世紀から二〇世紀の国家形成の時期にあった（第1章を参照）。この事実は、言い換えれば、中東の世襲王家には古代からの長い歴史に基づく権威づけがほとんどなかったことを意味する。そのため、国王が国王たる正統性を絶えず創出しなければならない状況に置かれていた。

正統性は、科学的に観察することも測定することも困難である。しかし、経験的には、それが低下する、すなわち、国民の権力への忠誠が低下すると、支配者がクーデタや革命の危機に直面することが知られている。そのため、中東諸国の国王は、憲法（ないしは憲法に相当する法）に自らが支配者であることを明文化し、世代を超えた権威主義体制の維持をさまざまなかたちで正当化することにつとめてきた（Lust 2020: 146-7）。

たとえば、モロッコの憲法には、国王が「アミール・アル＝ムウミニーン（信仰者たちの司令官）」であることが明記され、イスラームという宗教に依拠した正統性を持つ不可侵の存在であることが強調されている（第四一条、四六条）。同様に、ヨルダンの憲法でも、国王は「国家の長であり、いかなる責務や責任も免除される」（第三〇条）と明記され、国民の上位に君臨する超越的・超法規的な存在として規定されている。ヨルダンのハーシム家は、預言者ムハンマドの曾祖父ハーシムに連なる家系として、一方、モロッコの王室は、預言者の娘ファーティマに通ずる遠縁として、それぞれ支配の正統性を持つことを主張してきた（第5章を参照）。

中東の君主制型の権威主義体制には、議会（ないしは議会に相当する制度）が設置されている。ただし、その議会は、独裁に対する一般市民の不満の「ガス抜き」の役割を果たしているに過ぎず、政治過程（選挙）と立法過程（議会）のいずれにおいても世襲王家出身の国王が事実上の決定権を持っている。国王は、議会の召集・解散権、閣僚の任命・罷免権を単独で有することも多く、超法規的な勅令を布告できる権限を持つこともある。

†国王のジレンマ

しかし、これだけでは、君主制型の権威主義体制の持続を説明するには不十分である。というのも、君主制は近代化の進展とともにいずれは崩壊するという、「国王のジレンマ」と呼ばれる問題が横たわるからである（ハンチントン一九七二：一八五頁）。

国王のジレンマとは、社会や経済の改革を実施するためには国王への権力の集中が必要であるが、その一方で、これらの改革によって近代化が進むことで国民の政治参加の拡大要求に直面してしまうことを指す。つまり、国王は、国家の発展に尽力すればするほど、その権力が国民からの挑戦を受けやすくなるというジレンマを抱えるのである。

中東諸国の国王たちは、このジレンマをどのように解消しようとしてきたのであろうか。

そこで注目されてきたのが、豊富な天然資源の存在である。石油や天然ガスといった天然資源の多寡によって、君主制型の権威主義体制の持続をめぐる説明は異なるものとなる。

†レンティア国家

まず、膨大な天然資源を保有する湾岸アラブ諸国をめぐっては、レントの存在が権威主義体制の持続要因の一つと考える「レンティア国家」論が展開されてきた。

レントとは、一般に不労所得と訳される概念で、その国家に存在する資源などからほとんど自動的に得られる所得を意味する。たとえば、石油や天然ガスといった天然資源、運河やパイプラインの通航料、海外の出稼ぎ労働者からの送金などである。

これらの外生的（国家の外部で生じること）なレントを豊富に持ち、なおかつ国家財政をそれに大きく依存している国家を、レンティア国家と呼ぶ。湾岸アラブ諸国に関する代表的な研究では、国家収入に占めるレントの割合が四〇パーセントを超える国家がレンティア国家と見なされている。なお、たとえ豊富な天然資源があっても、国内におけるそれ以外の生産部門が十分にあれば（内生的な国家収入が大きければ）、レンティア国家とは見なされない（Beblawi and Luciani 1987）。

レントは民主化の阻害要因となり、権威主義体制の持続に寄与することがある。というのも、政府は、国家財政を税収に依存していないため、国民の意向をくみ取る必要がなく、むしろ、レントを原資に福祉や医療などのサービスを無償提供したり課税を減免・廃止することで、国民の忠誠を「買う」ことが容易となるからである。つまり、豊富なレントの存在は、政府にも国民にも民主化をもたらす動機を与えにくいのである。特に豊富な石油が権威主義体制の持続などのさまざまな問題を引き起こす現象は、「石油の呪い」と呼ばれる（ロス二〇一七）（第4章を参照）。

ただし、レントがあれば無条件に君主制型の権威主義体制が持続するわけではないという指摘もある。政治学者M・ハーブは、湾岸アラブ諸国の権威主義体制の持続を「王朝君主制」という概念で説明した。王朝君主制とは、国王の個人支配ではなく、その世襲王家の一族が主要な閣僚ポストや政府省庁の職を独占する体制である。国王と世襲王家が協力して権力の維持に努めることで、クーデタによる内部からの崩壊を抑止し、また、革命のような外部からの挑戦を未然に防ぐことが容易になるとされる。

この議論によると、国王が自らの手に権力を集中させていたオマーンを除いた湾岸アラブ諸国では、世襲王家の一族の内部での権力分有（パワー・シェアリング）が徹底されることで、安定的な支配エリートの一群が築かれてきたという（Herb 1999）。

†リンチピン君主

では、天然資源を持たない諸国はどうであろうか。モロッコとヨルダンは、非産油国の君主制型の権威主義体制の国家である。両国とも石油によるレントはわずかであり、なおかつ世襲王家一族の規模が湾岸アラブ諸国よりも小さく、単独で支配エリートの一群を築くには至っていない。にもかかわらず、権力が維持できているはなぜであろうか。

その要因として注目されてきたのが、国王による社会的亀裂の利用である。社会的亀裂とは、一般に、国内における部族や宗教、民族、地域などの相違に基づく社会集団間の対立のことを指す。

モロッコとヨルダンでは、国王がこれらの社会的亀裂による国民の分断をまとめ上げる役割を担い、婚姻や同盟関係を通じた広範な支配エリートの一群を形成することで、権威主義体制の内部からの崩壊と外部からの挑戦を未然に防いできた。こうした国王のあり方は、「リンチピン君主」と呼ばれる（Lucas 2004）。リンチピンとは、車輪が動かないように所定の穴に取り付けることで固定するピンのことであり、さまざまな要素からなる複雑な関係を固定するものを指す比喩である。

興味深いのは、リンチピン君主としての国王は、こうした支配エリートの一群の拡大につとめながらも、社会的亀裂の完全な解消を目指すことはなく、むしろそれを温存することで挑戦者が一致団結できないようにしてきたことである。その際に利用されたのが、議会である。議会は、国民の不満の「ガス抜き」の機能を持つと同時に、社会的亀裂に沿った国民の間の競合を絶えず再生産することで、支配エリートへの挑戦者が一致団結することを防ぐ役割を果たす（Willis 2014）。

モロッコでは、フランスからの独立運動を担ったイスティクラール党の勢力を牽制（けんせい）するために、ヨルダンでは、アラブ民族主義者やパレスチナ系住民による急進的な勢力を抑えるために、それぞれ国王がこれらに対抗する政党の結成を促した。こうして社会的亀裂に沿った政治勢力間の競合が激化するなかで、国王はその調停者として優位に振る舞うことができるのである。このような権威主義体制の維持の仕組みは、「分断型競合構造」と呼ばれる（Lust-Okar 2005: 40–60）。

†一党支配型の特徴

他方、一党支配型の権威主義体制の持続はどのように説明できるだろうか。

まず、中東諸国における一党支配型の成立過程は、①革命・独立、②クーデタ、③一党支配のなかの変質の三つに大別できる（Magaloni and Kricheli 2010）。

第一の革命・独立についてはチュニジアやアルジェリアのケースがあり、フランスからの独立運動を担ったネオ・ドゥスゥール党や国民解放戦線が、そのまま独立後の国家における一党支配の担い手となった。これらの政党は、独立後に近代的な政党組織を整備・拡大し、国民からの支持を梃子に複数政党制を不認可とすることで、単一政党制の一党支配型を確立した。

第二のクーデタについては、イラクやシリアのケースが該当する。両国では、クーデタの主体となった軍の将校を中心にアラブ社会主義バアス党（以下バアス党）が結成された。同様に、エジプトでは、一九五二年のクーデタを主導した軍人のジャマール・アブドゥン＝ナースィル（一九一八〜七〇年、以下ナセル）が新大統領に選出され、エジプト国民連合――後のアラブ社会主義連合（一九六二〜七八年）と国民民主党（一九七八〜二〇一一年）――による単一政党制の一党支配型を築き上げた。

これらの一党支配型はいずれも単一政党制だが、なかには優位政党型へと移行したものもある。これが、第三の成立過程である。たとえば、ナセル大統領の死去後のエジプトでは、国民の不満に対する「ガス抜き」のために、アラブ社会主義連合のみが合法化された単一政党制から、他の政党が認可されつつも同連合の優位が固定化された優位政党制への移行がなされた。その後、アンワル・サーダート（一九一八〜八一年、以下サダト）大統領とフスニー・ムバーラク（一九二八～二〇二〇年）大統領が段階的に複数政党制を導入したものの、実際には、自らが率いた国民民主党以外の権力掌握を禁じた（今井二〇一七a：七七－一一三頁）。

†権威主義体制下での政党と議会

革命・独立運動にしても、軍にしても、権力を掌握した後になぜわざわざ政党を組織し、一党独裁型の権威主義体制を築き上げたのであろうか。言い換えれば、民主主義体制の象徴とも言える政党や議会が、なぜ権威主義体制下において整備されたのであろうか。

先に述べたゲデスらの研究では、権威主義体制の崩壊率は個人支配型（六・七パーセント）よりも一党支配型（二・六パーセント）の方が低かった。その理由は、次のように説明される――個人支配型であっても、支配エリートは現状維持に便益を見出すため、権力の内部での対立は起こりにくいと想定される。しかし、独裁者が死亡したときには、権力の内部（継承者争い）と外部（反乱や革命）の両方からの挑戦を受けやすい。なぜなら、個人支配型ではエリートと非エリートの線引きが流動的かつ曖昧であるのに加え、権力の継承が制度化されてないことが多いためである。また、個人支配型は、一党支配型に比べて権力の支持基盤が小さくなりがちなため、一般市民からの挑戦を受けやすくなる（Geddes et al. 2014)。

この個人支配型が抱える問題に対処する上で、独裁者にとっては政党の組織が合理的な戦略となる。すなわち、政党という組織に支配エリートを帰属させることで権力の内部での対立が起こりにくくなり、また、仮に対立が起こった場合でもその内部で解決できる。さらには、政党組織を通して新たな支配エリートのリクルートや社会化を推進したり、一般市民を対象とした利権誘導や取り込み（コオプテーション）、大衆動員がしやすくなる（Angrist 2006; Brownlee 2006; Magaloni 2008）。

つまり、一党支配型は、国内外からの批判や挑戦を受けやすい個人支配型よりも巧妙に作り込まれた権威主義体制と見ることができる。

†選挙によって再生産される権威主義体制

権威主義体制下では、政党や議会だけでなく、選挙もその維持のために利用されることがある。たとえ茶番であっても選挙が実施される権威主義体制を、「選挙権威主義」や「競争型権威主義」と呼ぶこともある。

選挙は、民主主義体制下では、一般市民の意思の表明とそれに基づく多数派の形成のための制度と考えられている。そして、与野党の間の政策や利益の違いが大きいほど、議席の増減や政権交代の可能性が高まる。しかし、権威主義体制下では、その違いがあらかじめ与党勢力によって統制されることで小さくなる傾向があり、議席の増減も政権交代も起こりにくくなる。むしろ、こうした統制下で実施される選挙では、野党勢力は選挙で敗れた際にそれまで以上に不利な立場に置かれることを恐れ、与党勢力との直接対決を避け、現状維持（議席の維持）を志向しやすくなる。つまり、野党勢力が勝者を目指すことの費用対効果を低くすることで、与党勢力が勝者となることがあらかじめ決まっている選挙の実施が可能となるのである（Gandhi and Lust-Okar 2009）。

　したがって、選挙を通して形成される議会も、一党支配型の権威主義体制の維持のための道具と化す。そこでは、与党勢力が多数派として「数の論理」を振りかざすことで野党勢力に対処できるため、政治参加の可否判断を通じてその分断をはかったり（先に述べた分断型競合構造）、逆に政党間の利害調整の手段として利用することもできるからである（Gandhi 2008）。

　エジプトがその典型である。一九八一年に成立したムバーラク政権は、与党国民民主党による優位政党型の一党支配型権威主義体制を採用した。そこでは、複数政党制が導入されたものの、野党勢力の分断に利用されただけであった。野党勢力のうち、体制の脅威とならないものを「穏健派」、大きな変革を求めるものを「急進派」に区別した上で、前者を合法的な公認政党として取り込みをする一方で、後者を非合法として排除することで、一致団結して与党に挑戦できないようにしたのである。

また、ムバーラク政権は、小政党に有利となる比例代表制を導入したものの、拘束名簿式を用い無所属候補の出馬を禁じたり、政党別の得票率に「足切りライン」を設けたり、さらには、各選挙区の候補者と同数の予備候補を擁立することを義務づけたりすることで、全国規模で候補者と支持者を動員できる政党、すなわち、与党の国民民主党しか勝者になれない制度を築いていった（Lust-Okar 2005: 140–52）。

†不公正な選挙

このような、「勝者総取り」が約束された不公正な選挙を利用した権威主義体制は、チュニジア、イエメン、シリアでも見られた（松本編二〇一二）。

チュニジアでは、与党である立憲民主連合が、政党ブロック投票として知られる選挙制度――当該選挙区で相対多数を獲得した政党がその選挙区のすべての議席を獲得できるという仕組み――を導入した。そして、一九八九年の選挙では、ザイヌル＝アービディーン・ベン・アリー（一九三六～二〇一九年）大統領率いる与党が、体制の脅威とならない小規模な世俗主義政党を認可する一方、イスラーム主義を掲げる最大与党であったナフダ党を非合法化することで、すべての議席を獲得した。続く一九九四年の選挙では、新たに六つの政党が認可されたが、その見返りとして野党勢力の獲得可能議席は全議席の一二パーセントに制限された（この制限は、一九九九年の選挙時には二〇パーセントに引き上げられた）。

イエメンでは、一九九〇年の南北統一後の一九九三年に初めて選挙が実施された。旧南イエメンと旧北イエメンのそれぞれの与党――イエメン社会主義党と国民全体会議――は、野党勢力の伸張を抑えるために新たな選挙制度を導入することで合意した。その制度は、各選挙区における最大得票者が有効投票数の過半数に達していなくても当選と見なすことが定められていたため（小選挙区相対多数制）、当初より全国規模の動員能力を持つ与党に有利に働くものであった。事実、選挙では両与党が勝利し、これにイスラーハという政党を加えた三者での連立政権による権威主義体制が築かれた。この連立政権は、一九九四年に発生した内戦をきっかけに再編が行われたものの、その後の選挙を通じて着実に議席数を伸ばしていった。

シリアの選挙は、与党バアス党による権威主義体制の維持のための道具としての性格が非常に強い。ハーフィズ（一九三〇～二〇〇〇年）とバッシャール（一九六五年～）の父子によるアサド政権は、「新家産制国家」と評されるほど近親者による権力の独占が顕著である一方で、バアス党の政党組織と選挙・議会の操作を通した野党勢力の排除を行うことで、一党支配型の権威主義体制を維持してきた。

一九七三年に導入された選挙制度は、バアス党が主導する政党連合である進歩国民戦線が「勝者総取り」するように設計されていた。その立候補者全員が当選すると同時に、バアス党単独で総議席の過半数以上、さらに進歩国民戦線全体で三分の二以上の議席を獲得することが定められていた。進歩国民戦線以外の選挙参加は承認されておらず、また、無所属候補も同戦線と良好な関係を持たない限り当選の可能性はなかった（青山・末近二〇〇九：九一―一三頁）。

以上、本節を通して見てきたように、中東諸国の権威主義体制は、君主制型と一党支配型に大別できる。いずれの下位類型の持続についても、イスラームのような文化的要因の影響はほとんどなく、その仕組みは他の地域のそれと大きく違わないと言える。君主制型では、モロッコとヨルダンのようにイスラームに支配の正統性を依拠する国や、湾岸アラブ諸国のようなレンティア国家もあり、それぞれ中東に固有の事情を確認することはできる。しかし、それでもなお、世襲王家が国内の潜在的な挑戦者を監視・統制するための合理的な戦略を展開してきたことを看過すべきではないであろう。一方、一党支配型においても、独裁者による巧妙な戦略が見られ、そこでは、政党や議会、選挙までもが権威主義体制の維持に利用されたのである。

3 なぜ「アラブの春」は起こったのか

†権威主義体制の「典型」から「例外」へ

二〇一〇年末にチュニジアで発生した一般市民による抗議デモは、わずか一ヶ月あまりで二四年間続いてきたベン・アリー大統領による権威主義体制を崩壊させた。この革命の熱狂は、瞬く間に他の中東諸国にも広がり、エジプト（二〇一一年二月）、リビア（同年一〇月）、イエメン（同年一一月）でも体制転換が起こった。シリアやバハレーンでは、体制転換こそ起こらなかったものの、体制と反体制派の間で武力衝突が発生した。この市民による民主化運動を発端とする一連の事件を、「アラブの春」と呼ぶ。

前節で論じたように、冷戦終結後、中東諸国は民主化の「例外」ではなく、権威主義体制の「典型」と見られるようになっていた。確かに、湾岸アラブ諸国、ヨルダン、モロッコの君主制型の権威主義体制は一つも崩壊せず、抗議デモが起こっても小規模なものに留まった。しかし、頑健であると考えられていたチュニジア、エジプト、リビア、イエメンの一党支配型の権威主義体制は大規模な抗議デモに直面し、次々に崩壊していった。

頑健なはずだった権威主義体制が崩壊したのは、いったいなぜなのか――「アラブの春」を経て、中東諸国は、権威主義体制の「典型」から「例外」となったのである。

前節では、権威主義体制の維持を独裁者の側から論じた。これに対して、本節では、権威主義体制の崩壊を抗議運動の主体となった一般市民の側から見てみよう。

†なぜ抗議デモは発生したのか

なぜ権威主義体制が崩壊したのか。この問いを一般市民の側から見た場合、二〇一〇年末から二〇一一年にかけての時期に、なぜ抗議デモを起こすに至ったのか、と言い換えることができる。

長年の権威主義体制下での生活が一般市民の不満や怒りを極限まで高めたことは想像に難くない。しかし、重要なのは、「アラブの春」と一括りにされている一連の現象においても、各国の事例によってその説明の妥当性は異なり、過度な一般化はできないことである。政治学者L・アンダーソンは、各国の抗議デモを牽引した若い活動家たちが思想、戦略、理念を共有しながらも、実際には、各国における事情には大きな違いがあることを指摘した（Anderson 2011）。

抗議デモが起こるために必要な一般市民の不満に決まった閾値（いきち）は存在しない。そうしたなか、世界銀行の調査報告書は、各種統計や世論調査結果の分析を通して、失業率や貧困率、所得格差といった客観的な社会経済状況よりも、一般市民の政府に対する主観的な評価が「アラブの春」が起こる直前の時期に低下しており、それこそが抗議デモの発生につながったと論じた（Ianchovichina 2018）。

詳しく見てみよう。図2-4と図2-5が示しているように、中東の貧困率は、一九九〇年から二〇一〇年までの二〇年間で低下しており、他の地域と比べても特段低いわけでもなかった。ただし、この二〇年間の社会経済的な変化においては、中間層がその地位に留まり続けることが難しくなり、また、若年層の四人に一人が失業に苦しむような状態が続いていたのも事実であった。とはいえ、中東諸国の社会経済状況は、「アラブの春」の直前の時期に悪化していたわけではなかった。

そこで世界銀行の報告者が注目したのが、一般市民の主観的な認識であった。「アラブ・バロメーター」というアラブ諸国を対象とした大規模な世論調査の結果（二〇一二／一四年版）によると、回答者が「アラブの春」を引き起こした原因として挙げたのは、「市民的・政治的自由」や「経済状況の向上」よりも「汚職の撲滅」を求める声であった（図2-6）。つまり、権威主義体制下の政府の腐敗である。そのため同報告書は、社会経

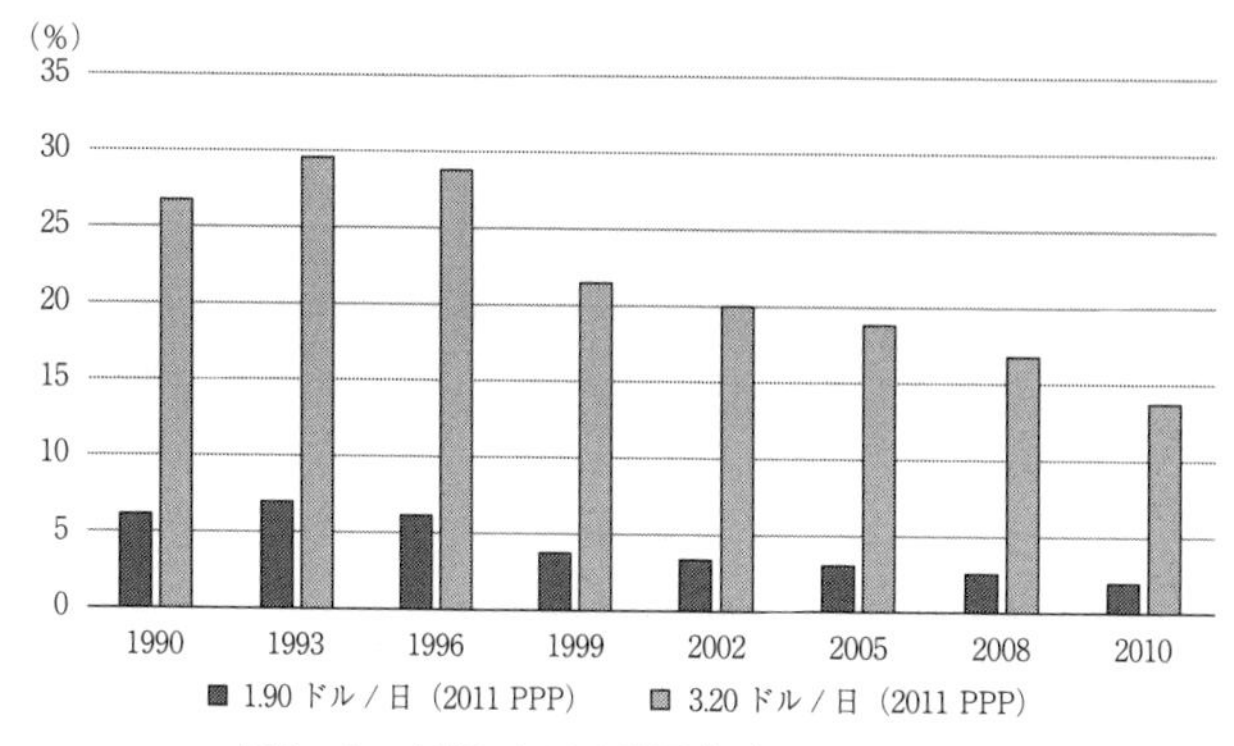

図2-4　中東における貧困率（1990－2010年）

出典：The World Bank Poverty and Equality Data のデータをもとに著者作成

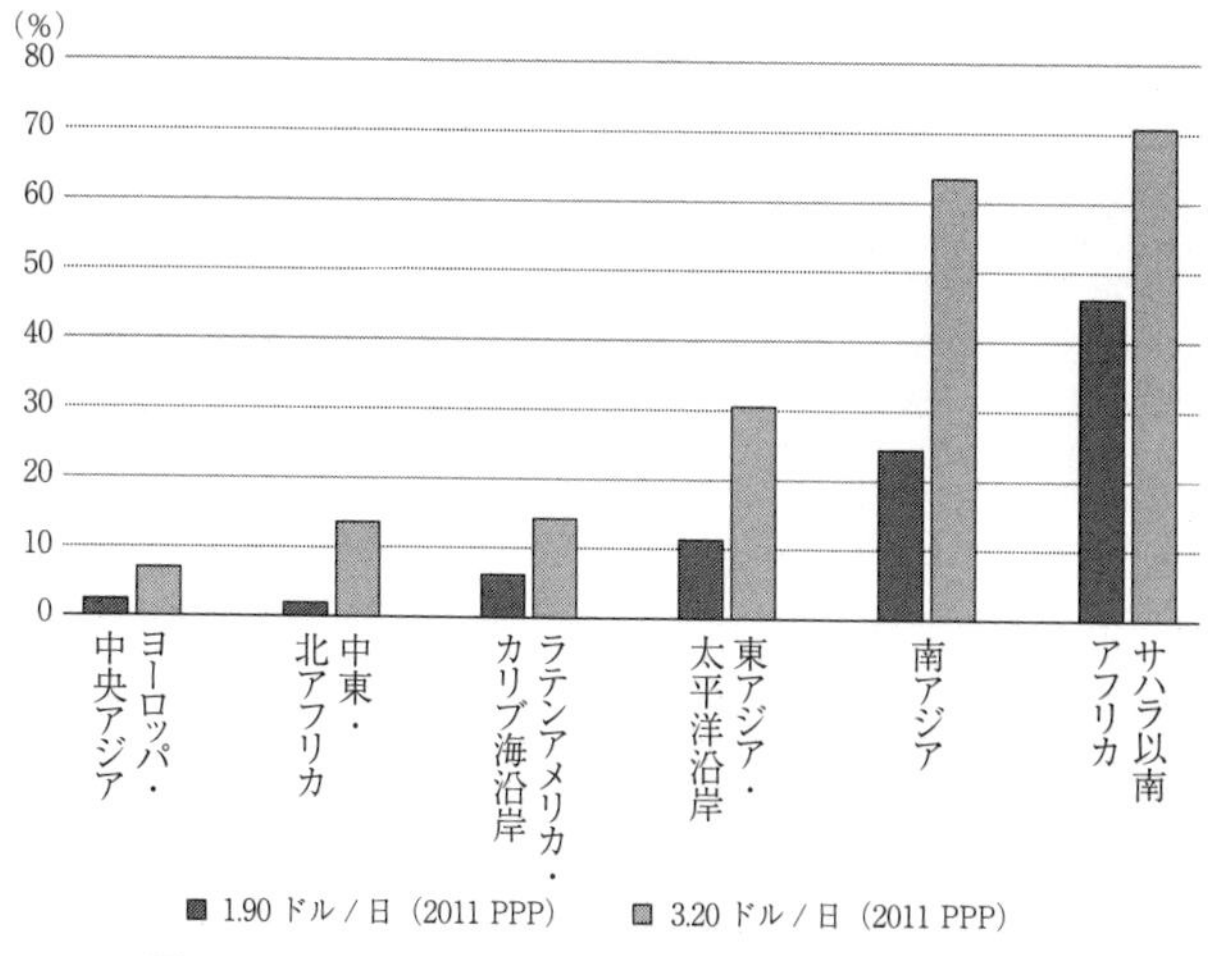

図2-5　世界における途上国地域別の貧困率（2010年）

出典：The World Bank Poverty and Equality Data のデータをもとに著者作成

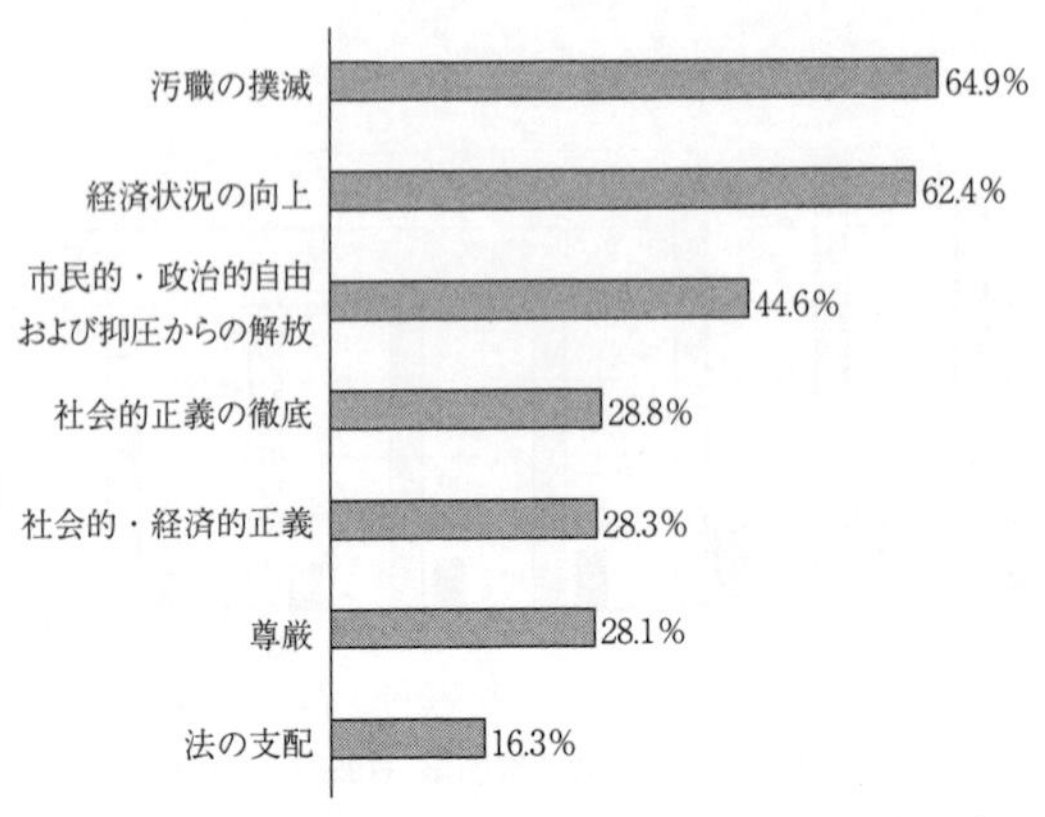

図2-6　「アラブの春」を引き起こした主な原因はどれか？（Q811）

出典：Arab Barometer Wave III（2012-2014）のデータをもとに著者作成

済状況が改善傾向にあったにもかかわらず一般市民が抗議デモに立ち上がったのは、政府や支配エリートに対する相対的剝奪感――自分と他者を比較した時に感じる剝奪感――が増大していたためだと結論づけた。

†偶然と必然

しかし、それでも疑問は残る。なぜ抗議デモが起こったのが他ならぬアラブ諸国だったのか。というのも、世界の他地域にもアラブ諸国と同等か、それ以上の相対的剝奪感を持つ一般市民がいたはずである。

おそらく、そこには偶然と必然の両方があった。

まず、偶然は、二〇一〇年末のチュニジアで、青果商の青年が焼身自殺という苛烈な方法で当局による取り締まりへの抗議の意思を示したことである。これは、同じような厳しい暮らしを強いられていた多くの一般市民の同情や共感、怒りを呼び起こした。そのことは、この青年のエピソードがさまざまなソーシャルメディアを通じて瞬く間にアラブ諸国全体へと拡がった事実に見て取ることができる。仮に、この青年が焼身自殺ではなく署名運動といった他の方法を用いて抗議をしたのであれば、同情や共感が届く範囲はもう少し狭いものになったかもしれない。

他方、必然は、その同情や共感、怒りが、チュニジアから他のアラブ諸国に波及した背景にアラブ人としてのアイデンティティが存在していたことである。アラブにはアラビア語で「ウルーバ（アラブ性）」と呼ばれる概念があり、アラビア語を母語とする者たちがアラブという民族や共同体に帰属意識を持つ根拠となっている。このウルーバ、すなわち、「アラブであること」が、抗議デモを「アラブの春」たらしめたもの、言い換えれば、アラブ諸国の間で連鎖的に拡大していった一つの要因であったと考えられる。

†鍵を握った社会運動

このように、アラブ諸国の一般市民が多くの不満を抱えていたとして、しかしながら、権威主義体制を揺るがす民主化運動と呼べるような組織的な抗議デモが発生した諸国と、発生しなかった諸国があった。それを分けた要因は何であったのか。

その鍵を握ったのが、各国における野党勢力、とりわけ、社会運動であった。社会運動とは、社会が抱える諸問題に対して、その改善や解決のために人びとが集合的に行う行動のことである。社会運動は、確立された制度や権力に対して、選挙や議会といった政治制度の外で「集団的な政治闘争」を仕掛けることがある。こうした継続的な集合行為は、「争議の政治」と呼ばれる（McAdam, Tarrow and Tilly 2001: 5）。

この争議の政治を仕掛ける社会運動の有無が、アラブ諸国において「アラブの春」が発生したかどうかを左右した要因の一つであった。こうした社会運動の担い手には、民主化運動の他に、労働環境の改善を訴える労働運動や、イスラーム的な価値を政治に反映しようとするイスラーム主義運動などがあった。

しかし、前節で論じたように、権威主義体制下では野党勢力は分断されがちであった。君主制においては、主に世襲王家との婚姻や同盟を通して、一方、共和制においては、議会や選挙の恣意（しい）的な操作を通して、体制に対する潜在的な挑戦者が一致団結しにくい状況がつくられていた。こうした状況下においては、野党勢力は、体制打倒よりも現状維持を志向しがちとなり、その結果、仮に無数の社会運動が存在していたとしても、それらが組織化・糾合（きゅうごう）して――ひとつにまとまることで――巨大な民主化運動の発生につながりにくかった。

だとすれば、体制転換を経験したチュニジア、エジプト、リビア、イエメン、さらには、体制と一般市民（ないしは反体制派）との間で激しい衝突が起こったシリアやバハレーンでは、なぜ、どのようにさまざまな社会運動が組織化・糾合して巨大な民主化運動へと発展したのであろうか。

†社会運動の経験と要求

中東政治学者のL・ハティーブとE・ラストらは、アラブ諸国における社会運動の「経験」と「要求」の二つに着目することで、各国における「アラブの春」の発生とその政治的帰結を検討した（Khatib and Lust eds. 2014）。その議論を大摑みにすると、次のようになる――①社会運動が、二〇一〇年末の時点で継続的に組織化・糾合できる「政治的機会構造」を備えていたか否か、②社会運動が、二〇一一年の時点で一般市民を動員する際の「フレーミング」として体制打倒を掲げたか否か、という二つの条件の組み合わせが、「アラブの春」の発生とその後の政治的帰結を左右した（今井二〇一七b）。

政治的機会構造もフレーミングも、いずれも社会運動論における考え方である。

政治的機会構造とは、「諸集団が権力にアクセスし、政治システムを操舵することがで

		社会運動の経験	
		あり	なし
体制打倒のスローガン	あり	体制転換 チュニジア、エジプト、 イエメン、バハレーン＊1	体制維持 （内戦） シリア、リビア＊2
	なし	体制維持 （政治改革あり） モロッコ、ヨルダン、 クウェート	体制維持 （政治改革なし） サウジアラビア

＊1　外部介入により体制が持続した例外　　＊2　外部介入により体制が崩壊した例外

図2-7　「アラブの春」の政治的帰結

出典：Khatib and Lust eds. 2014および今井2017bを参考に著者作成

きる可能性の度合い」であり、それが「開かれた」状態――たとえば、地方分権や三権分立、複数政党制が進んでいるような状態――では社会運動は起こりやすく、逆に「閉ざされた」状態――政治参加の機会が制限されている状態――では起こりにくくなる（Eisinger 1973）。

一方、フレーミングは、特定の行動や事件を社会的にどのような意味を持つものとして解釈するか、その解釈のための枠組み（フレーム）を不特定多数の人びとに与えることである。人びとが体制打倒のような同じ枠組みを持って自らの行動を解釈することで、社会運動は、大規模な組織化・糾合が可能となる（Snow and Benford 1992）。

この二つの条件の組み合わせに基づくと、「アラブの春」の社会運動は、次の四つに分類できる――①社会運動が継続的な経験を持ち、抗議デモが体制打倒のスローガンを掲げた場合、②社会運動が継続的な経験を持たないが、抗議デモが体制打倒を掲げた場合、③社会運動が継続的な経験を持ち、抗議デモが体制打倒を掲げなかった場合、④社会運動が継続的な経験を持たず、抗議デモが体制打倒を掲げなかった場合である。

体制打倒のスローガンの有無を縦軸に、社会運動の継続的な経験の有無を横軸にとると、図2-7のようなマトリクスを描くことができる。そして、それぞれの組み合わせにしたがい、各国における「アラブの春」の政治的帰結は、「体制転換」「体制維持（内戦）」「体制維持（政治改革あり）」「体制維持（政治改革なし）」の四つに分かれる。

†体制転換

このなかで、実際に権威主義体制の崩壊に至ったチュニジア、エジプト、イエメンは、①の「社会運動が継続的な経験を持ち、抗議デモが体制打倒のスローガンを掲げた場合」に該当する。いずれの国においても、長年にわたって権威主義体制に対峙してきた社会運動が存在しており、二〇一一年に抗議の声が上がった際に一般市民の組織化・糾合を促進する役割を果たした。そして、大規模な動員が可能となった結果、権威主義体制を崩壊へと追い込むことに成功した。

チュニジアでは、ベン・アリー政権が、抗議デモの取り締まりやインターネットの検閲、労働組合の分断を図るなどして社会運動の影響力を抑え込もうとしていた。しかし、二〇〇一年から二〇〇六年にかけて、首都チュニスを中心に、政治的自由化を求める抗議デモや国際会議が次々に開催されたり、インターネット上での民主化運動が展開されていた。さらには、二〇〇八年には、南西部ガフサのリン鉱床での労働運動が発生し、路上での抗議デモが起こっていた。

エジプトでも、二〇〇〇年代には大規模な抗議デモやストライキが頻発するようになっていた。第一段階（二〇〇一～〇三年）として、二〇〇一年のイスラエルのアリエル・シャロン首相（一九二八～二〇一四年）によるアクサー・モスク訪問や二〇〇三年のイラク戦争といった国外の事件に対する抗議デモが発生していた。第二段階（二〇〇四～〇七年）では、こうした社会運動が体制批判を強めたことで、全国規模の草の根の社会運動（キファーヤ運動）が結成され、労働運動も活発化した。そして、第三段階（二〇〇八～一一年）として、これらの社会運動を糾合することで全国規模の四月六日運動が誕生し、さらに野党の最大勢力ムスリム同胞団がこれに合流した（横田・ダルウィッシュ二〇一二）。

また、イエメンでも、一九九〇年の南北統一以降、段階的に社会運動の組織化・糾合が進んだ。第一段階（一九九〇～九四年）では、政党による一般市民の動員が拡大し、草の根の新聞が次々に発行されるようになった。第二段階（一九九四～二〇〇六年）では、一九九七年のアリー・アブドゥッラー・サーリフ（サレハ、一九四七〜二〇一七年）大統領の権威主義体制の成立を受けて、それに抗議する数百もの市民社会グループが誕生し、フーシー派と呼ばれる反体制派のイスラーム主義運動も結成された。そして、第三段階（二〇〇六〜一一年）として、権威主義体制下での支配エリートによる不正や汚職の撲滅を求める声が上がるようになり、二〇〇七年には南部でかつての分離主義者を中心としたヒラーク運動が結成された。

このように、チュニジア、エジプト、イエメンにおいては、労働運動やイスラーム主義運動、市民社会グループからなる社会運動の発生が見られ、また、それらが組織化・糾合することで権威主義体制への強力な挑戦者となっていった。そして、「アラブの春」までに体制打倒をスローガンに掲げる準備ができていたのである。

このような社会運動の経験が「アラブの春」の時期の抗議デモを発生させる要因となったという説明は、バハレーンにも当てはまる。ただし、バハレーンでは、二〇一一年に権威主義体制に対する大規模な抗議デモが起こりながらも体制転換が起こらなかった点において、例外であった。それは、諸外国による外部介入が、権威主義体制を崩壊の淵から救ったからであった。

詳しく見てみよう。バハレーンでは、二〇〇一年にウィファークという野党の結成が認可され、君主制の権威主義体制に対する最大の挑戦者となっていた。ウィファークは、二〇一一年の抗議デモの際、体制転換を明確に掲げることで、人口の多数派を占めるシーア派の住民を中心に強力な動員力を発揮したものの、バハレーンの権威主義体制は倒れなかった。それは、湾岸アラブ諸国の世襲王家が、これを鎮圧するために合同で軍を派遣した──「半島の盾」作戦を発動した──からであった。バハレーンを含む湾岸アラブ諸国は、君主制型の権威主義体制を採用しており、湾岸協力会議（GCC）という地域機構を設立することで集団的安全保障体制を確立していた。

内戦

「アラブの春」が権威主義体制と一般市民の間の激しい武力衝突へと発展したシリアとリビアはどうであろうか。両国とも、②の「社会運動が継続的な経験を持たないが、抗議デモが体制打倒を掲げた場合」に該当する。

シリアとリビアでは、社会運動の継続的な経験がなかったことから、抗議デモが発生しても一般市民が組織化・糾合されることなく、権威主義体制に対して一致団結して対峙することがなかった。そのため、一般市民が体制派と反体制派とに分裂し、やがて全国規模の武力衝突、すなわち、内戦へと発展していった。

シリアでは、「アラブの春」までにバアス党政権（一九六三年成立）に対する全国規模の反乱は二度しか発生しておらず、また、それらは継続性を欠いていた。一度目は、野党の最大勢力シリア・ムスリム同胞団が主導した全国規模の蜂起であった。しかし、バアス党政権の苛烈な弾圧（一九八二年の「ハマー虐殺」）によってそれが失敗に終わった後は、国内での活動拠点を失っていた。二度目は、二〇〇〇年の「先代」のハーフィズ・アサド大統領の死去後に起こった「ダマスカスの春」と呼ばれた、知識人や言論活動家による署名運動の実施やさまざまな会合の開催であった。ただし、これは、個人の権利や尊厳の尊重を求める緩やかな運動であり、特定のイデオロギーに基づく体制打倒の動きには発展しなかった（青山・末近二〇〇九：九－一三頁）。

リビアでは、「ジャマーヒリーヤ（人民体制）」と呼ばれる個人支配型の権威主義体制が確立されていたことから、最高指導者であるムアンマル・カッザーフィー大佐（一九四二～二〇一一年）への権力の集中が著しく、また、一般市民に対する抑圧の度合いも高かった。そのため、一般市民から直接的な抗議の声が上がることはほとんどなく、社会学者J・C・スコットが論じた「弱者の武器」（Scott 1987）、たとえば、議会や選挙のボイコットや学生運動の組織、政権に対する風刺が見られるだけであった。さらにこれらの営みは、リビアの国土を東西に二分する歴史的な分断とそれに伴う交通網・通信網の未整備により、全国規模の社会運動の発生につながることはなかった。リビアは、西部のトリポリと東部のキレナイカという異なる歴史を歩んできた二つの地域を接合して形成された「人工性」の高い国家であった。そのため、東西の住民の間が同じ国民としての意識を十分に持ちにくいことが、独立以来の課題となっていた。

このように、シリアでもリビアでも、野党勢力の組織化・糾合が進んでいなかったため、二〇一一年の「アラブの春」の際にも、体制打倒を望む一般市民に対して動員力を発揮することができなかった。その結果、一般市民は、体制派と反体制派に分裂し、全国規模の内戦を引き起こすこととなった。

ただし、内戦の結果については、シリアとリビアでは大きく異なるものとなった。すなわち、シリアのアサド政権が存続したのに対して、リビアのカッザーフィー政権は二〇一一年の末には崩壊した。

この違いを生んだのは、外部介入の有無であった。シリアでは、諸外国によるアサド政権の打倒を目的とした直接的な外部介入は起こらなかった。一方、リビアに対しては、二〇一一年に体制派と反体制派の武力衝突が激化したことを受けて、北大西洋条約機構（NATO）が、一般市民に対する「保護する責任」の名の下で、大規模な空爆作戦を実施した。その結果、カッザーフィー政権は崩壊へと追い込まれることとなった。

シリアに対してアサド政権の打倒につながるよう外部介入が実施されなかったのは、リビアよりも人口規模が大きい上に反体制派の分裂が進んでいたことから、投入すべき戦力が莫大なものになり、また、出口戦略を立てるのが難しかったためだとされる。さらには、アサド政権がロシアとの同盟関係にあったことや、地政学的な位置から拡大した戦火が周辺諸国に及ぶ危険性があったことが、欧米諸国にシリアへの外部介入を躊躇させた（第3章を参照）（Phillips 2016: 168-72）。

†政治改革

「アラブの春」においては、権威主義体制が維持されたものの、一定の政治改革の実現がもたらされた諸国もあった。モロッコ、ヨルダン、クウェートであり、先に述べた分類における③の「社会運動が継続的な経験を持ち、抗議デモが体制打倒を掲げなかった場合」に該当する。

これらの国では、社会運動が継続的に存在してきたことから、「アラブの春」の時期にはイデオロギー横断的な連合による大規模な抗議デモが発生した。しかし、抗議デモが明確な体制打倒のスローガンを掲げなかったことから、その政治的帰結も、憲法の改正や野党勢力の入閣、首相の交代といった限定的な政治改革の実現に留まった。

なぜこれらの社会運動は抗議デモに発展した際、体制打倒を掲げなかったのであろうか。この三つの諸国に共通したのは、権威主義体制による野党勢力の取り込みが成功していたことであった。分断された野党勢力のなかには、体制打倒を望んでいた人びとと、反対に権威主義体制の存続の方が崩壊よりも多くの便益を得られると考える人びとが存在し、結果として、後者が前者を影響力において上回っていた。つまり、独裁者によって操作された社会的亀裂が、体制打倒を掲げる社会運動の組織化・糾合を阻止したのである。

これに加えて、比較政治学者の浜中新吾は、抗議デモが体制打倒を掲げたかどうかを分けた要因として、政治体制の違いがあったことを指摘している。すなわち、統計的には共和制よりも君主制の諸国の一般市民の方が支配の正統性を受容しやすく、そのため、食料価格の高騰によって不満を持つようになっても、最終的には体制打倒を求める声を上げることがなかったという。モロッコ、ヨルダン、クウェートは、いずれも君主制の諸国であった（浜中二〇一四）。

なお、④の「社会運動が継続的な経験を持たず、抗議デモが体制打倒を掲げなかった場合」には、サウジアラビアが該当する。サウジアラビアでは、政府による野党勢力に対する徹底した分断と抑圧によって、社会運動の継続的な経験が蓄積されていなかった。「アラブの春」の時期にも大規模な抗議デモが発生することはなく、体制打倒のスローガンが掲げられることもなかった。そのため、結局、体制転換も政治改革も起こらなかったのである。

4 軍は誰の味方なのか

†軍の制度化とは何か

さて、独裁者は「アラブの春」の抗議デモに直面したとき、どのように対応したのであろうか。本章の最後に、再び独裁者の側に視点を戻してみよう。

ここで注目すべきは、各国の軍・治安部隊（以下ことわりのない限り軍とする）の動きである。体制と抗議デモとの間に衝突が起こったとき、軍はどちらの側につくのか。国内で比類なき武力を持つ軍の動きは、独裁者にとっても、一般市民にとっても、自らの命運を分かつ大きな問題となる（Barany 2016: 135–57）。

チュニジアとエジプトでは、軍が抗議デモへの支持を表明し、いわば見切りをつけられた体制は崩壊した。他方、シリアとバハレーンでは、軍はその銃口を一般市民に向けることで独裁者を守ることに徹した。

こうした軍の動きの違いを生み出した要因が、「制度化」の度合いである。制度化とは、軍が国家の制度の一部として、軍規が守られ、予測可能性が高く、能力主義によって自立的に運営されることを指す。

この制度化の度合いの高い軍は、独自の利益を追求するために行動しがちであり、独裁者との利害関係に不一致が生じやすくなる。そして、独裁者との不和が生じた場合には、一般市民の側につき、体制転換を促す主体となる可能性が高くなる。

制度化された軍に対比されるのが、家産的な軍である。家産的な軍とは、人事における恩顧主義（クライエンテリズム）や利権誘導によって、独裁者の私兵集団と化した軍のことである（Bellin 2005; 2012）。

†独裁者を裏切った軍

権威主義体制が崩壊したチュニジアとエジプトでは、「アラブの春」以前に軍の制度化が進んでいた。

チュニジアでは、ハビーブ・ブルギーバ（一九〇三～二〇〇〇年）大統領が、軍を一般市民の監視・抑圧のための道具としていた。後任のベン・アリー大統領は、フランスの植民地時代に設置された内務省と結びついた治安機関の政治介入を警戒していたことから、士官をアメリカに留学させるなどして軍の近代化と専門職業化を推し進めた。

しかし、こうして制度化が進められた軍は、不正や汚職に手を汚すようになったベン・アリー大統領を守ることに消極的になっていった。そして、「アラブの春」の際には、一般市民に銃口を向ける理由を失っていたのである。

エジプトでも、歴代大統領によって軍の制度化が進められていた。ムバーラク大統領は、軍に農園や工場、ホテルの経営などのさまざまな「ビジネス（公的・非公的な経済活動）」を行う特権を与え、軍は、これと引き換えに、権威主義体制を支持した。

しかし、一九九〇年代以降、本格的に新自由主義的な経済政策が導入されると（第4章を参照）、こうした体制と軍との間の互恵的な関係が揺らいでいった。国防予算の削減に加えて、支配エリートと結びついた新たな資本家層の台頭によって、軍は自らが享受してきた特権が脅かされていると認識するようになったからである。その結果、「アラブの春」に際して、軍は自らの既得権益を維持するために、ムバーラク政権の側ではなく一般市民の側につくことを選択したのである（そして、実際に体制転換後も既得権益の維持に成功した）。

†独裁者の私兵となった軍

他方、権威主義体制が維持されたシリアとバハレーンの軍はどうであったか。両国の軍に共通したのは、家産的な性格が強かった（制度化の度合いが低かった）ことであった。

シリアのアサド大統領は、「先代」ハーフィズの方法を踏襲し、軍組織内部での政敵の排除と忠実な士官の登用に力を注ぎ、家産的な軍を築き上げた。また、下級の兵士たちには、外国からの密輸や支給品の横流しなどの経済的な特権を与え、自らへの忠誠を誓わせた。

こうした状況下では、もしアサド政権が倒れた場合、軍は、その特権を失うだけでなく、それが非合法なものであるため司法や国民から訴追される可能性が高くなる。そのため、「アラブの春」の抗議デモが発生した際にも、一般市民ではなくアサド政権の側につき続けたのである（ただし、市民に銃口を向けることを拒否して軍から離脱した兵士もいた）。

一方、バハレーンは、奄美大島ほどの面積の小さな島国であり、軍の規模も比較的小さかった。ハリーファ家による君主制型の権威主義体制が築かれ、軍は支配エリートである世襲王家とその関係者——国王の出身宗派であるスンナ派が多かった——の守護者としての役割を担っていた。こうした私兵化を可能にしたのは、豊富な石油から得られるレントであった。世襲王家は、これを原資に軍人の地位と待遇の向上、装備の近代化を推し進め、家産的な軍を整備していった。そのため、「アラブの春」の際、軍が既得権益を維持するために体制の側についたのは道理であった。

ただし、先に述べたように、この小規模な軍の力だけでは一般市民による抗議デモの鎮圧は難しかった。そのため、権威主義体制の維持は、湾岸協力会議による外部介入が行われることで、ようやく可能となったのである。

✝分裂した軍

このように制度化の度合いが、「アラブの春」の際の軍の行動を左右し、一般市民の抗議デモに直面した独裁者の命運を分けることになった。しかし、リビアとイエメンでは、チュニジアやエジプトと同様に体制転換を経験したものの、軍の制度化が進んでいたわけではなかった。軍の制度化が進んでいない、つまり、家産的な性格を帯びていたにもかかわらず、なぜ独裁者は権威主義体制の維持ができなかったのであろうか。

その鍵は、軍の潜在的な分裂にあった。そして、それが、内戦を引き起こすこととなった。

リビアとイエメンでは、部族の存在が軍のあり方に大きな影響を与えた。両国ともに、独裁者は、自身の出身部族や近親者を軍の要職に配置することで家産的な軍の整備につとめていた。さらには、その軍によるクーデタの企てを未然に防ぐためのカウンターバランスとして、他の複数の軍事組織や治安部隊を設立していた。つまり、「アラブの春」前夜の段階で、両国にはそれぞれ複数の軍、軍事組織、治安部隊が併存することになっていたのである。その結果、抗議デモが発生した際、これらは一致団結して独裁者を守ることなく、それどころか、それぞれが独自の行動を選択するようになってしまったのである。

イエメンでは、サーリフ大統領の血縁の将軍が率いていた部隊が離反し、抗議デモへの支持を表明する事態となった。これに対して、国防大臣はサーリフ大統領による権威主義体制政権の維持を掲げ、同大統領の長男を司令官とする共和国防衛隊を大統領宮殿や政府関連施設の防衛にあたらせた。さらには、こうした軍の分裂だけでなく、さまざまな軍事組織や治安部隊が自らの利益にしたがった異なる判断を下し、その結果、イエメンは内戦状態に陥り、サーリフ大統領はその収束のために退陣に追い込まれた。

リビアでも、イエメンと同様の現象が見られた。一般市民による抗議デモが発生した際、カッザーフィー大佐は、軍やさまざまな軍事組織や治安部隊にその鎮圧を命じたものの、一部の部隊が応じないという事態が起こった。その傾向は、特に首都トリポリから離れた地方や東部のベンガジに駐留していた部隊に顕著であった。これを受けて、カッザーフィー大佐は、抗議デモの鎮圧にあたる兵士の不足を補うために、国外から傭兵を召集したが、それも結局は暴力の蔓延と民兵の割拠を助長しただけであり、内戦の発生につながっていった。そして、その内戦のなかで、カッザーフィー大佐は命を落とした。

なお、イエメンとリビアに軍、軍事組織、治安部隊の併存状態が生まれた背景には、独裁者の戦略（ミス）だけでなく、歴史的・地理的な社会の分断が影響していたことも指摘されている。イエメンは、国家として南北の分裂と統合を経験しており、リビアは、国家形成の段階から東西の住民を一つの国民として統合することに苦慮してきた。こうした事情が、独裁者に軍の近代化を難しくさせた一因であった。

*

中東諸国は、誰にも望まれてはいないが、権威主義体制の「宝庫」である。中東諸国はなぜ民主化しないのか。その問いに対する答えは、中東という地域の特殊性やイスラームにあるのではなく、君主制にせよ、共和制にせよ、独裁者たちが自らの権力を維持するための合理的な戦略に見ることができる。その意味では、中東諸国の権威主義体制は「典型」としての性格を持っており、他の地域の権威主義体制と同様に、合理的な説明を通して「理解する」ことができるのである。

二〇一〇年末に始まった「アラブの春」は、アラブ諸国のいくつかの権威主義体制の崩壊をもたらした。しかし、ここで、権威主義の「典型」が「例外」に転じてしまったと戸惑う必要はない。頑健なはずだった権威主義体制は、なぜ崩壊したのか。その問いに対する答えもまた、各国における社会運動や軍の動きを手がかりに一定の説明を与えることができるからである。

「アラブの春」によって、一部の中東諸国で権威主義体制の崩壊が見られたが、しかしながら、それは民主化とイコールではない、ということに留意しなくてはならない。独裁者の退場は民主化の必要条件だが十分条件ではない。加えて、その後の民主的な制度や公正な法の支配の確立、そして、一般市民によるそれらを尊重する姿勢の徹底が重要となる。「アラブの春」の政治的帰結は、チュニジアで民主化に向けた一定の前進が見られた以外は、激しい紛争（リビア、イエメン、シリア）と再権威主義化（エジプト、バハレーン）という厳しいものとなった。権威主義体制が倒れた後に、どのような体制が築かれるのか、あるいは、築くべきなのか、という難題は、中東政治学だけでなく、政治学や国際関係学にとっての大きな課題となっている。

第 3 章

紛争——なぜ戦争や内戦が起こるのか

倒壊した建物の瓦礫から少年を救出しようとする人びと。ロシア軍による空爆と見られた。シリア、アレッポ郊外。（UPI／アフロ、2015年10月30日）

中東は、独裁だけでなく、紛争の「宝庫」でもある。近年だけを見ても、シリア、リビア、イエメンでは継続的に、イラクやレバノンでも断続的に戦闘が発生してきた。また、パレスチナ問題やクルド問題など、世紀をまたぐ深刻な紛争が未解決のままにおかれている。死者数で見ても、イラン・イラク戦争（一九八〇～八八年、約六八万人）や（Razoux 2015: 471）、シリア紛争（二〇一一年～、五八万人以上、シリア人権監視団による二〇二〇年三月時点の推計）は、第二次世界大戦後の世界における最悪の紛争であると言える。

数字で見てみよう。スウェーデンのウプサラ大学平和・紛争研究学部がつくっている「紛争データ・プログラム（UCDP）」によると、世界において中東は確かに紛争が絶えない地域であることがわかる（図3-1）。しかし、同時に、他の地域でも紛争は起こり続けており、その数の増減は、アジア、アフリカ、ヨーロッパなどと似た傾向を見せている。

だとすれば、中東の紛争は、中東に固有の事情を抱えながらも、同時に他の地域と共通する面を持つ可能性がある。中東では、なぜ紛争が起こるのか。なぜ一度起こってしまった紛争が深刻化するのか。本章では、その原因について、固有性と共通性の両面から考えてみたい。

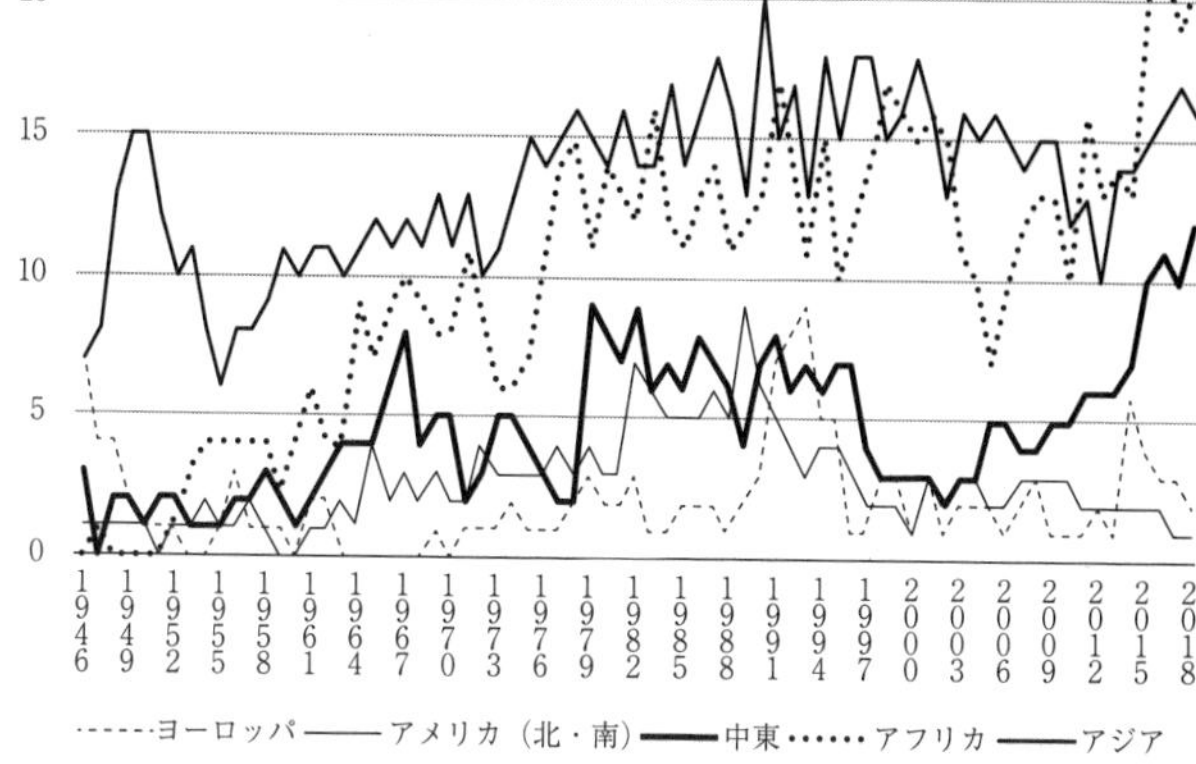

図3－1　世界における地域別の武力紛争件数（1946－2018年）

出典：Uppsala Conflict Data Program（UCDP）のデータをもとに著者作成

1　紛争とは何か

†紛争とは何か

まず、紛争という言葉の意味を確認しておこう。『広辞苑』の定義では、次の通りである。「もつれて争うこと。もめごと。」そこには、武力による紛争以外にも、たとえば、土地や建物の所有権をめぐる裁判を通した法的な争いなど非暴力のものも含まれる。

本章で取り上げる紛争は、対立する勢力間の武力衝突という狭い意味に限定する。こうした紛争は、暴力を必ずしも伴わない広い意味での紛争と区別するために、「武力紛争」と呼ばれることもある。UCDPは、年間二五名以上の「戦闘に関連した死者」が発生したものを紛争と定義している。

対立する勢力間の武力衝突は、次の二つのタイプに区別される。

第一のタイプは、国家間紛争である。これは国際法上の戦争の定義であり、通常、対立する諸国の政府が宣戦布告をし、正規軍どうしが戦火を交えるかたちをとる。そのため、以下では単純に戦争と呼ぶことにする。

たとえば、さまざまな諸国間で「総力戦（軍人と市民が一体となった国民総動員の戦争）」が展開された二度の世界大戦がその典型である。中東における戦争としては、後で詳しく述べるように、四度の中東戦争やレバノン戦争、イラン・イラク戦争、湾岸危機が挙げられる。

第二のタイプは、ある国家の内部における対立する勢力間の武力衝突である。これを国家内紛争という。つまり、内戦である。この内戦では、正式な宣戦布告がなされるとは限らず、異なる社会集団間の対立がエスカレートすることで、「なし崩し的」に開始されることが多い。

この場合の社会集団とは、その国の政治家や政党であったり、民族や部族、宗教や宗派を単位とした集団であったり、体制派と反体制派であったり多種多様である。こうした内戦は世界各地で頻発してきたが、中東では、シリア（二〇一一年〜）、リビア（二〇一一

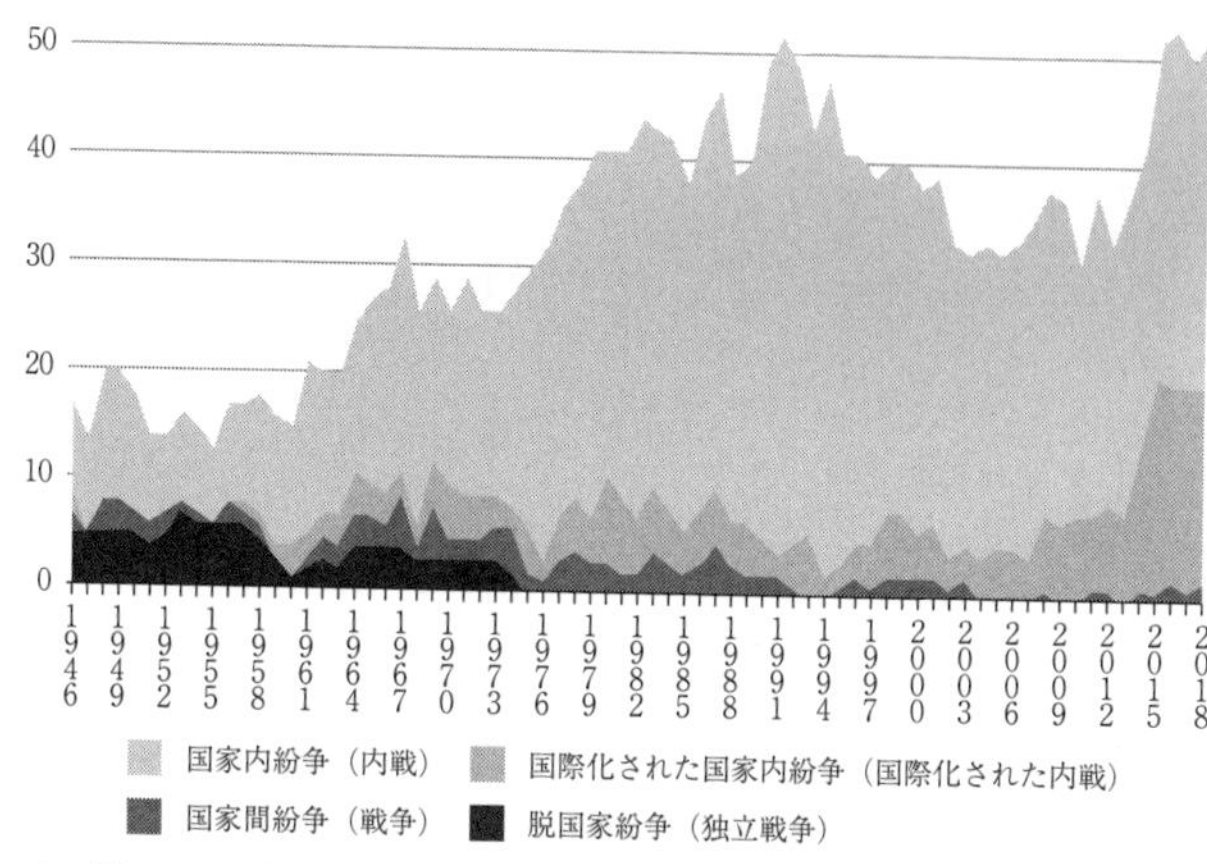

図３－２　世界におけるタイプ別の武力紛争件数（1946－2018年）

出典：Uppsala Conflict Data Program（UCDP）のデータをもとに著者作成

年～）、イエメン（一九六二～七〇年〔北イエメン内戦〕、一九九四年、二〇一一～一二年、二〇一五年～）、イラク（二〇〇六～七年、二〇一四～七年）、レバノン（一九五八年、一九七五～九〇年）などのものが挙げられる。

†紛争のタイプと件数

では、世界では、どのようなタイプの紛争が、どのくらいの件数で起こってきたのであろうか。再びＵＣＤＰのデータを見てみよう。そこでは、世界の紛争が、①国家内紛争（内戦）、②国際化された国家内紛争（国際化された内戦）、③国家間紛争（戦争）、④脱国家紛争（独立戦争）の四つのタイプに分けられている（図３－２）。

まず、①内戦と③戦争の件数を見ると、第二次世界大戦後の世界において、後者が減少傾向にあるのに対して、前者は高止まりが続いていることがわかる。実は現代の紛争の九五パーセントは内戦であり、二〇一八年の時点だけを見ても、③の戦争が二件に対して、①の内戦は五〇件も起こっている。

加えて、近年増加傾向にあるのが、②の国際化された内戦であり、UCDPでは「国外からの関与を伴う紛争」と定義されている。「国外からの関与」には、その主体が国家か非国家か、中立的関与か偏った関与か、軍事的関与か政治的関与か、といったさまざまな違いがある。

なかでも、よく知られているのが、国際連合などの国際機関が主導する関与であり、特に冷戦終結以降、「人道的介入」や「保護する責任」の名の下で、内戦の終結や被害の拡大防止のためにたびたび実施されてきた。ただし、国内の主体に加えて国外の主体が内戦へと関与・参入することで、紛争の争点や構図が複雑になるだけではなく、その結果として紛争の解決が難しくなることもある（Falk 2016）。第2章で見た「アラブの春」後のリビアでの内戦が、その典型であろう（なお、④の独立戦争については、中東諸国が植民地支配から脱した一九七〇年代以降発生していないので、本章では扱わない。独立時の紛争については第1章を参照）。

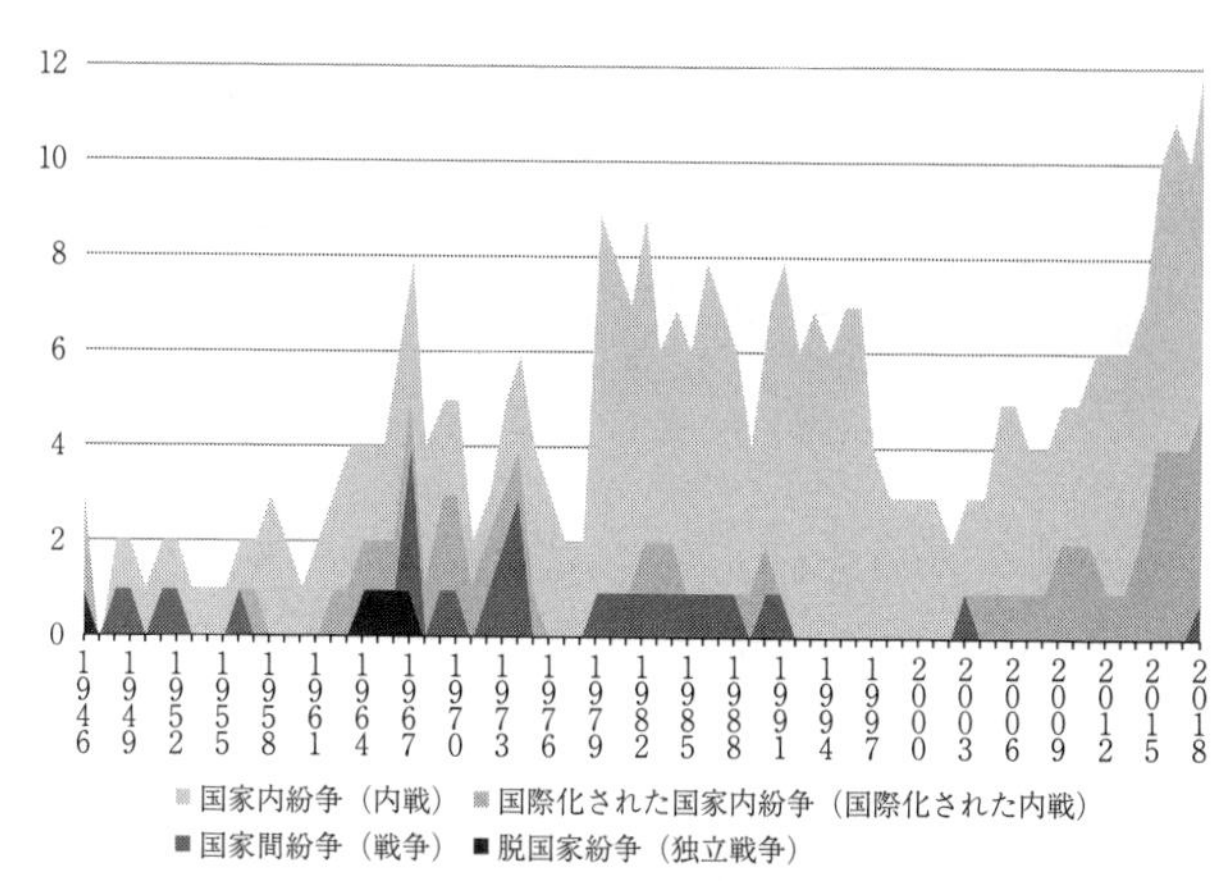

図3-3　中東におけるタイプ別の武力紛争件数（1946―2018年）

出典：Uppsala Conflict Data Program（UCDP）のデータをもとに著者作成

総じて見ると、二一世紀の今日において、国連のような国際機関や国際法の整備、戦争を悪とする国際規範の拡大浸透によって、国家間の戦争の発生は抑制されるようになった反面、特定の国家内で起こる内戦の件数は高止まりしている。そして、その内戦も近年では「国外からの関与」による国際化の傾向を見せており、いわば国家間紛争と国家内紛争の中間形態——その典型が対立する国家間の代理戦争と化した内戦——として、複雑な争点と構図を伴う紛争となっている。

このような今日の世界における紛争の傾向は、中東でも同様に観察できる（図3-3）。すなわち、③の戦争は減少しており、①の内戦と②の国際化された内戦の二つは件数を増加させている。以下、「戦争（③）」と「内戦（①②）」に大別し、順番に詳しく見ていこう。

2 中東の戦争と内戦の諸相

†中東における戦争

まず、国家間の戦争についてである。中東諸国間の戦争は、時代順に中東戦争（第一～四次）、レバノン戦争、イラン・イラク戦争、そして、湾岸危機の四つが知られている。

第一の中東戦争（一九四八～四九年、五六年、六七年、七三年）は、後で詳しく述べるように、アラブ諸国とイスラエルの一連の国家間戦争のことを指す。中東戦争は、一九四八年五月のイスラエルの建国宣言が発端となった。これをアラブ世界への侵略と見なした周辺のアラブ諸国——エジプト、ヨルダン、レバノン、シリア、イラク、サウジアラビア、イエメン、モロッコ——が、イスラエルに対して宣戦を布告した。

第2章で論じたように、アラブ人としてのアイデンティティを表すウルーバという概念が存在する。一九七〇年代までの中東では、この「アラブであること」を根拠とする統一国家の建設を謳うアラブ民族主義が隆盛していた。そのため、中東戦争は、アラブ世界の一地方とされるパレスチナをアラブ統一国家の一部に組み込もうとするアラブ民族主義と、あくまでもユダヤ人の土地と主張するユダヤ民族主義（シオニズム）との間の衝突として始まったものであった（Gelvin 2014: 166-97）。

第二のレバノン戦争（一九八二～八五年）は、この中東戦争の一環として発生したイスラエルとレバノンの国家間戦争である。四度の中東戦争を経て、アラブ人による対イスラエル闘争の担い手は、アラブ諸国から非国家主体のパレスチナ解放機構（PLO）へと移った。PLOは、アラブ人のなかのパレスチナ地方出身の人びと、すなわち、パレスチナ人を代表する機関として設置された。このPLOの部隊が駐留していたレバノンの南部地域に対して、一九八二年、イスラエルはその掃討を掲げて侵攻・占領した（末近二〇一三：二一一―三頁、一六一―三頁）。

第三のイラン・イラク戦争（一九八〇～八八年）は、両国の国境地帯（シャット・アル＝アラブ川流域）の領有権を巡り、一九八〇年にイラクがイランに侵攻したことで始まった。しかし、イラクの戦争目的は、一九七九年に起こったイランでのイスラーム革命の自国への波及――イランによる「革命の輸出」戦略――を阻止することにあった。というのも、当時のイラクでは、バアス党出身のサッダーム・フサイン大統領（一九三七～二〇〇六年）による世俗的なアラブ民族主義に基づく権威主義体制が確立していたからであった。六八万人とも言われる死者を出した両国間の一進一退の攻防は、一九八八年に国連安保理決議に基づく無条件停戦が成立したことで終止符が打たれた（Murray and Woods 2014: Razoux 2015）。

第四の湾岸危機（一九九〇年）は、イラクがクウェートに侵攻し、一方的に併合を宣言した事件であった。その背景には、イラクが八年にもわたったイラン・イラク戦争によって財政危機に陥っていたことがあった。イラクは、石油の国際価格を引き上げるために産油国に対して減産を呼びかけたが、クウェートがこれに難色を示したため、侵攻・占領に踏み切ったのであった。この湾岸危機は、翌年のアメリカ主導の多国籍軍によるクウェート解放のためのイラクに対する戦争、すなわち、湾岸戦争を引き起こすことになった（なお、アメリカは、二〇〇三年に「有志連合」の名で再びイラクを攻撃したが、このイラク戦争は中東の国家間の戦争ではなく、中東域外の超大国が引き起こした戦争であった）（Khadduri and Ghareeb 1997）。

†中東戦争の史的展開

ところで、四度にわたった中東戦争では、時代とともに主体と争点が変化していった。

ここでは、それを確認しておこう。

一九四八年に始まった第一次中東戦争では、イスラエルに周辺のアラブ諸国の連合軍が対峙するかたちをとり、順次休戦協定が結ばれながらも、一九四九年七月まで戦闘が続いた。装備・戦術に勝るイスラエルは、一九四七年の国連のパレスチナ分割決議案で定められたユダヤ人への割り当て分よりも広い領土を支配下に収めることに成功し、その結果、七〇万人以上のパレスチナ人が難民となった。他方、アラブ諸国については、ヨルダンが、ヨルダン川西岸地区（以下西岸）を占領・併合し、エジプトが、ガザ地区（以下ガザ）を占領した。国連の主導で国際管理下に置かれるはずであったエルサレムは、東西で領域的に分断され、東側をヨルダンが、西側をイスラエルが実効支配した（図3-4）。

図3-4　パレスチナ／イスラエル周辺地図

出典：著者作成

第二次中東戦争（スエズ動乱）は、スエズ運河の帰属権をめぐるエジプトと英仏との外交的な対立のなかで発生した。一九五六年のエジプトのナセル大統領による同運河の国有化宣言に対して、英仏の両国は、イスラエルとともに、軍事力でこれを阻止することを試みた。英仏がこれにイスラエルを「巻き込んだ」のは、国際社会からの侵略戦争との誹り（そし）を防ぐためであった。しかし、アメリカは、この英仏の行動を西側諸国の威信を損なうもの――ソ連が率いる東側諸国の利得になりかねないもの――として批判し、停戦のための外交的な介入を行った。その結果、英仏・イスラエルの三国の軍は、スエズ運河の国有化を撤回させられないまま、エジプトからの撤退を余儀なくされた。

第三次中東戦争（六月戦争、六日間戦争）は、一九六七年のイスラエルによる先制攻撃で始まった。これに対して、わずか六日間の戦闘で大敗を喫したエジプト、ヨルダン、シリアは、それぞれシナイ半島全域とガザ、東エルサレムを含む西岸、ゴラン高原をイスラエルに奪われることとなった。イスラエルは、この戦争の大勝により、パレスチナの全土とそれに隣接する土地の一部を占領下に置くことに成功したのである。この戦争の停戦協定である国連安保理決議第二四二号は、イスラエルの占領地からの撤退を定め、アラブ諸国に対しては同国との和平を結ぶことで、「領土の平和の交換」の原則を確立した。

第四次中東戦争（ヨム・キプール戦争、十月戦争）は、一九七三年、イスラエルに占領された土地の奪還を目指すエジプトとシリアの両軍による先制攻撃によって戦端が開かれた。

激しい一進一退の攻防が約二週間続いた後、国連安保理決議第三三八号に基づき停戦が発効した。この戦争では、サウジアラビアと湾岸アラブ諸国がアラブ人に敵対する諸国を対象に石油禁輸措置を発動し、原油価格の高騰によるオイルブームが起こった（ただし、それは、石油輸入国の日本ではオイルショックとして受け取られた）。

以上のような国家間の戦争としての中東戦争は、第四次を最後に今日まで新たに起こってはいない。その背景には、一九七九年のエジプト・イスラエル和平条約の締結、アラブ民族主義の退潮、イスラエルによる軍事的な優位の確立などがあった。つまり、アラブ諸国を主体とした戦争によるパレスチナ解放のプロジェクトは、事実上頓挫したのである。

このことは、パレスチナ人自身がパレスチナ解放を担わなくてはならなくなったことを意味した。特に、第三次中東戦争以降、パレスチナ全土がイスラエルの占領下に置かれるようになったことで、パレスチナ人による非国家主体の活動が拡大していった。たとえば、一九七〇年代にはPLOが台頭し、一九八〇年代以降はアラブ民族主義に代わってイスラーム主義を掲げるハマース（ハマス）のような新たな組織が勃興した（第5章を参照）。その後、一九八七年に西岸・ガザで勃発したインティファーダ（民衆蜂起）では、こうした組織だけでなく、占領下に暮らすパレスチナ人の一般市民が闘争の主体となった。

つまり、時代とともにイスラエルが国家としての存立を確固たるものにしていく一方で、それに対峙するパレスチナ人は、闘争の主体を国家(アラブ諸国)から非国家(PLOやハマース)へ、さらには、一般市民へと縮小せざるを得なくなったのである。

✝中東における内戦と国際化された内戦

こうして国家間の戦争としての中東戦争が起こらなくなった一方で、中東では国家内で発生する内戦が目立つようになった。ここでは、UCDPの分類における①内戦と②国際化された内戦について、中東におけるその特徴と変化を見てみよう。

中東における内戦の特徴は、次のように変化してきた。①冷戦期(一九四五~九〇年)には「国際化」を、②冷戦後(一九九一~二〇一〇年)には「民主化(の失敗)」を、そして、③「アラブの春」(二〇一一年~)後には「国際化」と「民主化(の失敗)」の両方を特徴とした。

①の冷戦期には、中東諸国の内戦は、国内の権力闘争を基調としながらも、米ソの間の東西対立とパレスチナ問題という二つの国際的な紛争構図から大きな影響を受けていた(Bilgin 2019)。

まず、東西対立による「国際化」については、北イエメン内戦(一九六二~七〇年)と第一次レバノン内戦(一九五八年)に見られた。

北イエメン内戦は、軍のクーデタによって君主制から共和制に移行したことをきっかけに発生した。そして、エジプトとソ連が新政府を、これに対してサウジアラビアやイギリスが旧王党派を支援したことで、内戦は冷戦の東西対立の写し絵となった。

第一次レバノン内戦にも類似のパターンが見られ、エジプトやソ連への接近を求める勢力と、反対に西側諸国との関係を重視する勢力とに国内が二分されるなか、アメリカが部隊を派遣し外部介入に踏み切ったことで、武力衝突が発生した。

一方、パレスチナ問題による「国際化」については、ヨルダン内戦（一九七〇年）と第二次レバノン内戦（一九七五〜九〇年）に見られた。

ヨルダン内戦は、第三次中東戦争のアラブ諸国の大敗（と、それに伴うイスラエルによる西岸・ガザの占領）後にPLOの部隊がヨルダン領内に移駐してきたことがきっかけとなった。ヨルダン国内でこれを忌避する声が高まった結果、国軍とPLOの部隊との武力衝突が発生するようになったのである。ヨルダンからすれば、PLOの国内での活動の拡大は自国の安全保障を脅かしかねないものであった。

第二次レバノン内戦も、これと類似のパターンで勃発した。すなわち、ヨルダン内戦によって国外に追われたPLOは、今度はレバノンを拠点とするようになったが、その是非をめぐってレバノン国内の政治勢力が武力衝突を起こすようになった（ただし、内戦の争点は、それだけでなく、権力闘争、政治体制のあり方、他国との関係など錯綜し、一五年間にもわたる激しい戦闘が続いた）。

②冷戦後の内戦は、世界的なトレンドとなった民主化の副作用として起こった国内の紛争である（ここで言う民主化とは、権威主義体制の崩壊という「移行」の意味に限定し、競争的な選挙の実施といった民主主義の「定着」の過程は含まない）。その典型が、アルジェリア内戦（一九九一～二〇〇二年）である。一九九一年の国民議会選挙で野党の最大勢力イスラーム救済戦線（ＦＩＳ）が単独過半数を獲得したことに対して、軍が選挙の無効と複数政党制の停止に踏み切ったことで始まった内戦であった（加えて、イスラーム主義者の台頭を危惧した旧宗主国のフランスがこれを黙認したことも、国内の対立を助長した）。また、同様の民主化の副作用として起こった内戦としては、二〇〇六年から二〇〇七年まで続いたイラクでの国内の勢力間の武力衝突が挙げられる。これも、二〇〇三年のイラク戦争による体制転換を発端とした内戦であり、権威主義体制が崩壊した後の民主化と権力分有の行き詰まりによってもたらされた結果であった。

†今日の中東における内戦の特徴

今日の中東、すなわち、③「アラブの春」後の内戦は、①冷戦期の「国際化」と②冷戦後の「民主化（の失敗）」の両方の特徴を持つ。ただし、「国際化」を助長する主体はアメリカとソ連ではなく、冷戦後の中東域内政治および国際政治におけるさまざまな国家間の競合である。中東域内政治では、主にサウジアラビアとイランとの競合、国際政治ではアメリカとロシア・中国の競合である。

国際NGOの「国際危機グループ（ICG）」のJ・ヒルターマンは、中東の紛争には、国内、域内、国際の各レベルにおける競合が連動する「同心円」構造が存在することを指摘している（Hiltermann 2017: 9-10）（図3-5）。

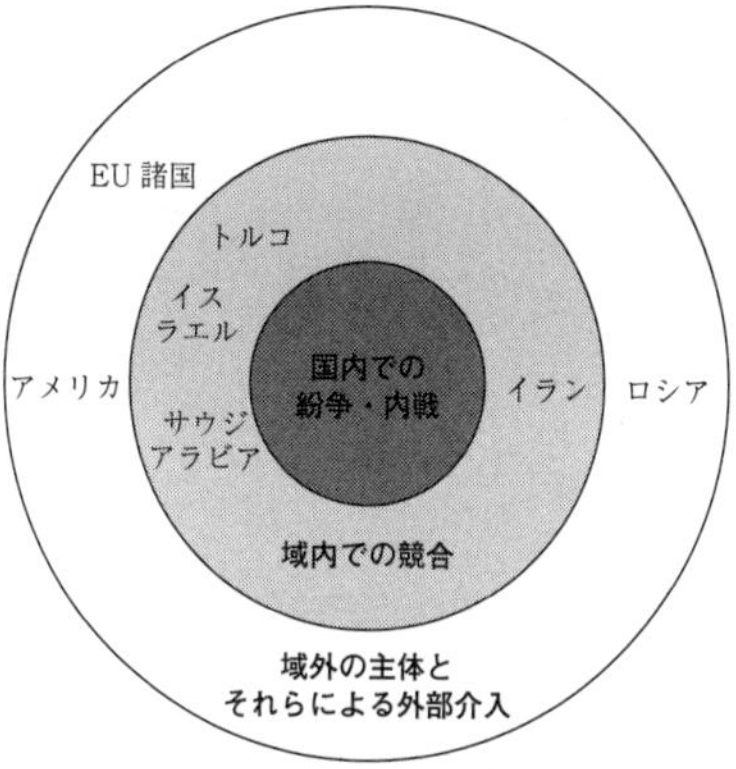

図3-5　中東における紛争の「同心円」構造

出典：Hiltermann 2017を参考に著者作成

その典型が、「アラブの春」後のリビア、イエメン、シリアの内戦である。第2章で論じたように、これらの内戦の発端は、長年の権威主義体制が崩壊（リビア、イエメン）ないしは動揺（シリア）した後の国内の勢力間の権力闘争の激化にあった。リビアでは、外部介入によってカッザーフィー政権が崩壊した後、国内のさまざまな社会的亀裂に沿った対立が激化した。イエメンでは、サーリフ大統領の退陣後の権力闘争が武力衝突へと発展した。シリアでは、アサド政権が崩壊することはなかったものの、むしろそれゆえに、反体制派との武力衝突が長期化することとなった。

こうして「民主化（の失敗）」をきっかけに始まったリビア、シリア、イエメンの内戦は、やがて「同心円」構造のなかで「国際化」の様相を見せるようになった。

リビアでは、二〇一一年末にリビア国民評議会・暫定政権がカッザーフィー政権に代わり権力を掌握したことで、いったん内戦は収束した。しかし、これを認めないイスラーム主義者を中心とした複数の勢力が台頭したことで、リビアの国土は、西のイスラーム主義者（トリポリ政府）と東のリビア国民評議会・暫定政権（トブルク政府）に分断された。その後、二〇一六年にはトリポリを首都とした国民合意政府が設立されたものの、東西の間の対立は収まることなく、前者はカタル、トルコ、スーダンが、他方、後者はアラブ首長国連邦、エジプト、サウジアラビア、フランス、ロシアがそれぞれ支援する事態となった。

シリアの内戦は、ヒルターマンの言う「同心円」の構図が最も顕著に現れた例であった。アサド政権と反体制派の対立構図は、中東域内政治のレベルではサウジアラビア（およびカタルとトルコ）とイランの競合（第5章を参照）、さらに国際政治のレベルでは、アメリカとロシア・中国のグローバルな覇権争いの写し絵となった。こうしてステークホルダー（利害関係者）の数が増加したことで戦闘は激化・長期化し、シリア人を置き去りにした残酷な代理戦争の構図が完成することとなった。

イエメンの内戦にも、シリアと類似のパターンが見られた。二〇一一年末のサーリフ大統領の退陣表明後にアブドゥ・ラッブ・マンスール・ハーディー（一九四五年〜）新大統領が選出されたものの、それを不服としたフーシー派が徐々に勢力を拡大させ、二〇一五年には武力で首都サナアを制圧することに成功した。その結果、北部のサナアを実効支配するフーシー派と南部のアデンに拠点を移したハーディー大統領が、それぞれ別の政府の樹立を主張する事態となった。そして、イランがフーシー派を、サウジアラビアやアラブ首長国連邦などの複数のアラブ諸国がハーディー大統領を支持し、それぞれ中東域内の競合を反映した代理戦争の構図が立ち現れた。

†中東における内戦以外の紛争

こうして見てみると、今日の中東の内戦は、「民主化（の失敗）」による発生と「国際化」による戦火の拡大の両方の特徴を持ち、争点もステークホルダーも増加・複雑化する傾向が強まっている。

ところで、ＵＣＤＰでは、国家（政府）の関与しない紛争も定義してデータ化している。これまで論じてきた①戦争、②内戦、③国際化した内戦の三つは、すべて「国家（政府）

が一方の当事者となっている紛争」であった。現代の紛争のほとんどがこれに該当するものの、一方で、「国家が関与しない、異なる二つ以上の集団間の紛争」が存在する。そして、それは、近年の中東で目立つようになってきている。

中東においては、二〇一一年の「アラブの春」後、この非国家主体同士の武力衝突の死者数が増加した。図3-6を見ると、二〇一四年からその数が急激に増えているが、それはイラクとシリアを中心に実効支配地域を拡大した「イスラーム国」が一般市民を虐殺したり、敵対する非国家主体（たとえば、シリアやイラクの民兵組織など）と激しい戦闘を繰り返したためである。

むろん、「国家が一方の当事者となっている紛争」の死者が圧倒的に多いものの（その多くは、リビア、シリア、イエメンの内戦によるもので、二〇一四年には七万三〇五一人もの死者を出している）、「国家が関与しない、異なる二つ以上の集団間の紛争」の死者が近年急増していることの背景には、中東諸国が抱え続けてきた一つの問題を見ることができる。すなわち、後で詳しく述べるように、中東には、伝統的に「弱い国家」の問題が横たわっており、国家（政府）以外にさまざまな非国家主体が台頭しやすい土壌が存在する。このことは、翻って、国家による抑圧の度合いを高めることにつながり、「国家が一方の当事者となっている紛争」を引き起こす原因になっている可能性もある。

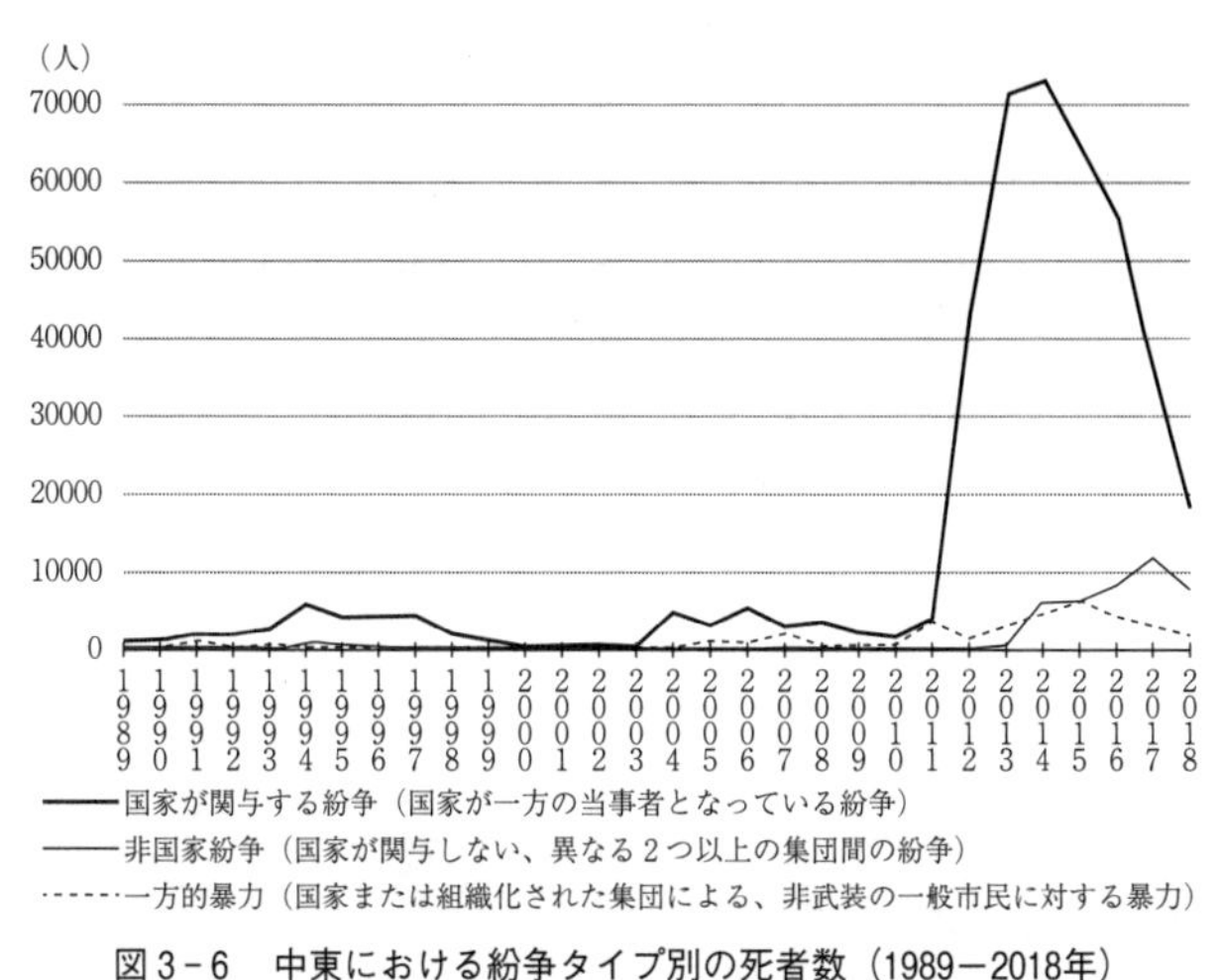

図３－６　中東における紛争タイプ別の死者数（1989－2018年）

出典：Uppsala Conflict Data Program（UCDP）のデータをもとに著者作成

ただし、注意しなければならないのは、戦争にしても内戦にしても、中東の紛争に固有の事情があるからといって、その発生の原因をそれだけに求めることの危険性である。たとえば、マスメディアでも中東では民族や宗教・宗派の力が強く、それが原因となって紛争が頻発してきたと言われることは多い。しかし、実際には、民族や宗教・宗派の前景化は、紛争の原因というよりも、既に起こってしまったさまざまな紛争の結果であることが多い。

だとすれば、中東で起こってきた数々の紛争の発生原因を考える際には、まず、それが世界の他の地域と共通するものなのかどうかを確認する必要がある。その作業をすることで、はじめて何が中東の紛争において特殊なものなのか、知ることができるからである。

こうした考え方に基づき、次節では、中東における戦争と内戦の発生原因について、紛争研究と呼ばれる学問を参照しながら見てみよう。

3 なぜ紛争が発生するのか――戦争と内戦

†戦争はなぜ起こるのか

紛争はなぜ起こるのか。先に述べたように、広い意味での紛争は必ずしも武力を伴わない「争い」であるが、その「争い」に関わる人びと、組織、社会集団、国家などが、なぜ武器を取ってしまうのであろうか。

紛争には必ず争点がある。だが、それを平和的かつ公正・公平に解消する制度や仕組みがあれば、武力紛争へとは発展しない。だとすれば、紛争が武力を伴う場合には、武力でしかそれを解決できない（と思わせるような）状態が生じていると考えることができる。

古典的な国家間の戦争においては、争点は国益の最大化であり、具体的には領土や資源の獲得であった。国益をめぐって対立する国家間の関係の調整を担うのが外交であるが、それが不調に終わった際に戦争が発動された。その意味において、戦争は「異なる手段をもってなされる政治の延長」であった(クラウゼヴィッツ一九六八：五八頁)。

先に述べた中東における国家間戦争について言えば、レバノン戦争をのぞけば、中東戦争、イラン・イラク戦争、湾岸危機も、本質的には領土や資源の獲得をめぐる国益と国益の衝突であった。

中東戦争は、先に述べたように、一つの土地をめぐる二つの民族主義の衝突として始まった。パレスチナという土地が一つしかない以上、そこに自らの国家を建設しようとする営みが二つ以上存在する状態が生まれたとき、両者の衝突が起こるのは不可避であった。国連による土地の分割(一九四七年のパレスチナ分割決議)を通した調停のための外交も試みられたが、アラブ諸国の側はそれを不服とし、戦争へと踏み切った。

イラン・イラク戦争と湾岸危機は、いずれもイラクが戦端を開いた戦争であったが、少なくとも名目上は領土と資源が争点であり、イランとの国境問題およびクウェートとの石油生産量の問題をめぐる外交交渉の破綻の結果であった。

†合理的戦争原因論

よく知られているように、第一次世界大戦後には、武力による領土や資源の獲得は侵略戦争として国際法で禁止された。つまり、現代は戦争違法化の時代なのである。その一方で、帰属が曖昧な領土や資源をめぐっては、それぞれの当事者が「自衛のための戦争」として武力行使を正当化することも少なくない。

ある国家が戦争へと踏み切るかどうかは、外交と戦争とを比較した際の費用対効果によって説明される。これを「合理的戦争原因論」と呼ぶ。政治学者J・フィアロンは、ゲーム理論を用いて、外交よりも戦争の方がより多くの利益を得られる際に国家は戦争を選択しやすくなることを論じた（Fearon 1995）。

しかし、実際には、観察者の立場から見ると費用対効果が度外視されたような戦争が起こる。ゲーム理論の知見に基づけば、国家は必ず勝てる戦争（利益を最大化できる戦争）にしか踏み切らないはずであるが、歴史を紐解いてみると、戦争に踏み切った国家が敗北してしまうケースが少なくない。

フィアロンは、この問題について、①情報の非対称性、②争点の不可分性、③コミットメント問題の三つのパターンから、国家が費用対効果の面で誤った戦争に踏み切る可能性があることを指摘した。以下、順番に詳しく見てみよう。

中東における戦争の原因を説明する

先に述べた中東の戦争のうち湾岸危機、中東戦争、イラン・イラク戦争の発生原因については、それぞれこの三つのパターンから一定の説明を与えることができる。

湾岸危機、すなわち、イラクによるクウェート侵攻の原因は、①情報の非対称性にあった。イラクのフサイン政権は、クウェート侵攻・併合によって原油価格の低下を阻止できると期待した一方で、アメリカ主導の多国籍軍によるイラク攻撃（湾岸戦争）を想定していなかった。アメリカは、イラクに対して武力による制裁の警告を繰り返し発していたものの、フセイン政権はそれをブラフ（はったり）だと誤解していた可能性がある（トリップ二〇〇四：三六四－七九頁）。

四度にわたった中東戦争の原因は、②争点の不可分性にあった。争点の不可分性とは、交渉によって分割することができない争点のことである。中東戦争は、アラブ諸国とイスラエルの二つの民族主義の衝突として始まったが、両者には、それぞれパレスチナを自らの「固有の領土」とする理念があった。また、パレスチナには、ユダヤ教、キリスト教、イスラームの三つの宗教の聖地であるエルサレムがあることから、交渉による分割はいっそう困難となった。「固有の領土」を独占的に支配しようとする民族主義の営みに交渉の余地はなく、その結果、アラブ諸国にしても、イスラエルにしても、戦争がその解決のための唯一の選択肢となってしまったのである（Gelvin 2014）。

イラン・イラク戦争、すなわち、イラクによるイラン侵攻の背景は、③コミットメント問題があったと考えられる。コミットメント問題とは、次のように説明される。国際政治においては、政府が存在する国内政治とは異なり、国家に約束を守らせる公権力が存在しないことから、国家間の国力に差がある場合、強国が弱小国に対して約束を反故にする可能性がある。そのため、弱小国は強国に対する不信を抱きがちとなるが、その不信は国家間の力関係の変化によって増減する。つまり、両国が現状維持を約束しているとしても、一方の国力が強まり、片方の国力が弱まることが確信された場合、後者はその約束が履行されないのではないかとの不信を増加させるようになる。その結果、予防戦争の名目で、それ以上不利な状態に陥ってしまう前に開戦に踏み切るという賭けに出る（ことが合理的であると判断される）。

イラン・イラク戦争は、イラクによるこうした予防戦争としての性質を持っていた。イランは、一九七九年のイスラーム革命の成功の後、「革命の輸出」を掲げて外交的な攻勢を強めていた。これに対して、イラクのフサイン政権は、現状維持が反故にされ攻撃を受けるのではないかという不信を抱くようになり、イランが革命後の混乱にあるうちに早期の解決を試みたものと考えられる（トリップ二〇〇四：三三九－四五頁；Murray and Woods 2014: 45-50; Razoux 2015: 1-20）。

†内戦はなぜ起こるのか

他方、国内の対立する勢力間の武力衝突である内戦の発生原因は何であろうか。

内戦の発生とは、ＵＣＤＰの定義では、「その年の年間死者数が一〇〇〇人以上」となった状態を指す。その件数に減少が見られない事実が示すように、国家間の戦争とは異なり、このタイプの紛争を違法とするルールは存在しない。むろん、各国において暴力の行使についてのルールはあるが、一度内戦になってしまえばそのルールも失効してしまう。これが、内戦が抱える大きな問題の一つである。

内戦の典型的な争点は、ある国家の内部における権力、天然資源、領域などの独占である。その構図としては、体制派と反体制派との戦いだけではなく、分離独立を求める集団とそれを阻止しようとする集団の間の戦い、異なる民族集団間の戦い、あるいは、異なる宗教・宗派を単位とした集団間の戦いなどがある。そのため、それぞれの構図を反映するかたちで、特定の内戦が「民族紛争」や「宗教紛争」と呼ばれることも多い。

しかし、ここで注意しなくてはならないのは、民族や宗教・宗派などすべての人間が持つ固有の属性の違い自体を紛争の原因として捉えることの危険性である。先に述べたように、特に中東の紛争においては、民族や宗教・宗派といった固有の要素が紛争の原因と見られがちである。たとえば、「パレスチナ問題は、アラブ人が奉じるイスラームとユダヤ人の根拠となっているユダヤ教の二つの宗教の違いが原因である」「イラクでの政情不安はスンナ派とシーア派の対立が原因である」といった見方である。

なぜ、そうした考え方が危険なのであろうか。その理由は二つある。

第一に、こうした属性にこだわりが強ければ強いほど、人間は他の属性を持つ人間（集団）に対して妥協できず、敵として憎悪を抱くようになる、と考えがちである。確かに、現実の内戦においてはこうした属性が対立を助長することはあるが、このことを強調しすぎると、論理的には世界中で紛争が頻発してしまうことになる。しかし、現実には、民族や宗教・宗派を異にする人びとが平和に共存・共生している場所が地球上には数多く存在している。民族や宗教・宗派が異なるからといって、宿命的に紛争が起こるわけではない。統計的な研究でも、民族的多様性と内戦発生の頻度は比例しないことが明らかにされている（Fearon and Laitin 2003: 75-90）。

たとえば、パレスチナ問題を見ても、世界にはイスラーム教徒とユダヤ教徒が平和的に共存している地域や国はたくさんある。宗教の違いそれ自体は、紛争の原因とは言えない。

第二に、多くの内戦においては、兵士だけではなく一般市民が武器を取る（あるいは、取らざるを得なくなる）ことから、組織された正規の軍が対峙する国家間戦争と異なり、誰と誰が戦っているのかが必ずしも自明ではなく、また、戦局の推移とともに変化する傾向にある。「昨日の味方は今日の敵」「敵の敵は味方」など、内戦の構図はめまぐるしく変わっていくことが多く、民族や宗教・宗派の違いが常に対立軸を形成し続けるとは限らないのである。

たとえば、二〇〇三年のイラク戦争後で起こるようになったイラク国内での度重なる武力衝突は、確かにスンナ派とシーア派の間で発生することもあったが、同じスンナ派内やシーア派内での主導権争いとして、あるいは、宗派の違いを超えたエリートと非エリートの対立としても起こった。

人間にはそれぞれ異なる固有の属性があるが、それ自体が内戦の発生の原因と考えることには慎重にならなくてはならない。このような、「そもそも……」という説明（本質主義的説明と呼ばれる）は、原因を一問一答のかたちで特定するので、わかりやすく、また、魅力的に見える。しかし、その「わかりやすさ」や「魅力」の裏には一種の思考停止が含まれるだけではなく、物事の本質を見誤る、さらには、紛争の発生や継続に加担してしまう危険性が含まれているのである。

†内戦発生と経済発展のレベル

したがって、内戦は、民族や宗教・宗派をめぐる根源的な対立ではなく、あくまでも政治問題の一つとして分析される必要がある。

内戦研究において、内戦発生の有力な要因として注目されてきたのが、不平等と不満である。権力や資源の配分をめぐる不平等と不満が存在するとして、なぜ人びとは武器を取り暴力によってそれを解決しようとするのであろうか。そこで注目された要因の一つが、経済発展のレベルである。国家を分析の単位として統計分析を行ったいくつかの研究では、経済発展のレベル（一人あたりのGDP）が低いほど内戦が起こりやすいという結果が出されている。

では、経済発展のレベルと内戦発生との間には、どのようなつながりがあるのであろうか。そこには、二つの考え方がある。

第一に、アフリカ研究者のP・コリアーとA・ホーフラーは、これをいわゆる機会費用の概念によって説明した。人びとが武装闘争に参加するということは、通常の経済活動から得られる所得をあきらめることになる。その際、高所得の人は武装闘争をするコストが高くなるが、低所得の人は失うものが少ないためにコストは低くなる。したがって、所得水準の低い国家ほど、内戦が起きやすくなると想定される。

ただし、このコストの計算を相対的なものと捉えた場合には、「持てる者」が自分よりもどれだけ多くのものを持っているか、つまり、経済格差が不満と結びつくことになる。そのため、所得水準が高くとも格差が大きければ相対的剝奪感から武力闘争に参加しやすくなる、と考えることもできる（Collier and Hoeffler 1998; 2004）。

第二に、国家を単位とした経済発展のレベルの高さは、人びとが武器を取る上での機会費用だけでなく、政府の能力――財政、行政、治安維持など――にも影響している場合がある。政府の能力が高いと、そもそも人びとが不満を抱きにくくなるだけでなく、仮に不満を持ったとしても、取り締まりや弾圧によって失敗する可能性が高いことから、武装闘争への参加を躊躇しがちとなると想定される（Fearon and Laitin 2003）。

✝中東における内戦の原因を説明する

では、この説明は中東に当てはまるのであろうか。政治学者M・ソルリらの統計を用いた研究は、一九六〇年から二〇〇〇年までの中東もその例外ではなく、経済発展のレベルが低い国家ほど内戦が起こりやすいことを浮き彫りにした（Sørli, Gleditsch and Strand 2005）。

ちなみに、この研究では、中東の紛争の原因として見られがちであった宗教（イスラーム）、石油（天然資源）、独裁（権威主義体制）についての検証も試みられている。

宗教については、住民がイスラーム教徒であるから内戦を起こしやすいといった偏見は統計的に斥けられたものの、特定の宗派による独占的支配が見られる諸国では内戦発生のリスクが高まるとされる。これは、コリアーとホーフラーの研究では「民族的支配（総人口の四五〜九〇パーセントを占める民族による支配）」の問題として検証されており、ある民族が「持てる者」として特権化されると、「持たざる者」となった別の民族が前者との関係を変化させるために武力に訴えやすくなるという。

一方、石油（天然資源）と独裁（権威主義）については、いずれも内戦発生の確率との間に有意な相関は確認されなかった。天然資源の産出量や政治体制の違い（君主制と共和制）についても、中東諸国においては内戦発生の要因と見なすことは統計的に難しいとされた。

これらの結果を総じて見てみると、中東の内戦発生の原因は、他の地域と共通する傾向を持っていたことがわかる。

4 なぜ内戦が深刻化するのか

†「メルトダウン」する中東

このソルリらの研究では、二〇〇〇年までのデータが用いられていたが、その後の中東においても内戦は発生している。むしろ、中東の内戦は、先に述べたように、二〇一一年の「アラブの春」を経て、「民主化（の失敗）」をきっかけに頻発しており、さらには、「国際化」することで深刻化する傾向を見せている。そこでは、内戦の舞台となった国家の国内秩序が崩壊するだけでなく、新たに勃興したさまざまな勢力による実効支配地域の拡大や諸外国による外部介入の常態化によって、国境線すら無効化されてしまうような深刻な事態が生じた。

なぜ「アラブの春」後の中東では、このように「メルトダウン（溶解）」（Miller 2014）と呼ばれるほどの激しい混乱が起こってしまったのであろうか。

リビア、シリア、イエメンでは、政権が抗議デモに対する弾圧を強めた結果、一部の一般市民が武器を取り武装闘争に参加するようになった。このことは、機会費用に基づく内戦発生の説明を採用するならば、合理的な選択であったと見ることができる。その時点で「持たざる者」となっていた人びとが「持てるもの」との関係を変化させるためには、もはや武力に訴える以外に選択肢がなかったのである。これらの国は、中東諸国のなかでも相対的に所得水準が低かった。

ただし、中東全体を見渡してみると、経済発展のレベルの高かった産油国のバハレーンでも政権と反体制派との間の武力衝突が発生し、逆に低かったにもかかわらず内戦が起こらなかったエジプトやモロッコのような国もあった。ソルリらの統計的な研究は、あくまでも国家を単位とした内戦の発生確率を示したものであり、各国における内戦の発生原因やその経路については、第2章で論じた社会運動の存在や軍のあり方などそれぞれの事情に依るところが大きく、過度の一般化は禁物である。

いずれにしても、「アラブの春」をきっかけに始まったいくつもの内戦は、「メルトダウン」と呼ばれるような深刻な事態となったという点で共通していた。諸外国の外部介入によって戦闘が激化・長期化するなかで、リビアでは国土が東西に、イエメンでは南北に分断されてしまった。シリアでは、アサド政権と反体制派の衝突が激化するなか、周辺国のイスラエルやトルコ、イランによる外部介入が起こり、さらには、イラクとの国境地帯に「イスラーム国」が広大な実効支配地域を築いた。

†「弱い国家」の問題

　このような、内戦が国内の権力闘争にとどまらず諸外国や国外の非国家主体を巻き込んだものとなり、その結果、既存の国家の輪郭が崩れていくような事態については、中東政治学では「弱い国家」の問題として論じられてきた。

「弱い国家」とは、統治のための能力と正統性を欠く国家のことを指す。具体的には、「制度的な結束の欠如、政治的な不安定の発生、資源の管理をめぐる暴力的な競合、複合的な断層線に沿った社会の断片化、一般市民がこれらへの対応と生存のために代替的な方法（たとえば、移住や犯罪）に訴えること」が発生する。つまり、法制度が一貫性を持って機能せず、権力や富をめぐる対立が収まらず、国民としての意識が根付かず、そのため、多くの人びとが生きていくために脱法・違法な行動を取ることが止まない国家である。中東諸国の多くが、この「弱い国家」の問題を抱えてきた（Kamrava 2016: 2-8）。

　その国家の「弱さ」の原因は、第1章で論じたような国家形成の歴史に求められる。中東諸国の多くは、独立期より能力と正統性に問題を抱えてきた。度合いの違いはあるものの、西洋列強の進出によってその輪郭が描かれた中東諸国には、人びとが国民としての意識を抱きにくい状態が残された（Hinnebusch 2015: 5–11; Kamrava 2016: 8）。

†国家と国民の不均衡

政治学者B・ミラーは、こうした状態を「国家と国民の不均衡」と呼び、そこには、次の四つのパターンがあると指摘した（Miller 2007: 136-53）。

第一に、国家を建設するべき民族の定義が土着の民族概念、たとえば、アラブ人やユダヤ人を基礎としているため、西洋列強の関与によって創出された国家とのズレが生じたパターンである。

第二に、「国家を持たない民族（クルド人、パレスチナ人）」や「民族を持たない国家（レバノン、イラク、バハレーン）」の存在が、国民統合を阻害するパターンである。前者は、民族意識は明確であるものの国家がない場合、後者は、国家があるものの民族（国民）意識が薄弱な場合をそれぞれ指す。加えて、難民・移民の流入や正統性の揺らぎが、そこで暮らす人びとの国家への忠誠心を弱めることもある。

第三に、第一と第二のパターンの帰結として、修正主義者による国外からの挑戦に直面するパターンである。修正主義とは、現状維持を認めず、独自の理念にしたがって現状変革を推し進めようとする思想や行動を指す。この場合の修正主義者とは、中東の各国における領域の画定、国民の定義、主権のあり方などを「正しい姿」に修正しようとする人びとのことである。

この第三のパターンは、主体の違いにしたがい、さらに次の二つに大別される。一つは、国家による修正主義であり、特定の国家を非合法として侵略・併合したり（クウェート、レバノン、ヨルダン、イスラエルへの侵略・併合）、既存の複数の国家を統合する（統一アラブ国家建設）ようなパターンである。もう一つは、非国家主体による修正主義であり、主観的な「固有の領土」の回復を訴えたり（大シリア、大イスラエル、大パレスチナなどの歴史的な地理認識）、実際に移住や入植を推し進める（パレスチナへのユダヤ人入植者、クルディスタンへのイラク人入植者）といったパターンである。近年では「イスラーム国」によるシリアとイラクの両国にまたがる地域での一方的な「建国」宣言が、これに該当する。

†政治としての内戦

このような「国家と国民の不均衡」によって能力と正統性を欠いた「弱い国家」においては、さまざまな政治勢力が法制度や国境線の存在を必ずしも前提としないことから、内戦も政治の一つの表れと見なされる。これを「政治としての内戦」と呼ぶ（Salem 2019: 4-9）。

すなわち、ある国家の内部で展開される政治は、国家が国家としてそのままのかたちで存続することが必ずしも前提とされていないため、そこで確立した政治制度やルールに基づくのではなく、脱法・違法な行動や武力の行使によって展開されがちとなる。そして、そこで発生した内戦も、その政治の立ち現れ方の一つとして既存の国家を単位としていない以上、他国へと波及したり、逆に諸外国による外部介入を呼び込んだりする。

ちなみに、「弱い国家」ほど、外部介入を招きやすいと考えられている。その一因は、「弱い国家」が諸外国や非国家主体によるさまざまな外部介入を斥けられるだけの能力と正統性を欠く傾向にあることに求めることができる。しかし、実際には、その国家の保全や現状維持を是としているはずの政府が自ら諸外国による介入を呼び込むこともある。

このような議論は「内部脅威同盟論」と呼ばれ、その経路は、次のように説明される(Quirk 2017)。

「弱い国家」の政府は、能力と正統性の問題を抱えていることから、国内外からの挑戦を受けやすく、そのため自らが生き残ることを至上命題としがちとなる。こうした状況において、政府は、自国が弱ければ弱いほど諸外国との同盟を求めやすくなる。他方、諸外国にとっては、ある国家の内部に自国の利益を見出した場合、それを守るために同盟者を必要とするようになり、その国家の政府を維持するための外部介入、たとえば、軍事面や経済面での支援に踏み切りやすくなる。つまり、「弱い国家」では、内戦のようなこれまでの秩序に対する脅威が発生した際に、政府と諸外国との間の同盟が形成されやすくなるのである（諸外国による中東諸国への介入については、終章を参照）。

このような中東諸国における「弱い国家」「国家と国民の不均衡」「政治としての内戦」の問題が非常に顕著なかたちで立ち現れたのが、二〇一一年に始まったシリア内戦であった。次節では、このシリア内戦を取りあげ、中東諸国における内戦が発生・深刻化していく過程を見てみよう。

5　シリア内戦の発生と深刻化

✝シリア内戦の発生

シリアは、四〇年にわたるアサド政権による権威主義体制下に置かれていた。「アラブの春」の際に、一般市民による非暴力の民主化運動に直面したアサド政権は、武力を用いてこれを鎮圧しようとした。それに対して、一般市民の側、特に反体制派を自称する勢力も武装化を推し進めた。こうして暴力の連鎖が始まり、シリアは内戦状態に陥った。

その後、周辺の中東諸国、さらには、欧米諸国がそれぞれ異なる目的を持って外部介入を行うことで、戦闘の規模や被害が拡大しただけでなく、さまざまな国家や非国家主体の思惑が錯綜するようになり、その結果、内戦を終結に導くシナリオの策定が困難となった。具体的には、アサド政権の打倒を主張するトルコ、サウジアラビア、カタル、アメリカ、イギリスなどが反体制派を、他方、現状維持を望むイラン、ロシア、中国が同政権を、それぞれ支援した。つまり、先に述べた中東における紛争の「同心円」構造の顕在化であった。こうして、シリアでの内戦は、諸外国による代理戦争のような様相を呈するようになり、国際化した内戦となった。

紛争の拡大と長期化は、シリア領内に「統治されない空間」を生み出し、それを埋めるかたちで「イスラーム国」をはじめとする過激なイスラーム主義者が跋扈（ばっこ）した。さらには、トルコやイスラエル、そして、アメリカが領土の一部を事実上の占領下に置くという、異常な事態が続くこととなった。これらの国は、それぞれ異なる「対テロ戦争」の名の下で、自国のシリアでの権益の保全や競合する国家による介入の阻止を目的に部隊を展開した（青山二〇一七）。

†競合する国家建設の理念

シリアは、中東諸国のなかでも、「弱い国家」と「国家と国民の不均衡」の問題が深刻な国家であった。というのも、第1章で論じたように、その形成に西洋列強の思惑が強く作用した、言い換えれば、「人工性」の高い国家であったからである。その結果、その地にどのような国家を建設するか、さまざまな理念が生まれることとなった。そして、それらの理念が構想する国家は、必ずしも国民国家と同義ではなく、宗教に基づく政体である場合もあった。つまり、アサド政権のシリアは、競合するさまざまな国家建設の理念の一つが体現したものに過ぎず、強固な権威主義体制を築き上げることで、長年にわたって「弱い国家」と「国家と国民の不均衡」の問題を封じ込めてきたのである（末近二〇〇五）。

では、実際にどのような国家建設の理念が存在してきたのか。シリアを含むアラブ世界における国家建設の理念は、①民族に基づいた属人的な民族主義（カウミーヤ）、②郷土を単位とした属地的な国民主義（ワタニーヤ）、③そしてイスラーム法（シャリーア）にしたがった国家建設を目指すイスラーム主義の三つに分類される。

①の民族主義においては、国民となる民族の定義が最重要視される。その典型が、アラビア語を母語とするアラブ人のための国家建設を目指すアラブ民族主義である。②の国民主義では、領域の画定を出発点として、そこで主権を担うべき国民の定義が定められる。たとえば、ナイル川下流沿岸地域に集住するエジプト人によるエジプト国民主義が挙げられる。

③のイスラーム主義の場合は、一定の領域において排他的な政体が想定されるのではなく、イスラームに基づく統治理念の実現が目指される。すなわち、主権は万物の創造主である神に属しており、国家は神からイスラーム共同体（ウンマ）に信託された主権を行使する機関とされる（第1章を参照）。そのため、まず重視されるのは、領域や国民の定義ではなく、国家が神から信託された主権を行使する資格を持っているかどうか、すなわち、イスラーム法に則しているかどうかになる。

この三つの国家建設の理念は、それぞれ国民、領域、主権のどれを最重要視するかという点に違いがある。これらは、いわゆる近代国家の三要素に符合する。つまり、二〇世紀以降のアラブ世界においては、この三要素のなかから建設されるべき国家の第一義的な性格を定めた上で、政治の現実に応じて残りの二つの「最適解」を導き出そうとしてきた。

シリアでは、一九四六年の独立後もこうした国家建設の理念の競合が続いた。それらは、国民国家として独立したシリア自体の解体や再編の契機を孕んでおり、また、実際に国境線の画定や国民の定義をめぐる戦いが繰り広げられてきた。何よりも、アサド政権の与党であるバアス党自体が、現行の国民国家としてのシリアを暫定的な存在と捉えており、その再編の可能性に含みを持たせ続けてきた。バアス党は、一九四七年の結党以来、世俗的なアラブ民族主義を党是としており、シリアを将来の統一アラブ国家建設に向けた「前衛」と位置づけ、それを権威主義体制による統治の正統性として喧伝してきた(Suechika 2011)。

シリア内戦の発生のきっかけは、「アラブの春」における抗議デモであった。それによってアサド政権による長年の権威主義体制が動揺したことで、シリアが抱えてきた「弱い国家」と「国家と国民の不均衡」の問題があらためて可視化され、さまざまな社会集団がそれぞれ異なる国家建設の理念を振りかざしながら果てなき戦闘を繰り返すようになった。そして、そのことが、諸外国による外部介入や過激なイスラーム主義者の台頭を招きやすい環境をつくりだし、その結果、国家としての輪郭を失うほどに紛争を深刻化させたのである。それは、「政治としての内戦」に他ならなかった。

†一般市民への影響

アサド政権の動揺によってシリアにおける「弱い国家」と「国家と国民の不均衡」が露呈したことは、一般市民の認識に何らかの影響を与えたものと考えられる。さまざまな社会集団、たとえば、政党や社会運動、武装勢力が異なる国家建設の理念を掲げる状況で、シリアで暮らす人びとも現行のシリアだけでなく、その他の国家建設の可能性に期待を抱くようになった可能性もある。

こうした問題意識から、著者を中心とした研究プロジェクトは、二〇一七年末にシリアの非戦闘地域での世論調査（サンプル数一一八五人）を実施した（末近二〇二〇）。その結果を分析したところ、一般市民は、従来の研究が論じてきたほどは、現行のシリア以外の国家を想定していないことが明らかになった。すなわち、多くの一般市民が、アサド政権が推し進めてきた国家建設や国民統合に肯定的な態度を持っており、反対に反体制派、特にクルド民族主義やイスラーム主義の組織や運動が掲げてきた国家建設の理念が必ずしも強い訴求力を持っていない事実が浮かび上がった（図3-7）。

イデオロギー	平均値
部族主義	1.57
イスラーム主義	1.62
クルド民族主義	2.11
自由主義	2.64
アラブ民族主義	3.63
世俗主義	3.69
シリア国民主義	4.83

注：「あなたは以下のイデオロギーをどの程度支持しますか」という質問に対して、(1) 非常に支持している、を5点、(2) 支持している、を4点、(3) どちらとも言えない、を3点、(4) 支持しない、を2点、(5) まったく支持しない、を1点とし、それぞれの平均値を算出した。(6) わからない、は欠損値として処理した。

図3-7　シリア人が支持するイデオロギー（2017年）

出典：末近2020: 33の図1-3

そこには、甚大な被害をもたらした内戦を経て、それぞれの国家建設の理念の実現よりも、アサド政権が統治してきたシリアという国家のあり方を積極的ないしは消極的に受け入れようとする一般市民の姿を垣間見ることができる。世論調査を実施した二〇一七年末は、アサド政権の軍事的・政治的な優勢がほぼ確定した時期であった。

しかしながら、それでもなお、このことを「弱い国家」と「国家と国民の不均衡」の問題の解決と同一視・楽観視することはできない。世論調査の結果の分析では、依然として、シリアの一般市民の間でアサド政権とは違った国家を期待する声が存在することも浮き彫りにされた。特に部族や宗教といった伝統的な紐帯を重視する人びとには、国民国家としてのシリアとは領域的にも宗教的にも違った国家建設を期待する傾向が見られた。

こうした部族や宗教に基づいた国家建設の理念への一般市民の支持の度合いは、数字上はそれほど大きくない。しかし、現行の国民国家としてのシリアとは異なる国家の建設を期待する傾向は、反体制派を支持・支援する諸外国——サウジアラビア、カタル、トルコなど——に好意的な姿勢と強い相関を示していた。つまり、これらの反体制派は、自らの掲げる国家建設の理念を実現するために、諸外国による外部介入を歓迎する傾向があり、それゆえに、国際化した内戦の状態にあるシリアにおいては、紛争の「同心円」構造のなかで戦闘の激化や長期化をもたらした一因となったのである。

*

本章で論じてきたことをまとめよう。中東は、常に紛争が起こっているイメージがあるかもしれないが、それは必ずしも正しくない。国家間の戦争については、歴史的に見ても、主にイスラエルやイラクが関与するものに限られており、その件数は決して多くない。ただし、国家内の内戦はたびたび起こっており、近年では増加傾向を見せている。戦争は起こりにくくなっているが、内戦の件数は増えている――これは、中東だけでなく世界的な傾向でもある。

その戦争や内戦の起こる原因についても、中東は他地域と共通する特徴を持つ。戦争については、合理的戦争原因論によって一定の説明を与えることができ、内戦の発生確率についても、通俗的に考えられてきたような宗教や民族の存在よりも経済発展のレベルの影響が大きいといった、一般的な傾向を確認することができた。中東の人びとが本質的に武器を取りやすいというわけではないのである。

とはいえ、中東でいったん始まってしまった紛争は、歴史的に見ても現行の国家の輪郭を失わせるほど深刻化する傾向を見せてきたのも事実である。特に二〇一一年の「アラブの春」をきっかけに発生したシリア、イラク、イエメン、リビアにおける内戦では、さまざまな勢力が異なる国家建設の理念を掲げながら武力衝突を繰り返すだけでなく、諸外国による外部介入が恒常的に行われるようになった。こうした内戦の深刻化の背景には、中東諸国が独立期より抱えてきた「弱い国家」「国家と国民の不一致」「政治としての内戦」

という諸問題が横たわってきた。

中東の紛争の実態を捉えるためには、「そもそも紛争とは何か」という一般的な理解を深めた上で、各国の政治のあり方や民族・宗教の状況などを、さらには、それらを取り巻く域内政治と国際政治の特性を丁寧に見ていくことが不可欠なのである。

第 4 章

石油——なぜ経済発展がうまくいかないのか

サウジ・アラムコの石油精製所と積出港。1945年に建設された。サウジアラビア、ラアス・タンヌーラ。（ロイター／アフロ、2018年5月21日）

中東は、経済的には、石油や天然ガスといった豊富な天然資源に恵まれた地域として知られている。近年、北米やロシア、アフリカで巨大な油田が次々に発見されているものの、中東諸国の石油埋蔵量は、依然として世界トップクラスである（第1章図1-1）。

しかし、「アラブの石油王」や「砂漠の摩天楼」といった経済的に豊かなイメージは、一部の中東諸国、とりわけ、産油国の集中する湾岸アラブ諸国にしか当てはまらない。中東には天然資源の乏しい諸国も少なくなく、たとえば、エジプト、シリア、ヨルダン、モロッコなどの国民一人あたりのGDPは、湾岸アラブ諸国に比べて圧倒的に低い（表4-1）。

とはいえ、中東では、実際には、高いGDPを誇る産油国も、経済発展に多くの問題を抱えている。石油や天然ガスの輸出による収入が大きいにもかかわらず、あるいは、大きいゆえに、国内の産業が育たなかったり、国家の財政が天然資源の国際価格の変動に対して脆弱だったりする。

つまり、ほとんどの中東諸国は、天然資源の有無にかかわらず、それぞれ経済発展に問題を抱えている。そして、そこには一定の共通性があることが指摘されてきた。たとえば、高い若年層の失業率、少ない社会経済的向上の機会、腐食した社会保障の仕組み、そして、不採算の経済活動などである（Cammett and Diwan 2020: 269）。

中東では、なぜ経済発展がうまくいかないのか。本章では、中東諸国間の石油産出量の違いを補助線に、その原因を考えてみたい。

そこで用いられるのが、「政治経済学（ポリティカル・エコノミー）」と呼ばれる考え方である。政治経済学とは、さまざまなアプローチを含みながらも、端的に言えば、政治と経済の相互作用を分析対象とする学問である。

中東政治学では、中東諸国の経済発展のあり方を考える上で、この政治経済学が重視されてきた。というのも、後で詳しく述べるように、中東では、産油国・非産油国の違いにかかわらず、経済に対する政治の影響力、とりわけ、国家の役割が非常に強いからである。つまり、国家の経済政策が経済発展に対する強力な推進力となると同時に、阻害要因にもなってきたのである（Cammet et al. 2015: 9–11）。

1 中東諸国の経済発展

†産油国と非産油国

日本は、石油の輸入の九割近くを中東に依存している。特に依存度が高いのはサウジア

表4－1　中東の高産油国・中産油国・低産油国・OECD諸国（2010年）

分類／国名	GDP（億ドル）	人口（百万）	石油収入（億ドル）	国民一人あたりの石油レント（ドル）	石油収入のGDPに占める割合（%）	国民一人あたりのGDP（ドル）	人間開発指数（2013年）
①高産油国（平均）	$1,231.3	49.8	$438.8	$9,248.5	32.3	$32,435.5	—
サウジアラビア	526.8	27.4	248.6	9,074.8	47.2	19,226.3	0.836（34位）非常に高い
UAE	298.0	7.5	54.8	7,301.2	18.4	39,680.4	0.827（40位）非常に高い
カタル	127.0	1.8	18.5	10,535.2	14.6	72,159.1	0.851（31位）非常に高い
クウェート	124.0	2.7	59.9	21,858.4	48.3	45,255.5	0.814（46位）非常に高い
リビア	74.8	6.4	31.6	4,974.9	42.3	11,761.0	0.784（55位）高い
オマーン	57.8	2.8	20.9	7,505.7	36.1	20,791.4	0.783（56位）高い
バハレーン	22.9	1.3	4.4	3,489.5	19.2	18,174.6	0.815（44位）非常に高い
②中産油国（平均）	$882.3	235.3	259.1	$1,015.1	28.1	3,250.9	—
イラン	422.6	78.9	99.3	1,259.2	23.5	5,358.4	0.749（75位）高い
アルジェリア	162.0	37.4	27.4	732.0	16.9	4,331.6	0.717（93位）高い
イラク	142.8	33.7	105.1	3,118.7	73.6	4,237.4	0.642（120位）中程度
シリア	59.1	22.5	9.6	427.6	16.3	2,623.2	0.658（118位）中程度
イエメン	31.0	25.6	6.4	249.8	20.6	1,212.8	0.5（154位）低い
③低産油国（平均）	$425.1	140.3	15.6	$55.8	2.1	4,032.8	—
エジプト	219.0	82.3	13.8	167.7	6.3	2,661.6	0.682（110位）中程度
モロッコ	90.8	32.6	0.0	0.1	0.0	2,785.3	0.617（129位）中程度
チュニジア	44.4	10.8	1.8	166.9	4.1	4,111.1	0.721（90位）高い
レバノン	37.1	4.3	0.0	0.0	0.0	8,627.9	0.765（65位）高い
ヨルダン	26.4	6.3	0.0	0.1	0.0	4,183.8	0.745（77位）高い
パレスチナ	7.4	4.1	0.0	0.0	0.0	1,827.2	0.686（107位）中程度
④OECD諸国（平均）	—	—	—	—	—	—	—
トルコ	731.0	74.0	1.2	15.6	0.2	9,878.4	0.759（69位）高い
イスラエル	217.0	7.9	0.0	0.2	0.0	27,468.4	0.895（19位）非常に高い
中東全体（平均）	$3,486.7	507.3	714.7	2,067.0	20.5	15,413.2	—

出典：Cammett and Diwan 2020：273のTable7.2をもとに著者作成

ラビアとアラブ首長国連邦であり、両国だけで石油の総輸入量の六割以上を占める(二〇一九年)。そのため、中東からの石油の安定的な確保は、日本の経済だけでなく国民生活全般にとっての死活問題とされてきた。たとえば、タンカー航路の要衝であるペルシア湾のホルムズ海峡の安全保障は、中東で何か事件が起こるたびに日本でも大きな話題になってきた。こうしたことから、「中東と言えば石油」といったイメージは根強い。

しかし、本章の冒頭で述べたように、中東諸国には、産油国と非産油国の両方がある。GDPに占める石油収入の割合に基づくと、①高産油国、②中産油国、③低産油国、④経済協力開発機構(OECD)諸国の四つのタイプに分類できる(Cammett and Diwan 2020: 273)。本章では、国民一人あたりのGDPに占める石油収入の割合の違いを基準として、便宜上、①を産油国、②③④を非産油国に大別した上で、それぞれの経済発展のあり方を見ていく。

表4-1を見ると、国民一人あたりのGDPの平均は、高産油国が三万二〇〇〇ドル以上なのに対して、中産油国は約三二五〇ドルと、一〇倍近い開きがある。ちなみに、④のOECD諸国であるイスラエルは約二万七五〇〇ドル、トルコ約九九〇〇ドルであり、両国とも石油収入は皆無であるものの、国民一人あたりのGDPは高い。その理由は、後で詳しく述べるように、工業化が比較的進んでいることにある。

†石油開発の歴史

中東の石油開発の歴史は浅い。石油の商業生産が始まったのは、二〇世紀の初頭、約一〇〇年前の植民地国家の時代であった。そのため、石油の採掘は、主に西洋列強の手によって行われた。

その嚆矢となったのはイランであった。一九〇八年に最初の油田が発見され、イギリスの主導で設立されたアングロ・イラニアン石油会社がその採掘権を独占した。当時、イギリスは、海軍の艦船の燃料を石炭から石油に切り替え、その供給源としての中東への進出を加速させていた。

湾岸アラブ諸国のなかでもっとも早く石油が発見されたのはバハレーンであり、一九三二年に商業生産が開始された。その後、一九四六年にはクウェートで、一九四九年にはカタルで、さらには、一九六〇年代にはアラブ首長国連邦とオマーンで、本格的な生産が始まった（松尾二〇一〇：五四－六頁）。

またサウジアラビアでは、一九三八年に大規模な油田が発見され、アメリカのアラビアン・アメリカン石油会社（カリフォルニア・スタンダードとテキサコの合弁、通称アラムコ）の所有下に置かれた。一九四七年にはアメリカの石油会社二社（ニュージャージー・スタンダードとソコニー・バキューム）がこれに出資し、いわゆる石油メジャーによる独占的な石油生産体制が確立した。アメリカは、自国でも石油を埋蔵していたが――当時は世界最大の石油生産国であった――、第二次世界大戦後には国内需要の拡大によって石油輸出国から輸入国へ転じた（Al-Rasheed 2010: 87–96）。

こうして、中東は世界にとって最大の石油供給源となっていった。近年では、先進国の石油消費量が減少傾向にあることや、世界最大の石油消費国であるアメリカがシェールガスやシェールオイルの開発を推進していること（シェール革命）、さらには、化石燃料の代替エネルギーの開発が進められていることにより、石油供給源としての中東の特権的な地位が揺るがされているのも事実である（アメリカは、二〇一九年に石油の輸出額が輸入額を上回り、純輸出国となった）。しかし、中国やインドといった新興国では、急速な経済成長に伴う石油需要の拡大も見られ、依然として世界最大の埋蔵量を誇る中東への注目度は高い。

†石油の富の恩恵を受ける非産油国

石油の富の恩恵は、実際には、産油国だけでなく非産油国にもおよんでいる。それは、次の二つの経路から説明される。

一つは、産油国から非産油国への政府間の経済援助である。中東では、原油の国際価格（以下原油価格）の上昇に比例して、こうした域内援助の額も増加する傾向がある。たとえば、一九七三年の第四次中東戦争時のアラブ諸国による石油禁輸措置に伴い原油価格が急上昇した時期、いわゆるオイルブーム――石油輸入国の日本ではオイルショックと呼ばれた――の時期には、サウジアラビア、クウェート、アラブ首長国連邦だけで域内援助額の六割を占めるに至った（松尾二〇一六：六三―四頁）。

もう一つは、移民労働者による送金である。非産油国の人びとが産油国に出稼ぎに行き、その儲けの一部を自国に送金するというものである。こうした移民労働者のなかには、低産油国であるエジプトやヨルダンだけでなく、中産油国であるイランやアルジェリアの出身者もいる。それは、一定の石油収入がある中産油国であっても、国内での雇用を十分に生み出せていなかったり、その収入だけでは国民の生活水準を引き上げることができなかったりするためである。

そのため、中東の経済発展を考える際には、石油収入の多寡だけでなく、各国の人口規模も重要な要素となる。いくら豊富に石油を生産できたとしても、人口規模が大きすぎる場合には、その収入で国民を十分に「養う」ことができないからである。

中東諸国の間では、石油の埋蔵量が偏在しているのと同様に、人口の分布にもばらつきがある。そのパターンは、石油の産出量と反比例するかたちとなっている。すなわち、産油国ほど人口が少なく、非産油国ほど人口が多い。中東全体の人口は、現在約四・五億人（世界人口の約六・五パーセント）であるが、そのうち産油国のバハレーンが一三〇万人（うち自国民は六〇万人）、カタルが二〇〇万人（同五〇万人）にとどまるのに対して、非産油国のエジプト、イラン、トルコはそれぞれ七〇〇〇万人を超えている。こうした石油の産出量と人口の反比例の関係において例外と言えるのが、産油国であると同時に大きな人口（約二七〇〇万人）を抱えるサウジアラビアである。

†経済発展とは何か

このように、中東では産油国だけでなく非産油国も石油の恩恵にあずかってきた。にもかかわらず、先に述べたように、中東諸国は、それぞれ経済発展に問題を抱えてきた。

そもそも経済発展とは何であろうか。まずは、経済発展における「発展」の意味を確認しておこう（Cammett and Diwan 2020: 270-80）。

発展を「豊かさ」と言い換えれば、世界銀行が用いている単年度のＧＤＰが有力な指標となる。また、世界の各国を経済発展のレベルに基づいて類型化したり比較したりする際には、国民一人あたりのＧＤＰが使われることも多い。こうしたＧＤＰを基準とした経済発展の捉え方については、経済成長と呼ばれることもある。

しかし、これとは別に、経済発展にはもう一つ重要な指標がある。工業化の度合いである。工業化が進めば、農業生産やそれにたずさわる労働者が減少し、その代わりに工業生産とそれを支える能力を備えた労働者が増加する。こうした伝統的な産業構造の変化が進むことで、工業生産品は増加し、輸出ができるようになる。そして、その輸出から得られる収入がGDPを押し上げることとなる。

中東諸国について言えば、後で詳しく述べるように、石油の富は、工業化とそれに伴う雇用の創出を促進しないどころか、反対に阻害することがある。そのため、産油国の国民一人あたりのGDPが高いからといって、それは必ずしも経済発展が進んでいるとは言えない。むしろ、工業化においては、産油国よりも非産油国の方が進んでいる傾向がある。

†人間開発指数

このようなGDPと工業化の度合いに基づく伝統的な発展の考え方に加えて、その社会経済的な帰結を重視する立場からその定義を捉え直そうとする動きもある。たとえば、経済格差、貧困率、失業率などが、その国家に暮らす人びとの「豊かさ」を測る重要な指標となる。その一つが、一九九〇年に導入された国連の人間開発指数である。

中東諸国を全体として見ると、人間開発指数はそれほど低くない。同指数には、スコアに応じて「非常に高い」「高い」「中程度」「低い」の四段階のカテゴリーが設けられているが、二〇一八年の時点で、「低い」とされている中東諸国は、内戦下のシリアとイエメン、それから、スーダンのみである（UNDP 2019）。全体の傾向としては、高産油国ほど人間開発指数は高く、低産油国ほど低い。石油収入と工業化の度合いは反比例する傾向があるにせよ、やはり産油国の方が石油の富による「豊かさ」を享受しやすい。

ただし、ここで重要なのは、中東以外の地域との比較の視点である。中東の産油国は、豊富な石油収入を得ている割に人間開発指数が低い傾向がある。たとえば、クウェートの国民一人あたりのGDPはポルトガルの約二倍であるが、同指数ではポルトガルよりも低い（二〇一八年）。このことは、莫大な石油収入が必ずしも国民の「豊かさ」に資する使われ方をしていないことを示唆している。

さらには、中東諸国は、他の地域に比べて、国民の間の経済格差が大きいとされている。各国の公式統計だけを見れば、中南米などよりも経済格差は小さい。しかし、これらの数字は富の不平等な分配という現実を十分に反映していないと指摘される。というのも、こうした統計の調査には、上位一パーセントの富裕層の世帯をサンプルから外すことが多く、また、人びとの総資産よりも収入に着目しがちだからである。

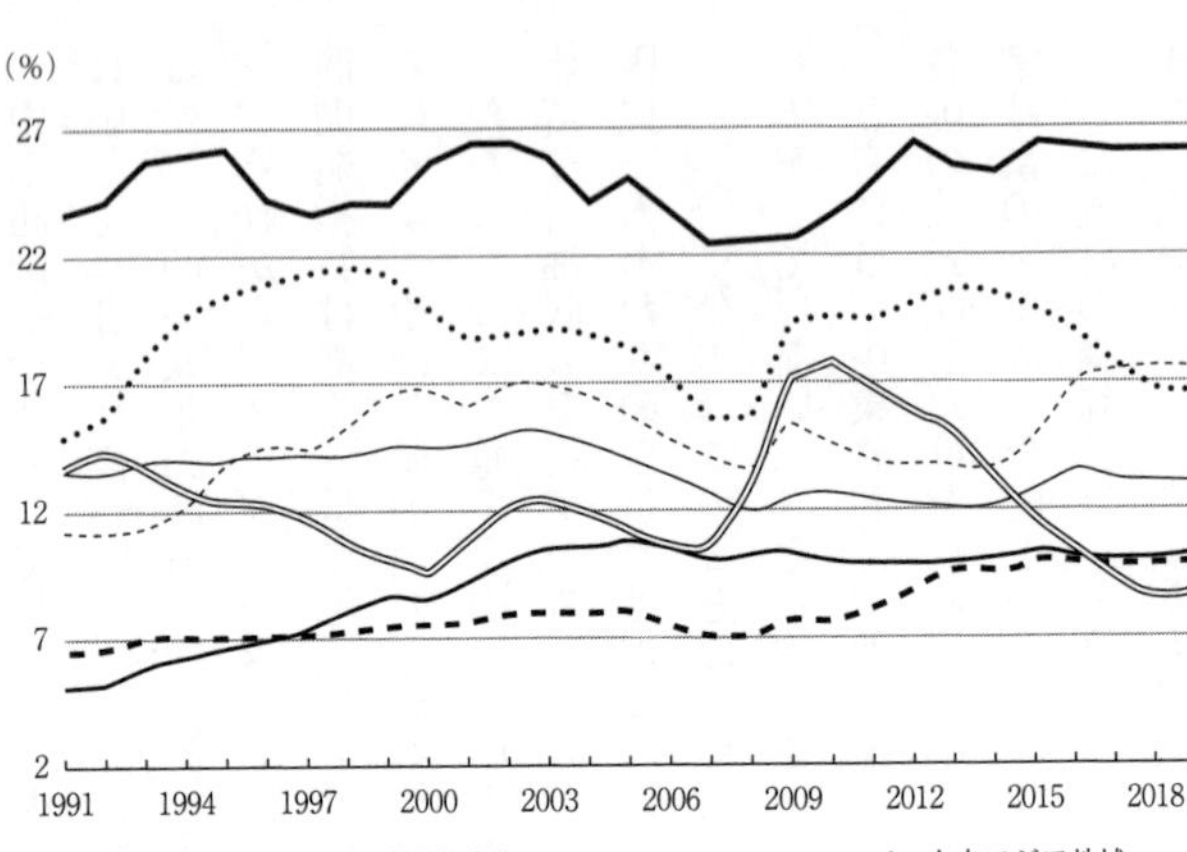

図4-1　世界における地域別の若年層失業率（1991－2018年）

出典：世界銀行のWorld Development Indicatorのデータをもとに著者作成

少なくとも、中東各国の公式統計は、格差に対する国民の認識や実感から乖離したものと見られている。近年においては、経済の自由化やグローバル化の進展によって勃興した新たな市場にアクセスできる一部の少数の人びとが圧倒的に多くの富を得る一方で、大多数の人びとは必ずしもその恩恵に与ることができていない。「持てる者」と「持たざる者」の間の格差は明白となっており、後者が社会経済的に向上するための機会は限られている。それを象徴するのが、中東における若年層の失業率の異常な高さであろう（図4-1）。労働力の供給ペースに経済の側が対応できていないのである。

†何が経済発展を阻害してきたのか

中東の経済発展の阻害要因については、伝統的には従属理論によって説明されてきた。すなわち、中東諸国の資本形成は、西洋列強を中心とする先進国の経済発展に従属するかたちでしか行われないため、結果として経済発展が停滞することとなった、という議論である（Wilson 2013: 17-8）。

一九世紀後半から二〇世紀前半にかけての植民地国家の時代には、西洋列強の主導で中東の各地に国民経済——画定された国境線、徴税システム、関税と貿易の障壁——が形成された。しかし、アラブ世界における植民地国家においては、宗主国のイギリスもフランスも自立的な産業の創出には消極的であった。両国とも、自国の国益に基づく産業や市場の独占や通貨の統制を強める一方で、福祉や公共事業への投資を抑えることで、植民地国家の支配の費用対効果を高めようとした。その結果、貿易が促進され国外との取引額は増加したものの、これらの植民地国家は、西洋列強が主導する世界大の経済活動に対して従属的な役割を果たしたに過ぎなかった。

一方、トルコとイランでは、西洋列強の直接的な植民地支配を免れたものの、不平等な条約や協定の締結を余儀なくされたり、急激な近代化政策の導入によって対外債務が膨れ上がることで、西洋列強に対して経済的に従属することとなった（Owen and Pamuk: 1999）。

しかし、この従属理論だけでは、独立後の中東諸国の経済発展の停滞を説明するのには不十分である。その理由は二つある。第一に、従属的な地位にあるはずの途上国の経済発展が等しく停滞したわけではないからである。中東でも、石油収入の多寡とは関わりなく、OECD諸国に加わったトルコやイスラエルのような経済発展の成功例もある。第二に、西洋列強による途上国の資本の搾取をめぐる概念に明確な裏付けがなく、そして、その搾取が植民地国家の時代から何十年にもわたって続いているとする根拠が曖昧であるからである。第1章で論じたように、独立後の中東諸国においてポストコロニアルな支配が残存していたとしても、それが、その後の経済発展の停滞を説明するための最大の要因であり続けていると考えてよいのか、疑問の余地が残る。

†国家の役割

そのため、本章の冒頭で述べたように、中東政治学では、中東諸国の経済のあり方を考える際には、従属理論よりも、政治経済学の知見、特に国家の役割に注目が集まってきた。

では、経済発展における国家の役割には、どのようなものがあるのであろうか。

途上国の経済における国家の役割は、①保護的、②生産的、③統制的、④全体主義的の四つのタイプに分けられる。中東諸国の多くは、これらのうちの一つに単純に分類することは難しいが、次のような傾向を持つ（Wilson 2013: 22-6）。

①保護的タイプは、西洋列強の進出を受けた一九世紀から二〇世紀初頭のオスマン帝国が典型であり、そこでは国家による経済への介入は最小限に抑えられていた。国家は徴税を通して経済を動かしていたものの、一般市民は国家の規制よりも社会規範にしたがって自らの経済活動を行っていたとされる。

②生産的タイプには、湾岸アラブ諸国が該当する。石油収入のような外生的なレントに依存する経済は生産的に見えないかもしれない。しかし、今日の経済学は、その国家が生産的かどうかを判断するためには福祉のあり方に着目する。そこでは、国家が国民全体に行き渡る福祉を実施していれば、それは富の再分配が十分になされているものと見なされる。湾岸アラブ諸国は、莫大な石油収入を原資に国民に手厚いサービスを提供していることから、この生産的タイプに分類される。

③統制的タイプには、中東の非産油国の権威主義体制の多くが含まれ、国家による統制的な経済政策を特徴とする。自由経済は不確実性が高く、政治の不安定化を招きやすい。権威主義体制下の支配エリートはこれを警戒し、統制的な経済政策を好むのである。ただ

し、こうした国家は収奪的になりがちである。というのも、支配エリートが自らの利益を最大化させるための経済政策を選択しがちとなり、その結果、国民全体の利益は副次的なものとなるからである。

④全体主義的タイプについては、バアス党政権下のシリアとイラクにおける経済体制が最も近く、アラブ民族主義という急進的なイデオロギーの名の下で支配エリートが政治制度と経済利権を独占することを特徴とした。

†国家・紛争・経済

これらの四つのタイプに加えて、国家が経済発展に与える影響として注目されてきたのが、紛争である。国家間戦争を繰り返した上に内戦状態に陥ったイラクや、近年では国際化した内戦によって全土が荒廃したシリア、また、七〇年以上にわたってイスラエルとの紛争ないしはその占領下にあるパレスチナ――いずれの国家においても、紛争が国内の経済活動や他国との貿易に壊滅的なダメージを与えてきた（Wilson 2013: 159-60; Cammett and Diwan 2020: 280-4）。

中東諸国は、国家の支出に占める軍事費の割合が大きいことで知られる。「ストックホルム国際平和研究所（ＳＩＰＲＩ）」の報告書によれば、最も新しい二〇一四年の統計——近年の紛争の多発により二〇一五年以降の中東の統計は欠損している——では、北アフリカを除いた中東諸国の軍事費は年間一九〇億ドルに上り、前年比で五・二パーセント増加、さらに二〇〇五年からの一〇年間では五七パーセントも増加している（SIPRI 2015）。

その背景には、「アラブの春」後の中東の政治的な不安定がある。中東諸国の政府は、反体制派や周辺諸国の動きの活発化を警戒し、体制転換や他国からの侵略や介入を阻止するために軍備の増強を試みてきた。そのほとんどが兵器・武器の輸入にあてられた多額の軍事費は、国内の産業の振興に寄与することなく、国家の財政を圧迫するだけであった。

このように見てみると、中東諸国の経済における国家の役割には負の側面が目立ってきたと言える。中東諸国では、主に強権的な国王か軍出身の大統領が経済政策を主導してきたため、経済発展の目的がこれらの支配エリートの権力や利益の維持や拡大と直結しがちとなり、結果として、国民全体がその受益者になりにくい状況が続いてきたのである（ただし、第2章で論じたように、国民の不満が蓄積されすぎると権威主義体制の存続が危うくなることもある）。

以下の各節では、産油国、非産油国、ＯＥＣＤ諸国の順番に、中東諸国の経済発展が抱えてきたさまざまな問題とその原因を、国家の役割に着目しながら詳しく見てみよう。

2 産油国の経済発展の光と影

†産油国の経済政策

まず、産油国である。莫大な石油収入があるにもかかわらず、なぜ多くの経済的な問題を抱え続けているのであろうか。

一つの答えは、先に述べたように、権威主義体制下の支配エリート優先の経済政策が行われてきたことで、工業化や社会経済開発が滞ってきたからというものである。しかし、石油輸出収入という外生的なレントを豊富に持ち、なおかつ国家財政をそれに依存している国家は、そもそも権威主義体制が持続しやすいと考えられている。第2章で論じたレンティア国家論である。

産油国の湾岸アラブ諸国は、世界的に見ても、GDPに占める石油によるレントの割合が高い。たとえば、クウェートでは四八・三パーセント、サウジアラビアでは四七・二パーセントにも上る。国家収入で見ると、クウェートでは実に九三・二パーセント、サウジアラビアでは八五・一パーセントにも上る（ESCWA 2011: 236-7）。

石油産業――採掘、精製、輸出、加工のすべてを含む――は、ほとんどの場合国営ないしは政府系（外国との合弁など）の企業が担っており、また、その政府は君主制の世襲王家が独占している。こうして、政府は、石油の富を独占し、その富で国民の忠誠を「買う」ことが可能となる。

また、湾岸アラブ諸国には、サウジアラビアとアラブ首長国連邦では二〇一八年にようやく日本の消費税にあたる付加価値税（VAT）が導入されたものの、個人に対する税がほとんど存在しない。そのため、国民は自らの収入から納税していないにもかかわらず、国家から手厚いサービスを受けることができる。つまり、世襲王家は、莫大な石油収入によって「代表なくして課税なし」ならぬ「課税なくして代表なし」の状況をつくりあげることで権威主義体制の維持を正当化しやすくなり、その結果、国民の忠誠を「買う」という最低限の条件だけ維持しながら、自己の利益の追求のための経済政策を実施し続けられるのである。

†石油の呪い

莫大な石油によるレントは、権威主義体制の持続だけでなく、産油国の経済や社会に有害な影響を与えることが知られている。政治経済学者M・ロスは、これを「石油の呪い」

と呼び、中東だけでなく世界の産油国を統計的に分析することでその影響を検証した(ロス二〇一七)。

その「呪い」には、権威主義体制の持続に加えて、次の三つがある。

第一の「呪い」は、経済成長が不安定になることである。石油が豊富に産出されれば、国家はそれを利用して国内での生産活動を活性化させることができるはずである。しかし、実際には、石油生産が経済発展に悪影響を及ぼすことがある。その経路は二つある。

一つは、原油価格の乱高下の影響であり、仮に国内の生産活動が活性化したとしても、それが急落すれば経済発展にブレーキがかかる(図4-2)。

もう一つは、石油収入が国内の工業化を滞らせることである。石油収入が増えることで経済成長はするが、それに伴い通貨価値も上昇し輸入が促進されることで、輸出のための生産品を担う国内の産業が衰退してしまう(オランダ病)。また、石油産業は他の産業との関連が弱く、そこで生じる取引も必要とされる技術も国内の経済発展につながりにくい(外生性の問題)。さらに石油産業は資本集約型の産業の典型であり、生産に大量の資本が必要になるにもかかわらず、そこで雇用される労働者の数は多くない(非稼得性の問題)。

第二の「呪い」は、紛争が発生するリスクが高まることである。石油産業は大きな富を生み出す一方で、国内の限られた地域や雇用者に支えられている。そのため、テロリスト

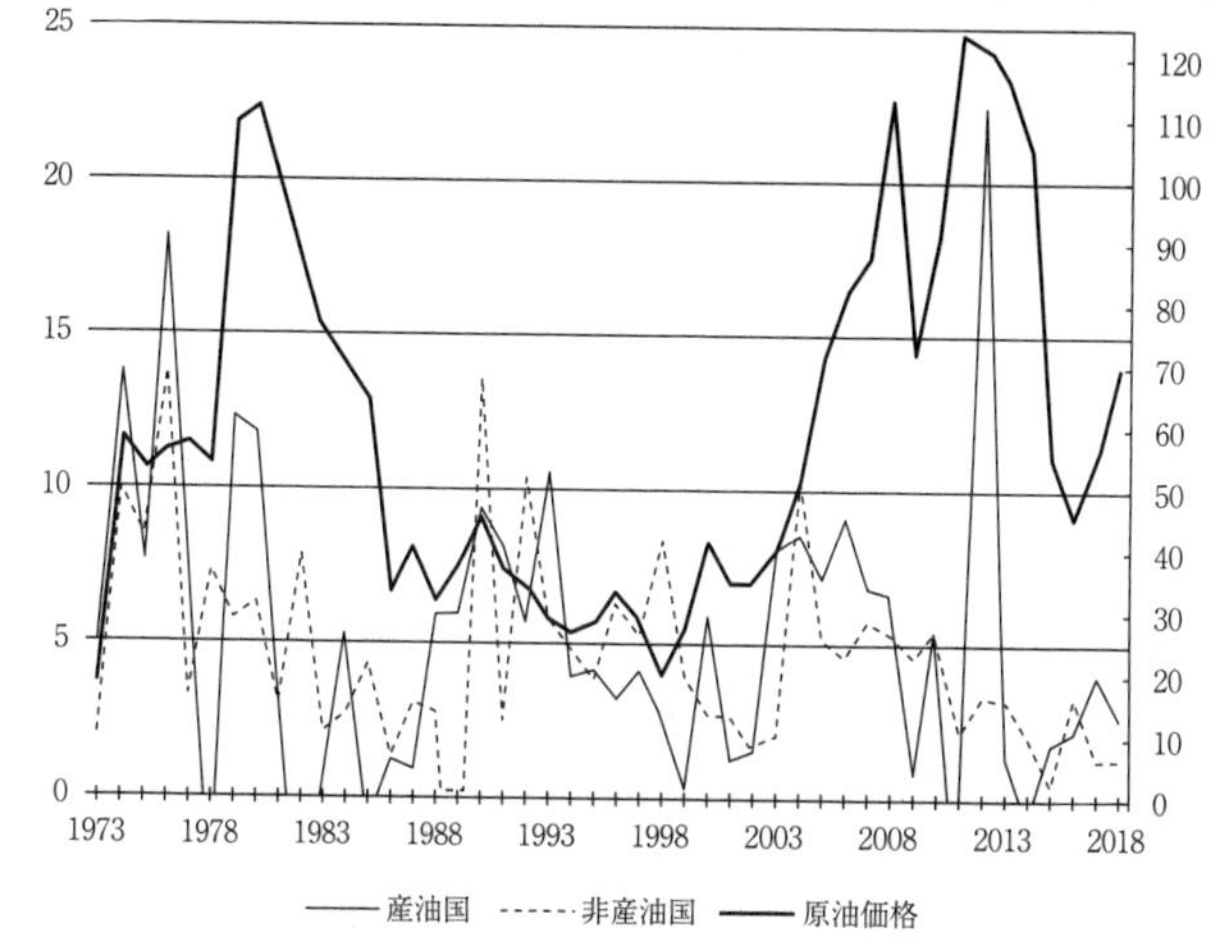

図4－2　中東における経済成長率と原油価格（1973—2018年）

出典：The World Bank および BP のデータをもとに著者作成

や反体制派の武装勢力などがそこを制圧すれば、その莫大な富を独占できることになる。このように、石油の存在は紛争を起こしやすくなると考えられている。

ただし、ここで注目すべきは、第3章で論じた機会費用の問題である。住民が石油の富を享受していれば、武装闘争に参加することでそれを失うリスクを抱えることになる。しかし、武装闘争に参加することでそれ以上の富が得られること、たとえば、国内の特定の地域にある油田を自らの武力で掌握できることが確実視された場合、リスクよりも利得の追求が優先される可能性が高まる。そのため、この第二の「呪い」は、石油産業が発達している地域以外に住む人びとに比較的強く見られることになる。

第三の「呪い」は、家父長制が持続しやすくなることである。莫大な石油の富は、女性の社会進出、特に就労機会を減少させる。これは、次の二つの経路で説明される。

一つは、先に述べたオランダ病の問題である。石油の富によって輸出産品を生産する国内の産業が衰退すると、それに伴い雇用も減少する。これは男性にとっても同じであるが、一般に途上国では、高度な技術や資本を持たない女性にとっては低賃金労働者に依存する輸出志向型の産業が有力な雇用先となる。そのため、途上国では、オランダ病は、男性よりも女性の雇用に強く影響すると想定される。

もう一つは、莫大な石油輸出収入の国民への分配が増えるほど、女性が賃労働を求めるインセンティヴが失われるという問題である。補助金や減税、そして、男性の稼ぎだけで十分な世帯所得があれば、女性の就労意欲は低下しがちとなる。

なお、労働参加は政治参加への最重要な経路であるため、女性が就労機会を得ないことは女性の政治的な影響力が低い（政治的な意識が低い）ままに置かれる原因にもなり、また、権威主義体制の持続の一因になっているとも考えられる。

†「呪い」はいつ起こるか

ロスは、世界の産油国と非産油国の両方を対象に、一九六〇年から二〇〇六年までの期間で権威主義体制から民主主義体制へと移行した諸国の数を統計的に検証した。結果としては、一九八〇年代以前、すなわち、オイルブーム以前には両者の数にほとんど違いはないが、それ以後は民主主義へと移行した産油国と非産油国のそれぞれの割合には大きな開きが見られた。民主主義へと移行した諸国の割合は、産油国では一・一四パーセントにとどまる一方、非産油国では三・一八パーセントにも上っている。つまり、一九七〇年代に起こったオイルブームによって石油収入が急増したことで、産油国は民主化の「第三の波」の時代になっても権威主義体制を維持することができたと見ることができる（ロス二〇一七：九五頁）。

しかし、石油収入が増加したにもかかわらず権威主義体制が崩壊してしまった例外もある。イランである。イランでは、一九七九年に革命による体制転換が起こったが、その原因は、「国家による国民に対する統制」と「国民の国家に対する不満」の関係から説明される。莫大な石油収入を持つ国家は、収入を税収に依存しないため、国民の動向や生業を軽視しがちとなり、その結果として、警察や治安・諜報機関の拡充や労働組合・人権団体などの活動への監視の強化を通して国民を管理・統制する能力が下がる。一方、国民は、仮に国家から手厚いサービスや減税を享受していたとしても、オランダ病の進行によって自らが従事する産業が衰退すれば、国家に対する不満を抱きやすくなる。

君主制型の権威主義体制の時期のイランが――湾岸アラブ諸国と異なり――この問題に直面した背景には、製造業や農業といった輸入品で代替可能な産業に従事する人口が相応の規模で存在していたことがあった。外生的なレントの増加によってこれらの産業が圧迫され、国民の不満が高まったにもかかわらず、そのレントに依存し続け国民の動向や生業を軽視していた国家は、補助金の整備や保護関税の設定など適切な経済政策を実行しなかった。

つまり、イランでは、レントの存在は、国民の不満を高めるだけでなく、それに対する国家の政策を歪める効果を持っていた。その結果、革命が発生し、権威主義体制が崩壊に至ったと考えられるのである（松尾二〇一〇：八三－六頁）。

†湾岸アラブ型エスノクラシー

このように、「石油の呪い」の効果は、世界の産油国に同様かつ均等に見られるわけではない。産油国にもそれぞれ異なる政治、社会、経済の事情があり、それにしたがって

「呪い」の影響にも違いが生じる。

こうした違いを捉えるため注目されてきたのが、国家によるレント配分政策である。石油から得られるレントをどのように国民に配分しているのか、その実態を明らかにすることで、中東の産油国、特に湾岸アラブ諸国における「石油の呪い」のメカニズムをより明確なかたちで捉えることができる（松尾二〇一六：七〇－一頁）。

中東政治学者の松尾昌樹は、湾岸アラブ諸国の労働市場に際だった特徴があることを指摘している。それは、公的部門を自国民が担い、民間部門を移民労働者――南アジア、東南アジア、中東の非産油国出身が多い――が請け負うという、国籍別の分業体制の存在である。

公的部門における雇用は、国家による国民へのレント配分に他ならない。第1章で論じたように、湾岸アラブ諸国は、独立以来、莫大な石油収入によるレントを駆使して官僚機構を肥大化させ、国民を「養う」ことに力を注いできた。たとえば、クウェートでは、一九六〇年代から八〇年代にかけて国民の労働者の半数が、さらに九〇年代にはほぼすべての労働者が公的部門に雇用されることとなった。現在ではクウェートに加え、カタル、アラブ首長国連邦が公的部門の就業者における国民の比率が高く、その数字は九割前後である。対して、バハレーン、オマーン、サウジアラビアは五割前後となっている（表4－2）。

表4－2　湾岸アラブ諸国の自国民・移民労働者

国名	年	労働者（自国民）	労働者（移民）	全労働者に占める移民労働者の割合
バハレーン	2010	185,055	526,175	73.98%
クウェート	2011	350,220	1,449,813	80.54%
オマーン	2015	429,806	1,825,603	80.94%
カタル	2015	99,204	1,857,423	94.93%
サウジアラビア	2016	3,038,945	10,850,192	78.12%

出典：Matsuo 2019: 17の Table 2-1

しかし、豊富な石油のレントは、労働市場に別の問題を生みだした。レントの増加によって商業・サービス業、建設業、金融業などの規模が拡大すると、今度は労働者の不足に直面することとなったのである。そこで国家は、その不足を補うために、移民労働者を積極的に受け入れるようになった。とはいえ、相対的に賃金の低い移民労働者の急増は、国民の賃金への低下圧力をもたらすという副作用があった。そのため、国家は、移民労働者との賃金競争で不利な（つまり、相対的に賃金が高い）国民をさらに公的部門に吸収しなくてはならなくなり、結果的に公的部門のさらなる拡大を余儀なくされたのである（石油産業も国有化によって公的部門の一部となっていたが、資本集約型産業であることから経済規模の割に小さな雇用しか創出できなかった）。

他方、民間部門は、相対的に賃金の低い移民労働者によって担われることとなった。たとえば、小売業、ホテルなどのサービス業、タクシー運転手、家政婦、建設労働者などである。移民労働者は、公的部門との大きな賃金格差が存在しても、労働条件が悪くても、これらの民間部門での労働に耐えようとする。それは、移民労働者が、所得水準の低い国の出身であり、出稼ぎが終われぱいずれ帰国する外国人として扱われているためである。たとえば、クウェートの民間部門における移民労働者と公的部門で就業する自国民との間には、六倍から一〇倍もの賃金格差があると見られている。

こうして湾岸アラブ諸国に確立した国籍別の分業体制は、権威主義体制の持続に寄与することとなった。なぜなら、移民労働者が増加すればするほど、低賃金労働や重労働など国民が忌避する仕事を移民に押しつけることが可能となり、それによって国家は国民の不満や批判を解消できるようになるからである。いわば特権階級化した国民には、革命やクーデタを起こすインセンティヴがないのである。

このような民族や宗派の境界が支配/被支配の境界に一致する統治形態は、一般に「エスノクラシー(民族支配)」と呼ばれる。これを踏まえると、石油によるレントを背景に国民/移民の違いを支配/被支配に結びつけた湾岸アラブ諸国に固有の統治形態は、「湾岸アラブ型エスノクラシー」と呼ぶことができる(松尾二〇一四)。

以上見てきたように、中東の産油国の経済発展には「石油の呪い」が重くのしかかってきた。莫大な石油収入があるがゆえに、一人あたりのGDPといった統計上の数字は伸びても、国内の産業の振興や雇用の創出にはつながりづらく、湾岸アラブ型エスノクラシーに象徴される固有の統治形態による権威主義体制が維持されるのである。

3 非産油国の経済発展の停滞

†非産油国の経済政策

一方、中東の非産油国の経済発展についてはどうであろうか。

本章の冒頭で述べたように、非産油国の経済発展にも多くの問題がともなってきた。経済成長は停滞し、失業率は高止まりし、国民は国家から十分なサービスを受けられてこなかった。

なぜそうなってしまったのであろうか。そこには、産油国の「石油の呪い」とはまったく違った事情がある。

非産油国――本章で言うところの中産油国、低産油国、OECD諸国――にとっては、工業化が経済発展の鍵であった。そして、その工業化を推進する主体は、他ならぬ国家であった。国家主導の工業化による経済発展の試みは、中東だけではなく、世界の各国で見られた現象であった。

中東におけるその嚆矢となったのは、トルコであった。一九二三年に独立したトルコでは、一九二九年の世界大恐慌を受けて、国家主義（スタティズム）による経済政策が導入された。すなわち、国家が生産と投資の担い手となることで、鉄鋼、繊維、砂糖、ガラス、セメント、設備、鉱物などのさまざまな製造業を公的部門に組み込み、その振興に力を注いだ。この方式は、戦後の非産油国にとってのロールモデルとなった（Owen and Pamuk 1999: 18-20）。

第二次世界大戦後に独立した中東の非産油国でも、国家主導の経済政策が次々に打ち出された。その背景には、植民地国家時代に形成された国民経済——歳出入、輸出入、投資の配分、財産権の裁定などの自律的なルールを持つ新たな経済単位——が、独立後の国家にそのまま委譲されたことがあった。

独立後の非産油国で採用されたのが、輸入代替工業化と呼ばれる経済政策であった。これは、貿易と経済の両面からなる保護主義的な性格を持つ経済政策であり、外国からの輸入への依存度を下げ、国内の生産品によって代替することを目指すものであった。具体的には、関税障壁の設定、輸入品目や輸入数量の規制、高い為替レートと低い金利の維持などを通して、国内の製造業の振興が推し進められた。その結果、中東の非産油国は、原油価格の上昇に支えられた産油国からの域内援助の増加もあり、一九五〇年代から七〇年代に高い経済成長を記録した。

輸入代替工業化は、非産油国の社会に三つの変化をもたらした。第一に、活性化した国内の市場と結びついた新興の資本家層の台頭と、工業化を支える労働者階級の拡大であった。これらの人びとの多くは、公的部門の労働者であり、民間部門よりも高い収入と購買力を持っていた。第二に、工業生産量とそれに従事する労働者の増加が、農業を中心とした第一次産業の衰退という産業構造の変化をもたらした。第三に、国有企業を中心とする公的部門の拡大は、公共投資の拡大をもたらし、国民の生活基盤の整備や社会資本の形成を加速させた（Richards and Waterbury 2008: 179–209）。

†社会主義と計画経済

輸入代替工業化を実施した非産油国としては、エジプト（一九五七〜七四年）、アルジェリア（一九六二〜八九年）、チュニジア（一九六二〜六九年）、シリア（一九六三〜二〇〇〇年代）、イラク（一九六三〜九〇年代）が挙げられる。

これらの国には、共通する特徴があった。第一に、独立や革命といった急進的な闘争を通じて共和制の国家となったこと、第二に、ソ連との条約・協定を通した同盟関係を築いていたこと、第三に、それに伴い、国家主導の計画経済に代表される社会主義的な政策を導入したことであった。

一九五〇年代から七〇年代にかけて、中東の非産油国の多くはソ連や東側諸国への接近を見せた。その背景には、植民地国家時代の旧宗主国が英米仏という西側諸国であったこと、それから、パレスチナ問題をめぐって対立するイスラエルが西側諸国と密接な関係を結んでいたことがあった。つまり、独立後の中東諸国では民族主義が隆盛しており、それがソ連の外交姿勢と親和性を見せたのである。

こうして、中東諸国の民族主義とソ連の社会主義とが結びつき、国家主導の経済政策、すなわち、計画経済が採用されることとなった。計画経済とは、資源配分を市場の価格調整メカニズムに委ねるのではなく、国家が策定する計画にしたがって行う経済のあり方である（これと対になるのが、市場経済である）。

中東の非産油国では、社会主義的な計画経済の導入によって、農地や企業の国有化が進み、その結果、旧宗主国と結びついていた大土地所有者や大商人が没落した。こうした経済政策は、経済成長よりも、安定的な雇用、基礎生活物資の確実な供給、発展途上の地方の開発を優先するものであった。それは、言い換えれば、国家の安定と国民の平等を重視したものであり、独立から間もない国家建設の営みの一部に他ならなかった。

†社会主義体制の成立

　このような輸入代替工業化と社会主義的な計画経済を特徴とする国家主導の経済政策は、エジプト、チュニジア、アルジェリア、イラク、シリアなどで導入された。まず、低産油国のエジプトとチュニジアから見てみよう。

　エジプトでは、一九五二年の革命後に権力を掌握したナセル大統領が、アラブ社会主義――アラブ民族主義と社会主義の融合とされた――を掲げ、農地改革を実行するとともに、金融や産業における主要な民間部門の国有化を断行した。そして、輸入代替工業化を採用し、繊維、砂糖、医薬品、鉄鋼、肥料などの国内の産業の振興につとめた。

　チュニジアでは、ブルギーバ大統領が率いたネオ・ドゥストゥール党が、一九六四年には社会主義ドゥストゥール党へと改称し、社会主義と計画経済に基づいた国有化政策や公的部門の拡大を推し進めた。

　一方、中産油国のアルジェリア、イラク、シリアではどうであったか。

　一九六二年に独立を果たしたアルジェリアでは、長年の反植民地闘争の旗手であった国民解放戦線が主導する政府が、社会主義による経済政策を導入し、旧宗主国であるフランスやその入植者と結びついていた民間部門を解体するとともに、重工業の振興に力を注いだ。そこでは、石油・天然ガス産業も国有化され、その輸出から得られる収入は独立からの一〇年間でGDPの三〇パーセントを超えるほどになった。

イラクとシリアでは、一九六〇年代に「アラブの統一」と社会主義を党是とするバアス党による一党独裁型の権威主義体制が成立した。両国では、アルジェリアとは異なり、旧宗主国出身者による入植がほとんどなかったため、伝統的な民間部門が存続していた。しかし、イラクでは、一九六三年にバアス党が政権の座に着くと、すべての銀行と多くの企業が国有化され、公的部門の拡大が見られるようになった。石油産業については、一九七五年までにそのすべてが国有企業となった。シリアでは、一九六三年のバアス党による革命をきっかけに銀行と企業の国有化が進み、最初の二年間だけで工業生産における公的部門の占める割合が二五パーセントから七五パーセントへと急上昇した（Richards and Waterbury 2008: 181-95）。

†中産油国の高い抑圧度

ここで注目すべきは、これらの中東の非産油国が同様の経済政策を導入したにもかかわらず、中産油国のイラク、シリア、アルジェリアの方が低産油国のエジプトとチュニジアよりも経済発展を低迷させたことである。石油の富があれば、それだけ国家の収入は増えるはずである。だとすれば、中産油国の経済発展が低産油国よりもうまくいかなかったのはなぜなのか。

その原因の一つは、先に述べた紛争にあった。紛争は、国内の経済活動や他国との貿易を阻害するだけでなく、軍事費の増大によって国家財政を圧迫する。にもかかわらず、これらの中産油国が紛争を引き起こした背景には、国家形成の時期に遡る抑圧的な性格があった（Cammett and Diwan 2020: 288）。

アルジェリア、イラク、シリアは、エジプトやチュニジアよりも急進的なイデオロギーを掲げて独立を果たしたことから、国家が国民や他国に対して抑圧的な姿勢をとる傾向を持っていた。そして、これらの国家の抑圧的な姿勢を支えたのが、強大な軍と治安部隊の存在であった。アルジェリア、イラク、シリアに共通していたのは、国家が抑圧的であっただけでなく、中産油国として石油の富によって軍と治安部隊の整備が容易にできたことであった。

アルジェリアには、一三〇年にわたった反仏闘争の経験から、独立後も急進的な反植民地主義が根強く残っていた。そうした性格は、一九九〇年代の国内の反体制派との間の激しい内戦のかたちで現れた。この内戦は、石油の富によって整備された強大な軍と治安部隊によって激化し、一五万人とも言われる死者を出すに至った。

イラクとシリアでは、いずれも急進的なアラブ民族主義を掲げるバアス党がクーデタによって政権の座に着いた。両政権は、その正統性を維持するためにイスラエルとの軍事的な対峙を続けなくてはならなかったが、それを可能としたのが、石油の富に支えられた強大な軍と治安部隊の存在であった。

このイラクとシリアの軍と治安部隊は、一九六七年の第三次中東戦争で大敗を喫した両国が正統性の低下に直面したときには、国内の反体制派の取り締まりや弾圧を通して権威主義体制の維持に寄与した。また、その存在は、両国の国外に対する抑圧的な姿勢も助長し、周辺諸国への侵攻や進出の一因となった。イラクは、イランとクウェートへの先制攻撃を敢行し、それぞれイラン・イラク戦争と湾岸危機を引き起こした。シリアは、一九七五年に発生したレバノン内戦における治安維持を名目に大規模な部隊をレバノンに派遣し、その国土の大半を実効支配下に置いた（一九九〇〜二〇〇五年）。

†ヨルダンとモロッコのリベラルな経済政策

中東の非産油国のなかでも、ヨルダンとモロッコ――いずれもほとんど石油が産出されない低産油国――は、社会主義的な政策ではなく、民間部門を主体とするリベラルな経済政策を採用した。それは、君主制型の権威主義体制下にあった両国が、独立や革命によって成立した共和制と異なり、急進的なイデオロギーを採用していなかった（あるいは、その必要がなかった）からであった。その結果、ヨルダンとモロッコでは、民間部門だけでなく、一族経営の企業、民間財団、宗教組織などの公的部門以外の経済活動が残された(Richards and Waterbury 2008: 200-2)。

とはいえ、公的部門は依然として重要視され、国家が最大の投資家であり雇用者であり続けたのも事実であった。

ヨルダンでは、国家は海外からの多額の援助——これもレントの一種である——の分配者であると同時に、国内の主要産業の保有者でもあった。民間部門は、主に参入障壁の低い軽工業製品や農産品の生産・輸出に限定され、人口の三分の二以上を占めるパレスチナからの移住者（パレスチナ系ヨルダン人）によって支えられていた。輸入代替工業化については、工業生産のための資源が限定されていること、歴史的に国外からの援助に依存していること、そして、一九六七年のイスラエルによる西岸の占領によって経済と産業に構造的な制約が生じたことから導入が見送られた。

モロッコでは、リベラルな経済政策が採用されたものの、国家が、特権的な投資者としての地位にあったことに加え、世襲王家とのつながりを持つさまざまな企業の保有者としての役割を担うことで、国内の経済活動の大部分を管理していた。輸入代替工業化については、一九六〇年代に導入されたものの、農業国としての強みを活かすために第一次産業が重視され続け、また、外貨獲得につながる繊維など輸出向けの軽工業や観光産業の振興が推し進められたことから、その規模は限定的なものにとどまった。

4 非産油国の経済改革の挑戦と挫折

†国家主導の経済政策の行き詰まり

前節で見たような中東の非産油国における国家主導の経済政策は、しかしながら、早くも一九七〇年代には行き詰まりを見せるようになった。特に低産油国のエジプトやチュニジアでは、輸出額の頭打ちによって外貨が不足し、輸入決済のための外貨確保が深刻な課題となった。中東の非産油国において、国家主導の経済政策が、経済効率よりも国家の安定と国民の平等を優先した政策であったのだとすれば、貿易や財政の収支の不均衡が生じるのは当然の帰結であった（Richards and Waterbury 2008: 211-27）。

一般に、輸入代替工業化は、ある段階で経済発展が行き詰まる可能性が高いと考えられている。というのも、国内の経済に対する保護主義的な性格は、生産の効率と輸出入の均衡を欠く傾向があり、外貨不足や財政破綻、対外債務の膨張といった問題を生み出しやすいからである。これは、中東だけでなく、南米などの他の地域でも同じように見られた現象であった（O'Donnell 1978）。

こうして、中東の非産油国は、一九八〇年代後半の原油価格の下落の悪影響もあり、抜本的な経済改革の実施が不可避となった。具体的には、国際通貨基金（ＩＭＦ）と世界銀行の勧告に基づく構造調整プログラムの実施を受け入れ、市場経済のメカニズムを重視した経済政策の導入に踏み切った。構造調整プログラムとは、ＩＭＦや世界銀行が融資と引き換えに、非効率な経済の包括的な改革を要請するものであった。つまり、それまで国家の強い統制下にあった経済を部分的に開放することが求められたのである。

†低産油国の経済改革

こうした経済改革に早い段階から着手したのが、低産油国のエジプトとチュニジアであった。

エジプトでは、一九七四年に「門戸開放（インフィターハ）」と呼ばれる経済の部分的自由化が断行された。それまでの公的部門による生産と流通の独占があらためられ、国内外の民間部門に開放された。その主な目的は、資金不足を補うための国内外からの投資の誘致であり、なかでも外国資本を自国に呼び込むことであった。特に一九七〇年代前半には、オイルブームによる莫大な石油の富が流入し、一九七五年からの一〇年間では年平均で六パーセントのＧＤＰの伸びを記録した。

しかし、それでもなお、公的部門や国有企業が、依然として生産と流通の重要な担い手として位置づけられていた。つまり、門戸開放政策は、国家主導の経済政策を維持したまま、民間部門の参入を容認したものに過ぎなかった。そのため、公的部門の非効率性は十分に改善されず、また、社会主義的な計画経済の時代から引き継がれたさまざまな補助金制度による価格体系の混乱や激しいインフレなどが起こり、エジプトは、深刻な財政赤字や債務危機に直面した。

こうしたなか、一九八〇年代末、エジプトは、ＩＭＦの勧告を受けて構造調整プログラムの実施に踏み切った。そして、一九九一年の湾岸戦争におけるアメリカ主導の多国籍軍への支援との引き替えに西側諸国から債務免除を得ることに成功し、さらなる貿易の自由化、国有企業の民営化、補助金の削減、税制の再整備、証券取引所の再開、為替レート改革など、経済の自由化を加速させた。その結果、国家財政の健全化、外貨準備の増加、為替レートの安定、インフレの抑制などのマクロ経済の安定化に一定の成果が見られるようになった（Ikram 2018: 271–308）。

一方、チュニジアでも、一九六〇年代末には早くも社会主義的な計画経済の限界が露呈し、民間部門との分権的な経済運営を推し進めるための新しい政策が導入された。しかし、このような市場経済のメカニズムを重視する改革は緩やかにしか進まず、それが本格化したのは、一九八七年にＩＭＦとの間で投資と貿易にかかる関税に関する協定が結ばれてからであった。その結果、チュニジアは、最初の五年間で年率約五パーセント程度の経済成長を達成し、アラブ諸国のなかでの経済改革の成功例と見なされた。

こうした成功の背景には、市場経済のメカニズムの導入開始の時期が比較的早かったこと、改革に必要な有能な官僚機構が整備されていたこと、そして、それを支える人材を輩出するための公的な医療と教育への大規模な投資が行われていたことがあった（Murphy 1999: 103-31）。

†中産油国の経済改革

では、中産油国のアルジェリア、イラク、シリアはどうであろうか。これらの国は、一定の石油収入があったことから、低産油国に比べて外貨不足や対外債務の膨張といった問題が起こりにくかったが、それでも一九八〇年代末には、非効率な公的部門や国有企業の改革は不可避となった。

アルジェリアでは、一九七〇年代末に公的部門、特に重工業を重視する経済政策が見直され始め、軽工業の振興や民間部門の活性化などによる経済の自由化が謳われるようになった。しかし、自由化による急激な変化を警戒する国家が主導した改革は遅々として進まず、一九八〇年代後半の原油価格の低迷、そして、一九九一年に発生した内戦によって、深刻な経済危機に陥った。その結果、一九九四年には、ＩＭＦと世界銀行の支援による経済の自由化を基調とする包括的な改革の実施を余儀なくされた（しかし、この急激な改革は失業率と貧困率を押し上げる副作用をもたらし、内戦の激化・長期化を助長した）（Bustos 2003）。

イラクでは、一九六〇年代には民間部門は大幅に縮小していたが、その後はバアス党の主導による多額の公的支援の投入によってさまざまな企業が設立された。その目的は、公共事業の請負を通して石油の富を略取していた外国企業による国内での経済活動を抑えることにあった。さらに一九八〇年代には、イラン・イラク戦争による物資の不足を補うために、農業、製造業、サービス業において民営化による生産の効率向上が試みられた（しかし、一九九〇年代に入ると、湾岸危機・戦争の発生により経済状況は悪化し、さらに、その後の経済制裁によって民間部門の拡大は頭打ちとなった）（Springborg 1986）。

シリアでは、一九七一年に就任したハーフィズ・アサド大統領によってバアス党主導の社会主義的な計画経済が一部見直され、サービス業をはじめとする一部の産業、投資、貿易の規制緩和が実施された。その結果、オイルブームに沸く湾岸アラブ諸国からの援助が急増したこともあり、一九八〇年代前半までの一〇年間でシリアは急速な経済成長を遂げた（しかし、一九九〇年代に入ると、湾岸アラブ諸国からの援助の減少や大口の取引先であったソ連と東側諸国の崩壊によって、厳しい財政運営を強いられるようになった）（Batatu 1999: 208-16）。

†ヨルダンとモロッコの経済改革

低産油国でも、ヨルダンとモロッコについては、先に述べたように、民間部門を主体とするリベラルな経済政策が採用されていた。しかし、それでも一九八〇年代後半の原油価格の低迷による中東全体の不況の影響を受け、経済の自由化を基調とする改革の実施が不可避となった。

ヨルダンの経済は、外国からの援助と出稼ぎ労働者からの送金に依存していたことから、原油価格の変動に対して敏感かつ脆弱であった。さらに、一九九〇年から九一年にかけて湾岸危機・戦争が起こったことで、ヨルダンの対外債務超過の問題は深刻化した。イラクのクウェート侵攻を黙認したことで、外国からの援助も出稼ぎ労働者からの送金も急減したからである。

こうしたなかで、ヨルダンは、一九八九年にIMFとの間で財政のあり方の見直しに合意し、非効率な補助金制度の縮小を断行した。また、一九九四年にはイスラエルとの平和条約の締結に踏み切ることで、アメリカを中心とした西側諸国からの援助を獲得した。しかし、こうした努力にもかかわらず、地理的にも歴史的にも限られた生産資源しか持たないヨルダンの「援助依存体質」は変わらず、工業化を通した自立的な経済発展は困難なままであった(Rivlin 2001: 112-4)。

一方、モロッコにおける経済の自由化は、成功例として評価されることが多い。一九八三年にIMF、世界銀行、債務国の支援で構造調整プログラムを導入し、特に関税の引き下げによる工業分野を中心とした貿易の活性化が目指された。さらに、公的部門の民営化、投資の自由化、通貨の切り下げ、財政赤字の改善なども実施された。

その結果、モロッコではマクロ経済の一定の安定化が達成され、一九八八年には約一〇パーセントもの実質GDPの成長率が記録された。とはいえ、輸出額については、輸出品の国際競争力が十分に向上しなかったことから、期待されていたほどの伸びが見られなかった。その背景には、慢性化していた高い貧困率があった。十分な教育や訓練が受けられないことから、輸出品の生産に必要な高度な技術を持った人材が不足していたのである(Morrison 1991)。

†経済改革がもたらしたもの

このように、市場経済のメカニズムの導入を基調とした非産油国の経済改革は、国家主導の経済発展――特に輸入代替工業化――が抱えていた問題を解決するものとして期待されたものの、その帰結は、各国の政治、社会、経済のあり方、そして、石油収入の多寡によって、それぞれ違ったものとなった。そのため、非産油国の経済改革のパターンを一般化することは難しい（オーウェン二〇一五：二〇三頁）。

たとえば、GDPの毎年の伸び率を見てみても、同じ非産油国のなかでも低産油国（エジプト、チュニジア、ヨルダン、モロッコ）と中産油国（アルジェリア、イラク、シリア）の間には大きな差がある。一九六〇年から二〇一〇年までの五〇年間で、低産油国が年率平均五・一六パーセントの伸びを見せたのに対して、中産油国では四・六二パーセントの伸び率に留まる。また、国民一人あたりのGDPの伸び率は、前者が二・七四パーセント、後者が一・七七パーセントとなっている。ちなみに、産油国（高産油国）の伸び率が五・六パーセントであることから、「石油の呪い」は中産油国により顕著に見られるのかもしれない（Cammett and Diwan 2020: 296-7）。

経済改革の帰結がそれぞれ異なるとしても、非産油国を総じて見れば、依然として経済に対する国家の力が強いままに置かれたという点で共通する。国家主導で実施された経済の自由化は、それ自体に矛盾を抱えていた。すなわち、支配エリートに近い人びとにとっては大きな「商機」となった半面、中間層や貧困層にとってはその恩恵を受けにくいものであった。つまり、経済改革は、各国における経済格差の拡大や失業率の上昇など、新たな問題を生んだのである。

実際、一九九〇年代の半ばまでに、世界的に見ても、ＩＭＦや世界銀行の構造調整プログラムが再分配の問題を抱えていることは明らかになっていた。貿易や金融の自由化を通したグローバル経済への参入も、民営化や市場開放を通した民間部門主導の経済の推進も、中東の非産油国の経済発展には期待されたような成果をもたらすことはなく、むしろその副作用として「持てる者」と「持たざる者」との間の格差を拡大させた。そして、これが、二〇〇〇年代以降の一般市民による社会運動や抗議デモの高まり、さらには、「アラブの春」を準備することになったのである（第2章を参照）。

5 グローバル経済のなかの中東

†OECD諸国の経済発展

中東諸国のなかには、「先進国クラブ」と呼ばれるOECDの加盟国もある。トルコ（一九六一年加盟、原加盟国）とイスラエル（二〇一〇年加盟）である。両国とも、本章における石油の多寡を基準とした分類では非産油国に含まれるが、前節で見たアラブ諸国とは異なる経済発展の道を歩んできた。

再び表4-1を見てみると、トルコの人口一人あたりのGDPは九八七八・四ドル、イスラエルは二万七四六八・四ドルと、高産油国に匹敵している。人間開発指数も比較的高く、トルコは世界六九位（高い）、イスラエルは一九位（非常に高い）である。

この両国はなぜめざましい経済発展を遂げることができたのか。そこに共通するのは、工業化の度合いの高さである。以下では、それぞれの経済政策を歴史的に見てみよう。

†トルコの経済政策

トルコでは、一九三〇年代には労働人口の四分の三以上が従事していた農業部門の拡大が推し進められたが、先に述べたように、これと並行するかたちで国家主義に基づく公的部門における製造業の振興が目指された。そこでは、国家主導の保護主義的な経済政策が実施され、綿、繊維、糸などの原料自給型の製造業、それから、鉄鋼、セメントなどの基幹工業の振興が謳われた。一九六三年にはさらなる工業化の目標が掲げられ、輸入代替工業化の経済政策が採用された。その結果、この時期のトルコは、年平均で約六パーセントのGDPの伸びを記録した。

しかし、輸入代替工業化は、ある段階で行き詰まることが約束されていた。トルコも例外ではなく、やがて外貨不足や対外債務の膨張、激しいインフレに直面するようになり、一九七八年には経済危機に陥った。一九七〇年代の国内政治の混乱や治安の悪化、さらに、北キプロス侵攻（一九七四年）に対する制裁として諸外国からの援助が停止されたことも、トルコの国家財政を圧迫し、国内の経済活動を阻害した。

これを受けて、トルコも、一九八〇年にIMFの支援を受けた構造改革プログラムの受け入れに踏み切った。そこでは、外国からの投資を呼び込むためのさまざまな規制緩和の実施や為替の変動相場制の導入とともに、輸出の促進が目指された。その結果、一九八〇年代の一〇年間で輸出額は三倍に増加し、貿易収支は継続的な黒字に転じた。とはいえ、慢性的な財政赤字を中央銀行が通貨を発行することで補塡する政策が採られたことから、激しいインフレが発生し、結局のところ度重なる財政危機が起こることになった（Owen and Pamuk 1999: 104-24）。

しかし、その後のトルコは、構造調整プログラムの副作用——経済成長の停滞、経済格差の拡大、失業率の上昇など——に苦しんでいたアラブ諸国の非産油国とは違う道を歩んだ。二〇〇一年に再び発生した金融危機をきっかけに、中東ではじめて中央銀行改革を最優先に掲げた経済改革を実施したのである。それは、IMFの指導の下、国家の貸し付けの健全化、公費と国債の削減、金融制度の改革、民営化のさらなる促進を目指すものであった。

この経済改革は奏功し、トルコにおける一人あたりのGDPは二〇〇〇年代を通して約二倍にまで増加した。また、この時期の執政を司った公正発展党は、経済成長の果実を教育費や医療保険の拡充を通して中間層・貧困層に再分配することに力を注いだ。その結果、トルコは、二〇一一年にはIMFの「新興市場」の一つに指定されるまでに発展したのである（しかし、その後は主に国内外の政治的な不安定によって経済成長率は低落した）（Güven 2019）。

†イスラエルの経済政策

では、中東におけるもう一つのOECD諸国、イスラエルはどうであろうか。イスラエルは、他の中東諸国との民族的・イデオロギー的な違いが大きい国家であるが、経済政策については同様に国家主導型で始まった。

イスラエルにおける国家主導の経済政策の起源は、建国の過程でユダヤ人入植者が設立した党と組合、そして、パレスチナの地に拡大したキブーツと呼ばれる共同体にあった。ダヴィド・ベン＝グリオン（一八八六〜一九七三年）初代大統領は、一九四八年の建国宣言後、国家主義に基づく経済政策を開始したが、それは、国家が党、組合、キブーツ、そして、さまざまな軍事組織を吸収することで、自立的な経済を立ち上げる必要があったためであった。その経済政策の特徴は、国家がパレスチナ人の財産を武力によって「取得」していったこと、世界中からユダヤ人の「帰還者」を迎えたこと、外国からの多額の援助や投資を得ていたこと、そして、軍産複合体を作り上げたことにあった。いずれも、紛争によって形成された国家の特徴であった（Benhayoun and Teboul 2013）。

しかし、こうした国家主導の経済政策は、非効率な公的部門の運営に加えて、各種補助金の支出の増大、そして、度重なる中東戦争に伴う軍事費の増加によって、深刻な財政危機や激しいインフレを引き起こすようになった。そのため、イスラエルでも一九八〇年代末にはＩＭＦの構造調整プログラムが導入され、不採算部門への補助金が削減される一方で、古くからの軍産複合体に加えて新たにハイテク産業の振興が目指された。そして、一九九〇年代に入ると、イスラエルにおける経済の自由化は大きく進展し、それに反比例するかたちで国家主導の経済政策は縮小していった。

こうした経済政策の大きな転換を可能としたのは、高学歴のユダヤ人の「帰還者」の存在と、アメリカや西欧諸国との自由貿易協定の締結であった。また、かつて戦火を交えたアラブ諸国との外交関係の確立（一九七九年にエジプトと、一九九四年にはヨルダンと和平条約が締結された）、さらには、「特別な関係」にあるアメリカからの多額の経済援助（年平均約二・四億ドルに上る）、世界中のユダヤ人からの送金や投資なども、イスラエルの経済改革のための大きな推進力となった（Rouach and Bikard 2013）。

こうして見てみると、イスラエルは、国家主導の経済政策を導入し、その後、経済改革により市場経済メカニズムの重視へと転じたという点では非産油国の中東諸国と似ているものの、欧米諸国との密接な関係や世界各国のユダヤ人の存在など、特別な条件を持っていたことがわかる。

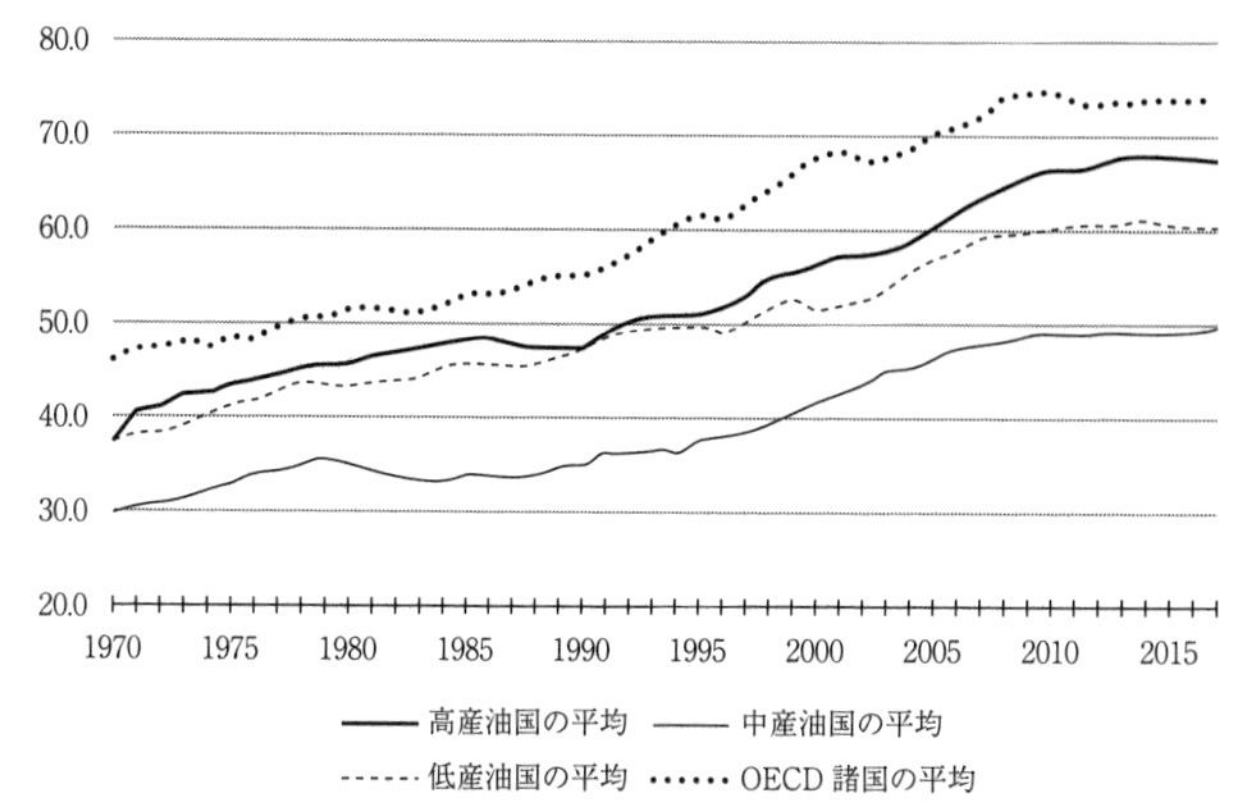

図4-3　中東諸国のグローバル化指数（1970－2017年）

出典：KOF Globalization Index のデータをもとに著者作成

†グローバル化の進む中東

近年では、グローバル化の進展とともに、中東の産油国も非産油国も、その経済のあり方を変えている。石油の輸出を続けてきた産油国はもちろんのこと、経済自由化へと歩を進めた非産油国にとっても、諸外国との関係はこれまで以上に重要になっている。

「KOFスイス経済研究所」が経済、社会、政治の「開放度」から世界各国のグローバル化の度合いを数値化した「グローバル化指数」を見てみると、中東諸国のなかでも特に産油国（高産油国）の「開放度」が高いことがわかる（図4-3）。これは、石油の輸出によって多額の貿易を継続的に行ってきたためであると考えられる。これに対して、社会主義的な計画経済を採用した非産油国のなかの低産油国の「開放度」は相対的に低く、それが上向きに転じたのは、それらの国が本格的に構造改革プログラムの実施へと移行した一九八〇年代末から九〇年代初頭の時期であった。

なお、非産油国のなかでも、OECD諸国のメンバーであるトルコとイスラエルは、継続して最も高い「開放度」を見せており、反対に、中産油国は相対的にグローバル化から取り残されてきたことがわかる。この指数は、経済だけでなく社会や政治の「開放度」も含まれるものであるため、その違いを生んだ原因を各国の経済政策だけに求めることはできない。しかし、この違いは、OECD諸国が工業化とその生産品の輸出の拡大に成功してきた事実とも、また、中産油国が非常に抑圧的であることから紛争や経済制裁の悪影響を受けてきた事実とも、整合的である。

†グローバル化がもたらしたもの

このように、中東諸国でも、石油の多寡にかかわらず、グローバル化は不可逆的に進んでおり、それは、経済のあり方だけでなく、社会や国家のあり方も変えている。そして、グローバル化の影響は、常によいものばかりではない。

中東の産油国では、二一世紀に入ってからは経済の「脱石油化」の動きが加速している。

石油生産が限界に達したバハレーンやアラブ首長国連邦のドバイは、観光業や金融業の振興を試み、世界から観光客や投資を呼び込んでいる。数々のフリーゾーン（自由貿易地域）の設置や都市開発・不動産ブームが、その象徴である。

こうした国内経済の拡大に伴い、移民労働者の受入数も増加していった。先に述べたように、湾岸アラブ諸国のなかには、国民よりも移民労働者の数の方が多い、特に労働者に限れば九〇パーセント近くが移民労働者となっている国もある。中東は、かつて先進国への移民労働者の「送り出し国」であったのが、今やその一部は有力な「受け入れ国」になっているのである。湾岸アラブ諸国にやってくる移民労働者は、主に南アジアや東南アジア、アフリカの出身者であり、古典的な「南北関係」ではなく新たに出現した「南南関係」によって、その経済も社会も国家も支えられているのである。

他方、非産油国では、一九九〇年代以降の経済の自由化をきっかけに一定のグローバル化の進展が見られたものの、しかしながら、依然として国家の経済に対する力が強いことから、その恩恵を十分に受けているとは言い難い。それどころか、国家主導の経済の自由化は、縁故資本主義（クローニー・キャピタリズム）を拡大させ、そこで勃興した支配エリートに近い「ビジネスマン」たちがその富を独占するといった不公正・不平等な社会をつくり出した。中間層や貧困層は、これまでなかったような巨大な経済格差に苦しんでいる

(Hertog 2019)。

こうした「持たざる者」たちは、古典的な「南北関係」に沿うかたちで先進国の移住を試みるようになった。過去にもモロッコやアルジェリア、パレスチナなどからヨーロッパ諸国へ出稼ぎに行く人びとは数多く存在していた。しかし、近年では「アラブの春」をきっかけに内戦状態に陥ったシリア、イラク、リビアからの移住希望者が急増した。「持たざる者」たちにとっては、抗議デモによって自国の状況を変えるか、それができなければ、他国に生きる場所を求める他はなかったのである。

ヨーロッパ諸国への移民・難民の数は、シリアとイラクで「イスラーム国」がその勢力を急速に拡大した二〇一五年にピークを迎え、シリアだけで五九万人を超える人びとがヨーロッパへと「不法」に渡った（加えて、イラクから約一〇万人、モロッコから約一万二〇〇〇人、アルジェリアから約三〇〇〇人、チュニジアから約一〇〇〇人が流入したとされる）(FRONTEX 2018)。そして、こうした中東からの移民・難民の急増は、ヨーロッパ諸国における排外主義や民族主義の拡大を助長し、その結果、中東とヨーロッパとの関係はかつてないほど緊張したものとなった。

*

以上、本章では、石油産出量の違いを補助線に中東諸国を大別した上で、経済と政治の相互作用を対象とする政治経済学の知見、特に国家の役割に着目しながら、各国における経済発展が抱えてきた諸問題とその原因を論じてきた。

ほとんどの中東諸国に共通したのは、国家建設の過程のなかで国家主導の経済政策が導入されたことであった。

湾岸アラブ諸国に集中する産油国は、国家が石油生産を独占し、その莫大な富を国民に分配し続けてきた。それが、権威主義体制の維持につながり、さらには、「石油の呪い」と呼ばれる経済的・社会的な諸問題を生み出してきた。そこには、世界の他の地域の産油国と同様の「呪い」のメカニズムが確認できると同時に、湾岸アラブ型エスノクラシーのような固有の現象が生じていることが明らかになった。

他方、非産油国は、国家主導の計画経済、特に社会主義的な計画経済や輸出代替工業化を推し進めた。しかし、そこでは、再分配や福祉の充実が過度に重視されたことから、各国の経済は、次第に非効率性を見せるようになり、その結果、他の地域の途上国と同様にやがて行き詰まるようになった。このようななかで、ＩＭＦや世界銀行の支援を受けた構造調整プログラムの導入に踏み切ったものの、このような国家主導の経済の自由化は、国家それ自体の厳しい管理下に置かれ続けることで、結局のところ支配エリートや特権的な富裕層の私腹を肥やしたに過ぎなかった。

工業化の成功や市場経済メカニズムの重視への転換を遂げたトルコとイスラエルを除けば、ほとんどの非産油国では、自由で開かれた市場経済の定着が不完全に終わっただけでなく、激しいインフレの発生、物価や失業率の上昇、補助金や福祉の縮小が起こり、中間層と貧困層の生活が圧迫され続けることになったのである。

第 5 章

宗教——なぜ世俗化が進まないのか

車列をつくって進軍をアピールする「イスラーム国」の戦闘員たち。シリア、ラッカ県北部。

（ロイター／アフロ、2014年6月30日）

第5章のテーマは、宗教である。中東は、イスラームだけでなく、キリスト教、ユダヤ教の発祥の地であり、そのため、歴史的に宗教の力が強い地域であると考えられてきた。事実、イスラームを掲げる社会運動や政党、さらにはテロ組織が数多く存在し、また、宗教者が政治を司るイランのような国家もある。

データで見てみよう。「アラブ・バロメーター」(二〇一八/一九年版)では、「宗教者が国家の公的な地位を得ること」に「強く賛成」「賛成」と回答した人びとの割合は合わせて三四パーセント、反対に「強く反対」「反対」は合わせて五四パーセントとなっている。この数を多いと見るか、少ないと見るかは、政治と宗教のあり方をめぐる論者の立場によるであろう。しかし、アラブ諸国の一般市民の三人に一人が政治に宗教の教えや価値が反映されることを肯定的に捉えていることは、中東政治を考える上でのいわば初期条件として踏まえておく必要がある。

政治と宗教の関係について、今日の世界では両者を分離することが「自明」のことと理解されている。いわゆる政教分離である。たとえば、日本国憲法でも、第二十条に「いかなる宗教団体も、国から特権を受け、又は政治上の権力を行使してはならない」とある。ただし、これは、宗教それ自体を否定するものではなく、「信教の自由は、何人に対してもこれを保障する」と定められている。つまり、政教分離の理念は、私的な存在である一般市民の宗教を国家から守ると同時に、公的な存在である国家を一部の一般市民が奉じる宗教から守ることを謳っているのである。

中東では、なぜこれが進まないのであろうか。本章では、この問いについて、中東において最も顕著なかたちで政治と宗教の「結びつき」が見られる二つの現象、すなわち、各国の憲法における「宗教条項」とイスラーム主義と呼ばれる思想・運動に着目しながら考えていく。そして、その上で、近年の中東政治における大きな問題となっている「宗派対立」の実態を捉えてみたい。

1 世俗化論の問い直し

†世俗化とは何か

政治と宗教の関係、すなわち、政教関係はどうあるべきか。この問題に対する問いとして、もっともなじみ深いのは政教分離であろう。一般に、これが進むことを世俗化、そして、それを是とする思想・運動を世俗主義と呼ぶ。

しかし、世俗化とは、具体的には、政治と宗教のそれぞれ何と何が分離した状態を指すのであろうか。宗教社会学者J・カサノヴァは、世俗化の命題には、①宗教の機能分化、②宗教の衰退、③宗教の私事化の三つがあると論じた（カサノヴァ一九九七：二六八頁）。

①宗教の機能分化とは、たとえば、政治、経済、社会の機能が宗教組織ではなく世俗的な機関が担うようになることを指し、かつては教師、医師、弁護士などの役割を持っていた聖職者が、日曜礼拝だけを司るようになるといった現象のことである。②宗教の衰退は、その日曜礼拝の出席する人びとが減っていくという現象であり、③宗教の私事化は、日曜礼拝に出席しなくなった人びとが、だからといって宗教心を失ったわけではなく、私的領域、たとえば、自宅や家族で宗教書を読むようになるといった現象のことを指す。

カサノヴァは、①を観察可能な不可逆的な過程と捉える反面、②と③については、経験的に反証があることを批判的に指摘している。世界各国で法制度として政教分離が実施されているものの、人びとは宗教心を失ったり、公的領域（たとえば、政党活動や慈善活動）での宗教実践を放棄したりしているわけではないからである。

この三つの世俗化の命題のなかで政教分離の考え方に最も近いのが、①の意味での世俗化である。中東諸国では、法制度面での世俗化は一定程度見られるものの、人びとが宗教心を失っていないどころか公的領域での宗教実践を依然として活発に行っていることが、経験的に観察できる。だからこそ、政治と宗教がどのような関係を結ぶべきなのか、常に問題となってきたのである。

†世俗化論への批判

そもそもある社会が世俗化するのは、本当に「自明」なことなのであろうか。近年の研究では、その問い直しが進んでいる。

近代化とともに前近代的な宗教は衰退し、特にその社会を拘束してきた力が失われていく、といった見立てを、一般に世俗化論と呼ぶ。二〇世紀の半ばまでは、これが世界のどの地域にも見られる普遍的な現象、つまり「自明」であるとの見方が強かった。

社会学者M・ヴェーバーは、著書『プロテスタンティズムの倫理と資本主義の精神』のなかで、「魔術からの解放」がなされた近代の社会においては、キリスト教の職業倫理に基づく功利主義的な社会組織が拡大し、官僚制に代表される「鉄の檻」に人びとが囚われる機会主義的な社会秩序が成立すると論じた。そこでは、宗教の衰退・私事化だけでなく、公的領域での機能分化が起こるものと想定されていた（ヴェーバー一九八九）。

中東政治学においても、たとえば、一九五八年に刊行されたD・ラーナーの『消えゆく伝統社会――中東を近代化する』の書名に見られるように、国民国家の形成や発展に伴い、イスラームに根ざした伝統的な社会の役割は衰退化するといった議論が主流であった

(Lerner 1958)。

しかし、こうした予定調和的な世俗化論は、近代化を果たした近代西洋の歴史経験を「自明」なものと想定しており、さらには、それこそが「人類の進歩」とする規範性を宿しているとして、多くの批判に晒されることとなった。そこには、世俗化できていない中東は遅れている、といった西洋中心主義的な見方も見え隠れしていた。そのため、近年の研究では、世俗化の概念が、近代のヨーロッパという特定の時空間に誕生・発展したものであったことが強調されるようになった。

†「宗教」概念の近代西洋的起源

それだけではない。近年、「宗教」という概念自体が、実は近代西洋における世俗化論のなかで形成された特殊なものに過ぎないことも指摘されるようになった。

今日における「宗教」とは、公的空間から切り離された個人の私的な信条や信仰のことを指し、また、個人が自発的な選択によって得るものと考えられている（だからこそ、政教分離が「自明」と見られている）。宗教という現象自体は古代より存在してきたが、かつてのそれは個人の信条や信仰に限定されたものではなかった。ヨーロッパの中世でも、キリスト教は個人だけでなく社会のすべてを覆う「聖なる天蓋」を形成していた。

しかし、ヨーロッパでは、一六世紀に始まった宗教改革と宗教戦争によって、人びとが自らの宗教──カトリックとプロテスタント──を選択できるようになり、一つの特権的で絶対的な宗教が公的領域を独占することがなくなった。さらに、一八世紀には国民国家が誕生し、民族が人びとのアイデンティティの拠り所になることで、「宗教」はあくまでも国民の私的な問題として扱われるようになり、そのための法制度が整備されていった（アサド二〇〇四・二〇〇六、バーガー二〇一八）。

†世界は本当に世俗化しているのか

このように、世俗化だけでなく宗教の概念も、近代西洋という特定の時空間に拘束されたものであることが明らかになっており、世俗化論はもはや「自明」なものではなくなっている。

そもそもヨーロッパをはじめとする近代化を遂げた（とされる）いわゆる先進国においても、本当に世俗化が進んでいるのか、それ自体も問い直され始めている。

政治学者P・ノリスとR・イングルハートの統計分析（一九九五～二〇〇一年の「世界価値観調査（WVS）／欧州価値観調査（EVS）」によると、近代化が進んだ諸国の人びとほど世俗化しているという傾向が明らかにされているが、世界全体で見た場合、伝統的な宗

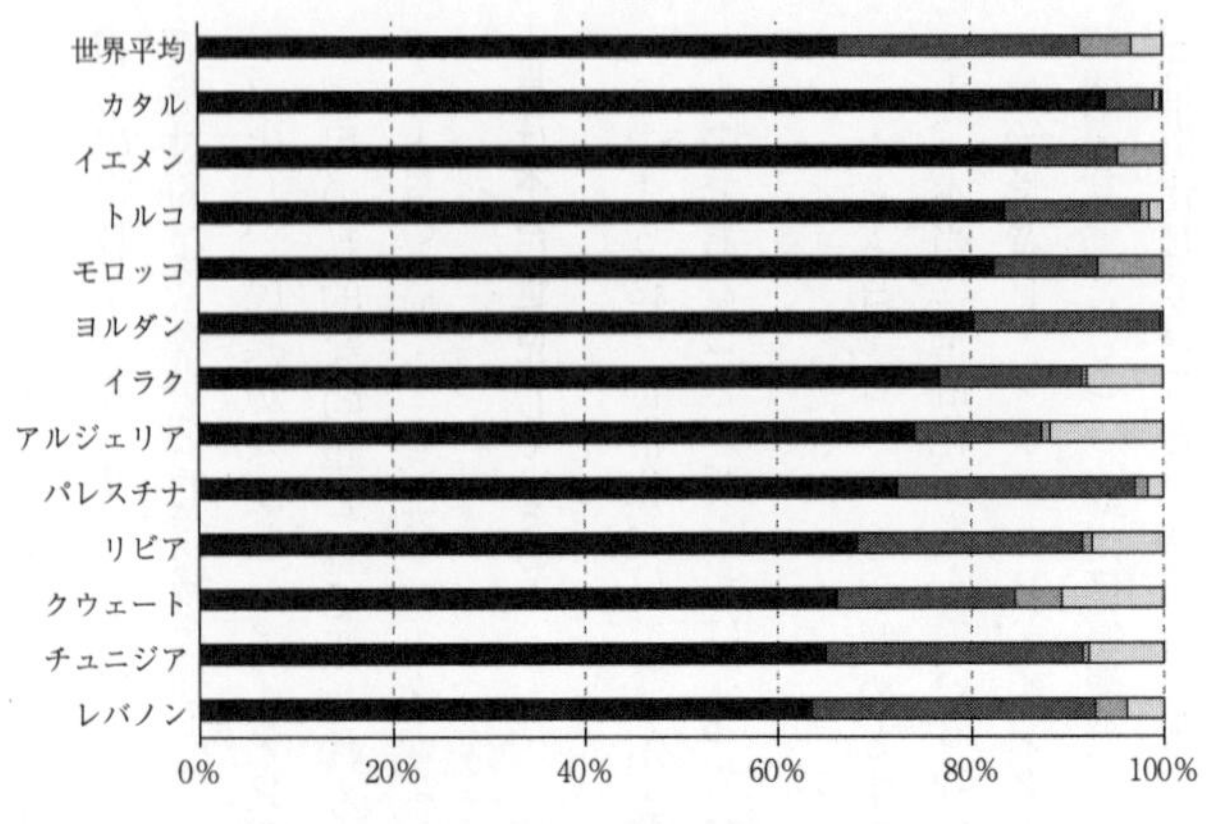

図5－1　宗教行事へ参加するかどうかにかかわらず、自分自身のことをどのように形容するか（V147）

出典：World Value Survey Wave 6（2010-2014）のデータをもとに著者作成

教に基づく世界観を持つ人びとが増えているという（Norris and Inglehart 2004）。また、J・フォックスによる宗教と国家の関係についての世論調査の分析でも、必ずしも世界は世俗化へと不可逆的に進んでいるわけではないことが明らかにされている（Fox 2008）。

つまり、カサノヴァが論じたように、世界では、①宗教の機能分化の意味では、確かに世俗化が見られるものの、②宗教の衰退や③宗教の私事化は、予定調和的に進んでいるわけではないのである（図5－1）。

だとすれば、本章の問いは、その前提から見直さなくてはならない。中東では、なぜ世俗化が進まないのか、という問いは、世俗化という概念が持つ特殊性や規範性の面からだけでなく、経験的に見ても妥当とは言えないからである。中東では世俗化が宿命づけられているわけではなく、世界の他の地域でも世俗化が進み続けているわけでもないのである。

したがって、ここで問うべきは、なぜ世俗化が進まないのか、ではなく、宗教が人びとの間で一定の力を持ち続けるなか――宗教の衰退や私事化という意味での世俗化が必ずしも進んでいないなか――で、なぜ中東において政治と宗教の「結びつき」が見られ続けるのか、そして、それがどのような実態を持っているのかについて、各国の社会や政治を個別に丁寧に見ていくことであろう。

2 中東における政治と宗教

†古くて新しい問い

政治と宗教は、どのような関係にあるべきなのか。これは、現代の中東が長らく抱えてきた課題である。第1章で論じたように、中東諸国の大半は、わずか一〇〇年前までオスマン帝国というイスラーム国家の領土であった。

イスラーム国家から国民国家へ――この巨大な政治変動をきっかけに、政治と宗教の関係が問われるようになった。オスマン帝国の時代までの社会や国家の「あるべき秩序」を規定してきたのは、イスラームという宗教であった。これに対して、近代西洋を起源とする国民国家の考え方では、主に言語を共有する民族を単位とした国民国家の建設・発展が至上とされ、そこでは、かつて宗教が持っていた政治や社会、経済に対する影響力は限定されるか、場合によっては、タブーとされた。

しかし、中東で暮らす人びとのすべてが、これを是としてきたわけではない。依然として政治に宗教の教えや価値を反映させることを求める人びともいた。また、そうした人びとは、二〇世紀末に顕在化したいわゆるイスラーム復興のなかで発言力を強めていった。世俗化や世俗主義に依拠した政治が、独裁や経済発展の停滞といったさまざまな問題を生み出した結果、宗教に基づく政治、社会、経済の復興を訴える人びとが増えていったのである（小杉一九九四：一二三六－五五五頁）。

近年においてこのことを象徴したのが、二〇一一年の「アラブの春」後に実施されたチュニジアやエジプト、リビアなどの選挙において、イスラームの教えを政治に反映させることを公約に掲げる政党――後で詳しく述べるイスラーム政党――が勝利したことであった。長年の権威主義体制の崩壊／動揺によって一般市民が自由に意見を表明できるようになったとき、この政治と宗教の関係というオスマン帝国崩壊以来の「古くて新しい問い」が、あらためて浮上したのである(末近二〇一八：iii-v頁)。

†イスラームにおける政治と宗教

では、そもそもイスラームにおいて政治と宗教の関係は、どのように考えられてきたのであろうか。

イスラーム・中東政治学者の小杉泰(やすし)は、それを政教一元論という概念を用いて説明した。政教一元論とは、「政治と宗教が未分化のままに展開する世界観のあり方」のことを指す(小杉一九九四：一八頁)。「政教」という表現でよく知られているのは、政教分離や政教一致であろう。しかし、政教一元論とこれらは根本的な発想を異にする。政教分離も政教一致も政治と宗教という二つの要素からなる二元的な発想に基づいているが、これに対して、政教一元論は、「政」と「教」の二つの漢字が使われているものの、実際には、両者が未分化である単一の要素からなることを指している。

この政教一元論の根拠は、イスラームの基本的な教えと歴史を紐解くことで、論理的に説明される。

第一に、神が万物の創造主であるとすれば、宗教だけでなく政治も神が創ったことになる。第二に、その神の教えを記したクルアーン（コーラン）には信仰や儀礼だけでなく、社会や国家、経済に関するものも含まれている。第三に、預言者ムハンマドは、イスラームを興した宗教家であると同時に、アラビア半島に新たな宗教に基づく政体を築いた政治家であった――。

つまり、神の教えにしたがい、預言者を理想の人間像として生きるイスラーム教徒にとって、イスラームの教えや歴史における政治に関わる部分だけを信じないという立場は論理的には成り立たない、ということになる。言い換えれば、政治と宗教の「結びつき」こそが、イスラームにおいては「自明」なものであった（Mandaville 2020: 12-7）。

†人間の解釈が生み出すバリエーション

ただし、ここで注意すべきは、イスラーム教徒がこの政教一元論を地上に実現しようとする営みには、さまざまなバリエーションがあるという点である。その背景には、全知全能の創造主である神に対して、その被造物である人間は非力で矮小な存在に過ぎないという、イスラームの基本的な考え方がある。

イスラーム教徒は、神の教えに沿って生きることが求められる半面、人間である以上それを完全に理解することはできない。しかし、だからこそ、人間は神から与えられた持てる力を駆使して、神の意思を理解しようとつとめ続けなければならない――こうした考え方によって、多種多様なイスラーム解釈が生じるようになるのである（大塚二〇一五：三一一四頁）。

そのため、この政教一元論、言い換えれば、神の教えに基づく理想の国家のあり方についても、現実には人間によるさまざまな解釈や試行錯誤が見られることとなった。たとえば、後で詳しく述べるように、イスラーム法による厳格な統治を謳っているサウジアラビア、一九七九年の革命後にイスラーム共和制という独自の政治体制を採用したイラン、そして、二〇一四年にシリアとイラクに一方的に「建国」を宣言した「イスラーム国」では、いずれもイスラーム国家を自認する点では共通するが、為政者の資格、統治の方法、政治参加の仕組みなど政治の内実は大きく異なっている。

イスラーム教徒たちは、自らを取り巻く環境の変化に応じて、そこで実現されるべき政教一元論がどのようなものになるのか、さまざまな解釈と試行錯誤を繰り返してきた。その結果、イスラーム国家のあり方も、時代や地域によってさまざまなバリエーションを見せてきたのである（Abdul Rauf 2015）。

†「あり方」から「是非」へ

こうしたイスラーム教徒たちによる不断の解釈の営為は、近代西洋との邂逅（かいこう）による大きな影響を受けることになった。とりわけ、イスラーム国家オスマン帝国の崩壊とその後の国民国家としての中東諸国の誕生の過程で政治の意味が大きく変わった結果、政治と宗教の「結びつき」が「自明」とされてきた伝統は揺らぐこととなった。

前近代のイスラーム王朝の時代においては、世俗権力と宗教権威が別個に存在していたとしても、両者の「結びつき」を是とする政教一元論の前提があった。各地に勃興したイスラーム王朝も、その多くは預言者ムハンマドの代理人・後継者である歴代のカリフから得たイスラーム的な支配の正統性に依拠していた。

しかし、一八世紀末になり、オスマン帝国に西洋列強が進出してくると、世俗主義や民族主義の思想がそこに暮らす人びとにも伝わり、そして、主に植民地主義のかたちをとることで、各地にイスラーム的な正統性を必要としない世俗権力――植民地国家――を生み出していった。それらの世俗権力に担われるようになった政治は、イスラームの教えや価値に基づくものではなく、国民国家の領域、国民、主権――近代国家の三要素――の独立や発展を追求する営みとなった（Zubaida 2009: 121-82）。

世俗主義や民族主義は、それまでイスラーム教徒が自明としてきた政治と宗教の「結びつき」を解除しようとする思想であり、こうした思想・運動が強い力を持ったのは、七世紀以来のイスラームの歴史においても初めてのことであった。つまり、二〇世紀初頭のオスマン帝国の崩壊を経て、政教一元論は、政教二元論と本格的に対峙することになったのである。

近代以前には「自明」であった両者の「結びつき」――それまで「どのように結びつくか」を追求してきたイスラーム教徒たちは、今や「結びつけるべきかどうか」という問いから議論を出発させなくてはならなくなった。つまり、政教一元論の理念は、その「あり方」に加えて、その存在の「是非」についても問われるようになった。そして、この問いに対するイスラーム教徒たちのさまざまな営みが、中東諸国における政教関係のダイナミズムをかたちづくっていったのである。

3 中東諸国の憲法における「宗教条項」

†「宗教国家」としての中東諸国

では、中東諸国において、どのような政教関係が築かれてきたのであろうか。政治学者J・シュウェドラーは、ほとんどすべての中東諸国が「宗教の公的な地位を定義している」ことから「宗教的」であると述べている。ただし、その内実には違いがあり、「実質的な宗教国家」と「名目的な宗教国家」の二つに大別できるという。

「実質的な宗教国家」は、「政治、社会、経済の諸問題への宗教法の完全な適用を重視する国家」であり、サウジアラビア、イラン、イスラエルが該当する。これらは、国家としてのアイデンティティだけでなく、立法、行政、司法の実際の運営においても宗教が影響力を持つような法制度が整備されている国である。

「名目的な宗教国家」には、宗教の公的な地位について、①「支配エリートが預言者ムハンマドの直接の血縁であることを根拠にした権威を主張する」場合、②「憲法がイスラームに国教とする公的地位を与える」場合、③「憲法が元首はイスラーム教徒でなくてはな

表5－1　中東諸国の憲法における「宗教条項」

政教関係に基づく分類	国名	憲法ないしはそれに相当する法律の名称	宗教条項（○／×）［該当条項番号］	宗教法の実践（○／×）	政治体制
①実質的な宗教国家（イスラーム国家・ユダヤ国家）	イスラエル	帰還法（1970年改正） 基本法（国民国家）（2018年制定）	○ ［4-B］（帰還法：ユダヤ教によるユダヤ人定義） ［1-B］（基本法：ユダヤ人の国民国家）	○ （ユダヤ政党の認可）	共和制
	イラン	イラン・イスラーム共和国憲法（1989年改正）	○ ［12］	○	イスラーム共和制
	サウジアラビア	統治基本法（2013年改正）	○ ［1］	○	君主制
②名目的な宗教国家（世俗国家）	アラブ首長国連邦	アラブ首長国連邦憲法（2009年改正）	○ ［7］	×	君主制
	アルジェリア	アルジェリア民主人民共和国憲法（2016年改正）	○ ［2］	×	共和制
	イエメン	イエメン共和国憲法（2015年改正）	○ ［2］	×	共和制
	イラク	イラク共和国憲法（2005年改正）	○ ［2-1］	×	共和制
	エジプト	エジプト共和国憲法（2019年改正）	○ ［2］	×	共和制
	オマーン	国家基本法（2011年改正）	○ ［2］	×	君主制
	カタル	カタル国恒久憲法（2003年制定）	○ ［1］	×	君主制
	クウェート	クウェート国憲法（1992年改正）	○ ［2］	×	君主制
	シリア	シリア・アラブ共和国憲法（2012年制定）	○ ［3］	×	共和制
	チュニジア	チュニジア共和国憲法（2014年制定）	○ ［1］	×	共和制
	バハレーン	バハレーン国憲法（2017年改正）	○ ［2］	×	君主制
	パレスチナ	パレスチナ基本法（2005年改正）	○ ［4］	×	共和制
	モロッコ	モロッコ王国憲法（2011年制定）	○ ［3］	×	君主制
	ヨルダン	ヨルダン・ハーシム王国憲法（2016年改正）	○ ［2］	×	君主制
	リビア	リビア憲法草案（2016年）	○ ［8］	×	共和制
③非宗教国家（世俗主義国家）	トルコ	トルコ共和国憲法（2017年改正）	× ［2, 24］で政教分離を規定	×	共和制
	レバノン	レバノン共和国憲法（2004年改正）	× ［9, 10］で政教分離を規定	×	共和制

出典：各国の憲法などをもとに著者作成

らないと規定する」場合の三つのタイプがある。①はヨルダンとモロッコ、②はサウジアラビア以外の湾岸アラブ諸国、エジプト、リビア、イエメン、イラク（二〇〇三年まで）、③はアルジェリア、チュニジア、シリア、オマーンが該当する。これらの国は、国家のアイデンティティを宗教に依存しているものの、政治過程や立法過程、司法において宗教の影響は制限されているため、実質的には政教分離がなされている。そのため、中東政治学では、世俗国家と呼ばれることが多い（Schwedler 2020: 365-70）。

これらの分類において注目すべきは、各国の憲法、ないしはそれに相当する法律における宗教に関する条項である。表5-1は、主な中東諸国におけるその一覧である。トルコとレバノンをのぞくすべての諸国が、国教・公式宗教を憲法で定めていることがわかる。これを、本章では、「宗教条項」と呼ぶことにしよう。

†イスラーム国家と世俗国家

このように、中東諸国は何らかのかたちで「宗教国家」としての一面を持っていると言えるが、ここで確認しておくべきは、これらが第1章で論じたようなイスラーム国家と必ずしも同義ではない、ということである。

イスラーム国家とは、イスラーム法によって統治される国家を指す。この基準で見てみると、中東諸国のなかでイスラーム国家と呼べるのは、「政治、社会、経済の諸問題への宗教法の完全な適用を重視する国家」、すなわち、「実質的な宗教国家」であるサウジアラビアとイランだけである。また、後で詳しく述べるように、ここで「実質的な宗教国家」に分類されているイスラエルは、ユダヤ教に基づくユダヤ国家としての性格が強い。

ちなみに、マスメディアでは、「イスラーム諸国」という表現がよく使われるが、それは先に述べた意味でのイスラーム国家を意味するものではなく、単にイスラーム教徒が人口の大半を占める諸国を指すものであると思われる。だとすれば、それらは「ムスリム(イスラーム教徒)国家」と呼ぶのが適切であろう。

「実質的な宗教国家」であるサウジアラビアとイランだけが、イスラーム国家であるのに対して、「名目的な宗教国家」である他の中東諸国は、実質的には世俗国家である。これらの世俗国家では、憲法にイスラームを国教や公式宗教、元首の宗教とすると定められていたり、また、イスラーム法が立法における「主要な源泉の一つ」と位置づけられたりしているものの、これらは名目的なものに過ぎない。実質的には、立法、行政、司法の実践においては、政治と宗教は分離されているのが実情である(小杉一九九四:二三四-六頁)。

整理しよう。トルコとレバノンをのぞくすべての中東諸国は、特定の宗教の公的な地位を定める「宗教国家」としての性格を持つ。しかし、だからといって、すべての中東諸国がイスラーム国家というわけでない。中東諸国のなかでも、「実質的な宗教国家」は、イスラーム国家のサウジアラビアとイランだけであり、また、ユダヤ教国家のイスラエルだけである。その他の諸国は、憲法に主教条項を持つだけの「名目的な宗教国家」に過ぎず、実質的には政治と宗教を分離した世俗国家として見る必要がある。

では、なぜこうした違いが生じたのであろうか。以下では、「実質的な宗教国家（イスラーム国家とユダヤ国家）」と「名目的な宗教国家（世俗国家）」のいくつかの事例を取り上げながら、中東の各国において政教関係のダイナミズムがいかに展開されてきたのかを見てみよう。

†実質的な宗教国家――イスラーム国家

「実質的な宗教国家」であるサウジアラビア、イラン（一九七九年〜）、イスラエルに共通する特徴は、その形成ないしは成立過程から宗教的な正統性に依拠していた点である。言い換えれば、これらの国は、最初から「実質的な宗教国家」として誕生したのである。

まず、サウジアラビアは、一九三二年にサウード家を世襲王家として誕生した君主制の国家だが、その正統性をイフワーン運動という宗教改革運動との同盟関係に依拠していた。イフワーン運動は、ワッハーブ主義と呼ばれる厳格なイスラーム解釈の普及を掲げていた。

地方の一部族に過ぎなかったサウード家は、この厳格なイスラーム解釈の担い手としての正統性を掲げることで、他の部族や遊牧民、宗教勢力を支配していった。

また、サウード家は、自国の領内にある聖地マッカとマディーナ（メディナ）の「二聖都の守護者」を名乗ることで、自らがイスラーム的な正統性を持った統治者であることを強調した。

一九九二年に制定された統治基本法（憲法に相当する法律）では、第一条に「サウジアラビア王国は、アラブ・イスラームの主権国家であり、その宗教はイスラームであり、その憲法はクルアーンおよびスンナ（預言者の言行）とする」と記され、第七条ではクルアーンとスンナの教えが「王国の統治理念」であり「基本法ならびにすべての王国の規則を支配するもの」と定められた。ただし、サウード家自体はあくまでも世俗権力であり、宗教権威との分業（ないしは協働）体制を築いてきたものと見る必要がある（森二〇一四：一一三〇頁；Al-Rasheed 2010: 37-68）。

次に、イランは、一九七九年のイスラーム革命によって成立した（一種の）共和制の国家である。第1章、第2章で見たように、革命以前のイランは、君主制型の権威主義体制の国家であった。世襲王家は、石油の富や米英との親密な関係を背景に急速な西洋的近代化と世俗化を推し進めた。しかし、こうした強権的な政治と急激な社会の変化は、汚職や腐敗の蔓延、経済格差の拡大、失業率の上昇などの多くの問題を生み出し、一般市民の不満や反発を招くことになった。その結果、革命による体制転換が起こったのである。

この革命を正当化したのが、他ならぬイスラームであった。革命の指導者であり高位のイスラーム法学者であったルーホッラー・ホメイニー（一九〇二〜八九年）は、世襲王家による君主制という仕組み自体を反イスラーム的であると断罪した（これが、後のサウジアラビアとの対立の一因となった）。そして、イスラーム法学者こそが国家の運営を「監督」すべきとの政治理論――「法学者の監督」論――を掲げ、イスラーム共和制という世界でも類を見ない独自の政治体制を打ち立てた。

このイスラーム共和制は、一八世紀のアメリカやフランスを起源とする近代西洋の所産である共和制とイスラーム法による統治を融合させたものであり、こうして誕生した革命後のイランは、現代という時代を反映した新たなかたちのイスラーム国家であったと言える。そこでは、憲法や三権分立、議会や選挙といった近代西洋で誕生・発展した法制度が採用されつつも、イスラーム法学者がそれらをイスラームの観点から監督するものとされた。憲法では、「民法、刑法、財政、経済、行政、文化、軍事、政治ならびにその他の法律と規則は、イスラームの基準に基づかなければならない」（第四条）と定められ、行政・立法・司法の三権の上位には最高位のイスラーム法学者が最高指導者として君臨するものとされた（Menashri 1990; 2001）。

†ユダヤ国家イスラエル

サウジアラビアとイランが、イスラーム国家であるのに対して、イスラエルは、ユダヤ教に基づく「実質的な宗教国家」である。第1章で論じたように、イスラエルは、一九四八年にユダヤ人の国民国家として建国された。ここで言うユダヤ人とは、国民国家の建設を担う民族として位置づけられているが、その定義を詳しく見てみると、ユダヤ教という宗教に依拠していることがわかる。その意味において、イスラエルの建国は、それ自体が宗教共同体としての独立という性格を帯びていた。

イスラエルにも憲法は存在せず、それに相当するのが、独立宣言（一九四八年）や一三の基本法と呼ばれる法律であった。これらの法律では政教一致が謳われているわけではないが、イスラエルが「実質的な宗教国家」に分類される根拠は、国民の定義に関わる帰還法（一九五〇年制定、七〇年改正）に見ることができる。帰還法は、イスラエルの国民を構成するべきユダヤ人を、「ユダヤ人の母から生まれ、あるいは、ユダヤ教徒に改宗した者で、他の宗教の成員ではない者」（第四条B）と定義した。

ただし、この帰還法のユダヤ人定義は、独立宣言の理念との間に矛盾があった。というのも、独立宣言では、イスラエルがユダヤ人の国民国家であるとされると同時に、「宗教、人種、あるいは、性別にかかわらず、すべての住民の社会的、政治的諸権利の完全な平等を保障」すると謳われていたからである。「(ユダヤ人の) 民族主義国家」と「(すべての国民に平等に開かれた) 民主主義国家」との矛盾であった (臼杵二〇〇八)。

この矛盾が「解消」されたのは、二〇一八年に制定された一四番目の基本法 (国民国家法) の際であり、そこでは、イスラエルが「ユダヤ人の国民国家」であると明記されたことで、主権の担い手が事実上ユダヤ人に限定された。つまり、イスラエルは、この時点で、名実ともにユダヤ教を奉じるユダヤ人の国家となったのである (その結果、総人口の二割を占めるアラブ系住民は、ユダヤ人と同等の権利を持たない存在となった)。また、国会にあたるクネセットでは、ユダヤ教の宗教政党の活動が認可されている (その一方で、イスラームの宗教政党は非合法のままである)。

ユダヤ教という宗教に依拠した民族であるユダヤ人によるパレスチナの専有的支配──それを象徴したのが、聖地エルサレムの帰属権をめぐる問題であった。イスラエルは、第三次中東戦争での勝利を通じてエルサレムを占領下に置くようになり (第3章を参照)、以後、自国の首都であると主張してきた。その背景には、エルサレムがユダヤ教の聖地としてユダヤ人にとって特別な価値を持っていることがあった。

†名目的な宗教国家——世俗国家

一方、「名目的な宗教国家（世俗国家）」はどうであろうか。これに該当する中東諸国は、いずれもが「宗教条項」を持つことで共通するが、その内実の違いに着目すると、本節の最初に述べたように、以下のような三つに大別される。順番に見てみよう。

①の「支配エリートが預言者ムハンマドの直接の血縁であることを根拠にした権威を主張する」場合、政治体制は必然的に世襲王家による君主制となる。君主制のなかでも、産油国の湾岸アラブ諸国ではなく、非産油国のヨルダンとモロッコの世襲王家がこれを主張してきたのは、偶然ではないであろう。両国の国王は、豊富な石油のレントによって国民を財政的に「養う」ことができないため、社会的亀裂による国民の分断をまとめ上げるリンチピン君主としての役割を果たす戦略を採用した。その際、国内の勢力を糾合し、国民統合を推し進めるためには、世襲王家が特権的、あるいは、超越的な地位にあることを示す必要がある。そこでヨルダンのハーシム家は、預言者ムハンマドの曾祖父ハーシムに連なる家系であること、モロッコの王室は、預言者の娘ファーティマに通ずる遠縁であることを主張してきた（第2章を参照）。

②の「憲法がイスラームに国教とする公的地位を与える」場合には、君主制と共和制の

両方がある。

君主制では、産油国の湾岸アラブ諸国が該当し、クウェート、カタル、バハレーン、アラブ首長国連邦が、イスラームを国教ないしは公式宗教としている。世襲王家は、石油のレントの分配者としてだけでなく、イスラームの教えや価値を重んじる統治者であることを主張してきた。

一方、共和制では、エジプト、リビア、イエメン、イラク（〜二〇〇三年）がこれに含まれるが、この四つの国は、いずれも一九五〇年代から六〇年代にかけての革命による体制転換を経て社会主義へと傾斜した点で共通する。第5章で論じたように、これらの権威主義体制は、国家の安定と国民の平等を重視し、ソ連の支援の下で社会主義的な計画経済を導入した。しかし、あるいは、だからこそ、国民に対して何らかのかたちでイスラーム的な正統性を強調するか、少なくともその統治が「反イスラーム的」でないとアピールする必要があった。当然、こうしたアピールが奏功するとは限らず、次節で見るように、これらの国では、イスラーム主義者の反体制派の台頭が目立つようになった。

なお、このうちリビアでは、一九六九年のカッザーフィー大佐らによるクーデタの後に「ジャマーヒリーヤ」と呼ばれる権威主義体制が確立した。そこでは、憲法が存在しなかったが、カッザーフィー大佐は、イスラームを事実上の国教と位置づけ、アルコールや売春の禁止などイスラーム法に基づくとされる政策を実施した（Pargeter 2011: 83）。

③の「憲法が元首はイスラーム教徒でなくてはならないと規定する」場合には、アルジェリア、チュニジア、シリア、オマーンが当てはまる。これらの国については、こうした「宗教条項」が、世俗主義の採用に対する国内からの反発を受けて設けられたパターンと、体制の成立時より支配エリートの正統性の確保のために設けられたパターンがある。シリアが前者に該当し、アルジェリア、チュニジア、オマーンは後者に含まれる。

シリアでは、一九六三年のバアス党による革命後、社会主義と世俗主義の採用が明確に打ち出されたものの、シリア・ムスリム同胞団をはじめとする国内のイスラーム主義運動の反発を受けた結果、一九七三年に大統領の宗教をイスラームとする「宗教条項」を盛り込む憲法改正が行われた。

一方、アルジェリアとチュニジアでは、独立時の憲法においてシリアと同様の規定が憲法に盛り込まれ（それぞれ一九六三年と一九五六年）、オマーンでは、一九九六年に制定された憲法において国王（スルターン）がイスラーム教徒でなくてはならないことが定められた。なお、これらの国の憲法では、イスラームが国教ないしは公式宗教であることも併せて明記された。

これらの「名目的な宗教国家」は、「宗教条項」の内実にそれぞれ違いはあるものの、支配エリートによる統治の正統性を補完するものとしてイスラームが用いられてきた点で共通する。つまり、「イスラームの道具化」が起こっているのであった（Platteau 2017: 185-264）。

†トルコとレバノンにはなぜ国教がないのか——非宗教国家（世俗主義国家）

統治の正統性の欠如は、第1章で論じたように、多くの中東諸国にとっての大きな問題であった。新たな国家としてイスラームをどのように扱うべきなのか、言い換えれば、政教関係はどのようにあるべきなのか、という問いは、中東諸国の支配エリートが取り組まなければならない課題であり続けた。

だとすれば、トルコとレバノンは、なぜ明確なかたちで世俗主義を打ち出せたのであろうか。結論を先取りすれば、新たな国家として独立する段階で世俗主義を掲げることこそが、統治の正統性につながったためである。

トルコから見てみよう。トルコは、旧オスマン帝国領の一部、帝都イスタンブルを擁する土地に築かれたトルコ人のための国民国家であった。「建国の父」アタテュルクは、後にアタテュルク主義と呼ばれるようになった近代西洋を範とする近代化の理念・原則を掲げ、「ライクリッキ（世俗主義）」という独自の政教分離を実施した。その背景には、トルコ人のためだけの自己完結的な国民国家を建設するためには宗教に基づく多民族国家の時代の制度を残しておけないという事情があった。それを象徴したのが、一九二四年のイスラーム共同体の指導者――全世界のイスラーム教徒にとっての宗教権威の中心――であったカリフの廃止であった（澤江二〇〇五：三六－四四頁；Yavuz 2003: 46-50）。

一方、レバノンはどうであろうか。レバノンも、旧オスマン帝国領の一部、歴史的にキリスト教徒が多く暮らす土地が独立するかたちで誕生した国民国家であった。そこでは、キリスト教徒とイスラーム教徒が宗教・宗派の違いにかかわらず同じ国民となるように、政治と宗教を分離する世俗主義が採用された。ただし、その世俗主義は、「宗派制度」と呼ばれる宗教・宗派を単位とした権力分有を実現するための、世界でも他に類を見ない独特な政治制度が導入されたことで、実態としては「屈折」を含むものとなった。

「宗派制度」では、一七（一九八九年に一八に変更）の公認宗派を定め、それぞれの人口規模に応じた公職（たとえば、国会議員や上級公務員など）の配分がなされた。そこでは、すべての国民が、信仰の度合いとは無関係にいずれかの宗派に帰属することとなったが、その一方で、自らの信仰を政治に反映させてはならないとされた。その意味で、レバノンの世俗主義には「屈折」が見られるのである。

このような複雑な制度が導入された背景には、第一次世界大戦後にこの土地を委任統治下に置いたフランスの意図があった。フランスは、キリスト教徒が多数派になるように国境線の画定を主導すると同時に、少数派のイスラーム教徒との平和的な共存が可能となる世俗主義の国家にしようとした。そこで導入されたのが、宗派間の関係――キリスト教徒の覇権――を固定化する「宗派制度」であった（青山・末近二〇〇九：一四－八頁、末近二〇一三：八一－八三頁）。

このようにトルコとレバノンは、独立時より世俗主義こそが統治の正統性の源であった。そのため、両国は「非宗教国家」、あるいは、「世俗主義国家」となったのである。

4 中東諸国におけるイスラーム主義

†イスラーム主義とは何か

中東諸国における政治と宗教の「結びつき」を考える上で、「宗教条項」と並んで広く注目を集めてきたのが、イスラーム主義である。

イスラーム主義とは、「宗教としてのイスラームへの信仰を思想的基盤とし、公的領域におけるイスラーム的価値の実現を求める政治的なイデオロギー」のことである（末近二〇一八：二）。つまり、政治と宗教の「結びつき」の実現を目指すイデオロギーのことであり、一般に、これを掲げる人びとをイスラーム主義者、社会運動をイスラーム主義運動と呼ぶ。たとえば、ムスリム同胞団、ハマース、ヒズブッラー、アル＝カーイダ、「イスラーム国」などが知られている。

イスラームとイスラーム主義は、似て非なるものである。ある人がイスラーム主義者になるときに、宗教としてのイスラームへの信仰の存在は不可欠であろう。しかし、イデオロギーというものは、本質的に他との比較のなかで合理的・理性的に選択されるものである。イスラーム教徒だからといって、必ずイスラーム主義を選択するのではない。その選択には、世俗主義、社会主義、共産主義、民族主義などとの比較のなかで、自分が生を営む社会や国家を最も良き／善きものにするという評価や判断が必要となる。

つまり、前節で論じたように、オスマン帝国の崩壊によって宗教から民族の時代へと移っていくなかで、イスラーム教徒は、政治と宗教が「どのように結びつくか（あり方）」だけでなく、「結びつけるべきかどうか（是非）」についても考えなくてはならなくなった。そこでは、「結びつき」の解除を掲げるイデオロギーである世俗主義が台頭したが、反対にいっそうの「結びつき」を追求するイデオロギーも生まれた。それこそが、イスラーム主義であった（March 2015: 173-8）。

†イスラーム主義の近代性

しかし、イスラーム主義は、単なる復古主義ではなかった。実際には、イスラーム教徒たちが過去に培ってきた伝統や権威に盲目的にしたがうことなく、イスラームのあり方を自己反省的に問い直すことで、「西洋」や「近代」がもたらした新たな事物との調和が可能となるとするイデオロギーであった。

イスラーム世界が衰退した原因は、イスラームそれ自体にあるのではなく、それを正しく信仰・実践しなくなったイスラーム教徒の姿勢にある。そのため、それまでの過去を踏襲するだけの硬直したイスラーム解釈をあらためれば、イスラームが持つ本来の力が再び発揮されるはずである——こうした考え方は、一九世紀末から二〇世紀初頭の時期に、ジャマールッディーン・アフガーニー（一八三八／三九～九七年）、ムハンマド・アブドゥ（一八四九～一九〇五年）、ラシード・リダー（一八六五～一九三五年）といった思想家によって唱えられ、やがてイスラーム世界の各地へと伝わっていった。これが、その後のイスラーム主義の思想的な支柱となっていった。

第二次世界大戦後に独立を果たした多くの中東諸国では、西洋的近代化が推し進められる一方で、クーデタ、独裁、低開発、内戦、戦争などが頻発した。その結果、イスラーム主義は、単なる個人の内面的な救済としてだけではなく、これらの諸問題を解決するための「処方箋」として、中東の人びとの支持と期待を集めていった。また、一九六七年の第三次中東戦争でのアラブ諸国の大敗は、それまで西洋的近代化への道を指し示してきたアラブ民族主義や社会主義の失墜を決定づけた。こうしたなかで、一九七〇年代以降、イスラーム主義は、西洋的近代化に代わる「もう一つの近代」の実現を目指すイデオロギーとして隆盛していった（末近二〇一八：三六－五四頁）。

†イスラーム主義運動

イスラーム主義を抱える社会運動、すなわち、イスラーム主義運動は、今日では中東の各地で見られるようになったが、その嚆矢は、一九二八年にエジプトで創設されたスンナ派のムスリム同胞団であった。創設者は、ハサン・バンナー（一九〇六～四九年）という高等師範学校の教師であった。

ムスリム同胞団は、結成からのわずか五年間で五〇万人ものメンバーを擁するまでになったが、その強大な力ゆえに、エジプトの歴代政権によって激しい弾圧を受けることとなった。一九四八年には非合法化され、翌年にはバンナー自身も秘密警察の凶弾に倒れた。その後、ムスリム同胞団は、政治の表舞台から去り、長い「冬の時代」を過ごすことを強いられた。

しかし、その間も福祉、医療、教育などの分野で活動を続け、エジプト社会に着実に根を張っていった。そして、二〇一一年の「アラブの春」後に実施された国民議会選挙と大統領選挙では、そうした社会活動の実績とそれを通した動員力を梃子に勝利を収め、再び政治の表舞台に立った（横田二〇〇六：八三―一〇九頁・二〇一九：一八八―九二頁）。

ムスリム同胞団は、中東の各国における後発のイスラーム主義運動にとっての「モデル」となった。その特徴は、明確な思想に基づき、指導者と指導部を持ち、世俗主義の政権と対峙するというものであった。この「モデル」は、各国のイスラーム主義者に参照されるようになり、また、実際にムスリム同胞団の支部が各地に結成されていった。たとえば、ヨルダン、シリア、スーダンには同名の支部がつくられ、パレスチナではハマース、レバノンではイスラーム集団、イラクではイスラーム党といった別名で活動している。

他方、シーア派のイスラーム主義運動については、一九五七年に結成されたイラク・イスラーム・ダアワ党（以下ダアワ党）がその先駆であった。ダアワ党は、イスラーム法学者のムハンマド・バーキル・サドル（一九三五〜八〇年）を中心に、イラクの世俗化を阻止し、イスラームの教えや価値に立脚したイスラーム国家の建設とイスラーム法学者による統治の確立を目指した。そのため、世俗主義や社会主義を掲げる時の政権によって激しい弾圧を受け、一九八〇年にはサドル自身が逮捕・処刑される事態となった。

しかし、ダアワ党は、その後の長く過酷な弾圧の時代においても国内外でイラク最大の反体制派としての活動を続け、シーア派住民を中心に支持基盤を維持し続けた。そして、二〇〇三年のイラク戦争後に実施された選挙で勝利を収め、政権の座に着くことに成功した(山尾二〇一一)。

†過激派の問題

一九七〇年代には、イスラーム復興の気運を追い風にして、中東諸国で無数のイスラーム主義運動が結成された。当時、ほとんどの中東諸国が「名目的な宗教国家(世俗国家)」ないしは「非宗教国家(世俗主義国家)」であったことから、イスラーム主義運動は各国で反体制派としての「定位置」を占めることになった(なお、「実質的な宗教国家」であるサウジアラビアにおいても、イスラーム主義運動の反体制派は存在した。その背景には、世俗主義ではなく、国家が体現するイスラームのあり方をめぐる解釈の違いがあった)。

しかし、中東諸国は権威主義体制の「宝庫」であったため、イスラーム主義運動は、選挙や議会を通して自らの要求を自由に訴えることができず、厳しい取り締まりや激しい弾圧の下での活動を余儀なくされた。その結果、体制に対する武装闘争も辞さない過激なグループが生まれることになった。

たとえば、エジプトでは、ムスリム同胞団に対する厳しい取り締まりや弾圧が実施されていたことから、一九八一年にサダト大統領を暗殺したジハード団や一九九〇年代に外国人観光客への襲撃を繰り返したイスラーム集団などの分派が生まれた（横田二〇〇九：六四―八頁）。

こうしたなか、イスラーム主義運動にとっての大きな「勝利」となったのが、前節で論じた一九七九年のイラン・イスラーム革命であった。西洋的近代化と世俗化を徹底した君主制型の権威主義体制が、ホメイニー率いるイスラーム主義運動が主導した革命によって崩壊したのである。イスラーム主義運動は、この「勝利」を追い風に、一九八〇年代には中東の各地で活動を拡大するようになった。

†イスラーム主義運動のタイプ

中東の各国で結成されたさまざまなイスラーム主義運動は、政治と宗教の「結びつき」の実現という目標を共有しながらも、その戦術の違いからいくつかのタイプに分類することができる（表5‐2）。

まず、大分類は、いわゆる穏健派と過激派である。先に述べたシュウェドラーの議論を敷衍すれば、穏健派は、「現行の政治システムのなかでの活動を通して漸進的で非暴力の変化を達成しようとする営為」を、一方、過激派については、「主に体制や場合によっては市民に対する政治的暴力の行使を通して急速な変化を達成しようとする営為」を、それぞれ特徴とする（Schwedler 2020: 370–1）。

表５－２：イスラーム主義運動のタイプ

穏健派	①社会活動 ムスリム同胞団、ハマース、ヒズブッラー
	②政治活動（イスラーム政党） ムスリム同胞団（自由公正党、2011～3年）、ダアワ党（2003年～）、ハマース（2004年～）、ヒズブッラー（1992年～）、ナフダ党（2011年～）、イスラーム救済戦線（1989～91年）
過激派	①権威主義体制下の革命運動 ジハード団、イスラーム集団
	②外国軍の占領下での抵抗運動 ハマース、ヒズブッラー
	③トランスナショナルなテロ組織 アル=カーイダ

出典：Schwedler 2020を参考に著者作成

ここで注意すべきは、穏健派と過激派の間の戦術の違いは、それぞれのイデオロギーの違いによってあらかじめ決まっていることもあるが、ほとんどの場合、イスラーム主義運動を取り巻く政治環境の違いから生じることである。

神の教えであるクルアーンの言葉は絶対であり不変である。だが、先に述べたように、人間は本質的に不可知である神の意思を限られた力で解釈し続けるしかなく、その結果、多種多様なイスラーム解釈が生じることになる。

そのため、イスラーム主義運動は、イスラームの教えや価値観を反映させることを目指す上で、時代や地域によってその戦術だけでなく、反映させるべき教えや価値の内実すら変化させることがある。

つまり、イスラーム主義運動を分析する際には、宗教が政治を動かすという見方だけでなく、政治によって宗教（の解釈）が変わるという現実を見据える必要がある。言い換えれば、政治と宗教の「結びつき」を考える際には、宗教を独立変数としてだけでなく、従属変数としても見ることを通して「そもそもイスラームだから」といった本質主義的な説明——わかったつもりになる怪しげな説明——を斥けていかなくてはならない（Lee 2014: 1-36）。

イスラーム主義運動の変化を従属変数とする説明の一つに、「包摂―穏健化」仮説と呼ばれる議論がある。権威主義体制下において、政権の側が選挙の実施や政党の認可などに踏み切ることで「包摂」の姿勢を見せれば、イスラーム主義運動の戦術やイデオロギーも「穏健化」する、という仮説である。これも、穏健派と過激派の違いが固定的なものではなく、政治環境に応じて変化することを前提とした議論であると言えよう（Schwedler 2006: 1-33）。

こうした政治と宗教の関係を一方的ではなく双方向的なものとする考え方を踏まえながら、以下では、イスラーム主義運動の穏健派と過激派の戦術とイデオロギーの実態をそれぞれ順番に見てみよう。

†穏健派の戦術

穏健派のイスラーム主義運動の典型は、先に述べたエジプトのムスリム同胞団（および各国の支部）とイラクのダアワ党である。穏健派は、政治的暴力の行使を拒否する。そして、モスク（礼拝所）の設置・運営や医療、福祉、教育、出版、労働組合などの社会活動を実施すると同時に、選挙が実施されている場合にはイスラーム政党として活動することで、現行の政治に「漸進的で非暴力の変化」をもたらそうとする。イスラーム政党とは、イスラーム主義に基づく政党であり、政治と宗教の「結びつき」の実現を公然に掲げることを特徴とする。

穏健派のイスラーム主義運動が社会活動と政治活動のどちらを重視するかは、それを取り巻く政治環境によって左右される。具体的には、政権による取り締まりや弾圧の下では、運動自体が非合法化されるか、そうでなければ、社会活動のみが許可されることがほとんどである。

たとえば、エジプトのムスリム同胞団は、サダト政権とムバーラク政権の約三〇年間を通して社会活動のみが許可され、イラクのダアワ党は、一九六八年のバアス党政権の成立後に非合法化されたが、一九九〇年代には一部の元メンバーによる活動が是認されるようになった。いずれも、後で述べるように少数の過激派の分派が見られたものの、政治活動を凍結することで政権との直接対決を避け、さまざまな社会活動の実施に徹した。

こうした穏健派のイスラーム主義運動に大きな変化をもたらしたのが、二〇一一年の「アラブの春」であった。抗議デモ自体は、イスラーム主義とは関わりのない、不正義や不公正の是正を求める一般市民によって起こされたものであった。しかし、チュニジア、エジプト、リビア、イエメンといった体制転換を経験した諸国でも、あるいは、シリアやバハレーンといった権威主義体制が動揺しただけの諸国でも、「アラブの春」では、そこで暮らす人びとが自由に意見を表明できるようになり、政治と宗教の「結びつき」を再び求める声を上げるようになった（Brown 2017: 11-22）。

特に体制転換後に選挙が実施されるようになった諸国では、イスラーム主義運動の多くがイスラーム政党を結成することで、政教関係に「漸進的で非暴力の変化」をもたらそうとした。チュニジアでは、二〇一一年に反体制派の最大勢力であったナフダ党が、一方、エジプトでは、二〇一二年にムスリム同胞団を母体とする自由公正党が、それぞれ議会選挙と大統領選挙で勝利した。

†イスラーム政党の苦難

しかし、イスラーム主義者が主導した新政権は、執政経験の不足から短命に終わった。チュニジアでは、ナフダ党が二〇一四年の選挙で早くも敗北を喫し、エジプトでは、自由公正党が、二〇一三年の軍によるクーデタによって失脚した。その背景には、両党が、旧体制派や世俗主義者との関係調整に難航し、また、性急な「政治のイスラーム化」を追求する杜撰(ずさん)な執政によって一般市民の支持を失ったことがあった（白谷二〇一九：五九―六六頁、横田二〇一九：一九三―七頁）。

イスラーム主義者が政権運営に挫折した背景には、国際的な支持を得られなかったこともあった。特に一部の欧米諸国は、選挙という民主的な手続きを経て成立したイスラーム主義政権を、「イスラームは民主主義と相容れない」という理由で政治的にも経済的にも冷遇した。民主主義の「先進国」を自負する欧米諸国は、イスラーム主義者による民主主義よりも世俗主義者による権威主義を歓迎したのである。そこには、イスラーム主義者、あるいはイスラームそれ自体に対する根強い不信感や警戒感が見え隠れしていた。

こうした欧米諸国の姿勢は、「アラブの春」以前から見られていた。一九九一年のアルジェリアの選挙におけるイスラーム救済戦線の勝利や二〇〇五年のパレスチナ自治政府の選挙におけるハマースの躍進など、中東では民主化が起こればイスラーム主義者が台頭するという現象は繰り返し起こっていた。しかし、アルジェリアでは、軍によるクーデタを旧宗主国のフランスが事実上支持したことによって、パレスチナでは、国家財政の生命線であった経済援助を欧米諸国が停止したことによって、それぞれイスラーム主義政権は崩壊に追い込まれた。その結果、穏健派から急進派の分派が生まれ、それぞれの国民を二分するような激しい武力衝突が発生した（末近二〇一八：一六一－一六頁）。

†過激派の戦術

過激派のイスラーム主義運動についても、政治的暴力の行使という特定の戦術を選択した背景には、穏健派と同様に、それを取り巻く政治環境の変化があった。そのパターンは、次の三つに大別される――①権威主義体制下の革命運動、②外国軍の占領下での抵抗運動、③トランスナショナル（越境的）なテロ組織（Lee and Shitrit 2020: 194-9; Mandaville 2020）。

①権威主義体制下の革命運動は、政権による激しい弾圧や取り締まりによって、穏健派から分派するかたちで生まれることが多い。エジプトのムスリム同胞団から分派したジハード団やイスラーム集団が、それに該当する。両運動の思想的な支柱となったのが、ナセル政権下で逮捕・投獄されていたムスリム同胞団のメンバーの一人、サイイド・クトゥブ

（一九〇六～六六年）であった。クトゥブは、現代を「神の主権（ハーキミーヤ）」が欠如した「無明時代（ジャーヒリーヤ）」と捉え、イスラーム法に基づく統治の回復こそが、さまざまな社会問題の解決につながると説いた。この思想の影響を受けた一部のイスラーム主義者たちは、神の主権を確立するための体制打倒を掲げ、政治的暴力に訴えるようになった（横田二〇〇九：六四－八頁）。

②外国軍の占領下での抵抗運動の典型は、一九八〇年代に結成されたパレスチナのハマースやレバノンのヒズブッラーである。両運動は、政治的暴力の行使という点では①の権威主義体制下の革命運動と違いはなく、「敵」に対する自衛のための「やむを得ない戦術」として「自爆テロ」――「殉教作戦」と呼ばれる――を採用した。

しかし、政治環境では①の革命運動と大きな違いがあり、レバノンもパレスチナもイスラエルによる占領下に置かれていた。外国軍の侵略に対しては、通常であれば、国家が擁する正規軍が対峙するはずであるが、パレスチナは、そもそも独立国家ではなかったことから軍を持たず、レバノンは、一九七五年からの内戦下にあったため軍は機能不全に陥っていた。つまり、こうした本来であれば国家が担う機能を補完するために、ハマースやヒズブッラーは抵抗運動として誕生・発展したのである。

このような軍事的な非対称性のなかで、「自爆テロ」は、中東最強を誇ったイスラエル国防軍との圧倒的な戦力を前にして編み出された「弱者の武器」として、戦術的・イデオロギー的に正当化されていった（末近二〇一三：四八－七四頁）。

†トランスナショナルなテロ組織の登場

③トランスナショナルなテロ組織の誕生の背景となった政治環境は、①の革命運動が置かれていたものの延長線上にある。すなわち、権威主義体制に対する革命運動が取り締まりや弾圧によって挫折した結果、拠点を国外へと移すことを余儀なくされ、それに伴い、運動の戦術やイデオロギーに変化が生じたのである。

この③のテロ組織の典型が、二〇〇一年の9・11事件を起こしたアル＝カーイダであった。中東から遠く離れたアメリカで、民間の旅客機をハイジャックし、無垢の一般市民が働く世界貿易センターと国防総省に突入するという非道な行為を、その首領ウサーマ・ビン・ラーディン（一九五七～二〇一一年）は、アメリカによるイスラーム世界に対する政治的・軍事的・経済的・文化的攻撃に対する自衛的な措置であると主張した。

アル＝カーイダは、次の二つの点において、それまでの過激派と性格を異にしていた。

第一に、トランスナショナル性である。それまでのイスラーム主義運動が主に特定の国家内で活動していたのに対して、アル＝カーイダは――当初はアフガニスタンの山岳地帯を拠点としていたものの――世界全体を作戦行動範囲とした。また、メンバーについても、インターネットを駆使してイデオロギーを世界に拡散し、人種や国籍を問わずさまざまな国や地域からリクルートした。

第二に、政治的暴力の自己目的化である。それまでの過激派は、自らが生を営む国家での「政治のイスラーム化」という目的を掲げ、政治的暴力はあくまでもそのための手段の一つとしていた。これに対して、アル＝カーイダは、9・11事件が象徴したように、自らの生とかけ離れたアメリカを攻撃すること自体を目的としていた。そのため、自死を厭わぬ「自爆テロ」も、軍事的な非対称性のなかで選択された戦術というよりも、自らの信仰世界の内での自己満足的な行為に過ぎなかった。（末近二〇一八：一三四―六頁）。

5 「宗派対立」の虚像と実像

†「宗派対立」とは何か

中東における政治と宗教の「結びつき」に関わる問題として、近年特に話題にされてきたのが、「宗派対立」である。よく知られているように、イスラームには、大きく分けてスンナ派とシーア派の二つの宗派がある。イラクやシリア、バハレーン、イエメンなどの政治対立や内戦を説明するときに、この「宗派対立」という言葉が用いられることが多い。たとえば、イラクでは、スンナ派のフサイン政権の旧体制派とシーア派の新政権が、シリアでは、シーア派のアサド政権とスンナ派の反体制派が、それぞれ宗派が違うことから対立している、と説明される。

しかし、中東政治学では、こうした「宗派対立」による説明には多くの問題があると考えられている。それは、端的に言えば、宗派の違いが政治対立や内戦を引き起こすという、一方的かつ単線的な因果関係を惹起するからである。

実際には、先に述べたように、宗教を単なる独立変数とするのではなく、従属変数としてこの現象を見る必要がある。すなわち、宗派が政治対立を生むのではなく、政治対立が宗派間の関係や各宗派の信仰や思想、イデオロギーを変化させることが少なくない（Sakai and Suechika 2020）。

†きっかけとなったイラク戦争

スンナ派とシーア派のそれぞれの信徒は、実は同じムスリムとしてのアイデンティティを共有している。宗派は違っても、相互の存在を承認・尊重するというのが一般的なイスラーム教徒の立場である。スンナ派とシーア派の違いは、イスラーム共同体のあり方と、その根拠となる歴史をめぐる認識の違いにあるに過ぎない。むしろ、宗派の違いをめぐって対立することは、イスラームの歴史においてはタブーとされてきた（末近二〇一八：六九－七二頁）。

にもかかわらず、イラク、シリア、イエメンなどの一部の中東諸国で宗派を単位とした対立が起こるのはなぜなのか。

第二次世界大戦後の中東諸国において、宗派の違いがそれぞれの国内での階級や権力をめぐる対立構図と重なることはあった。しかし、それが、「宗派対立」として政治的暴力の応酬に発展するきっかけとなったのは、二〇〇三年のイラク戦争とその後の内政の混乱であった（酒井二〇一九：二一－六頁）。

そこでは、次の二つの面において、政治対立が宗派の違いに沿って展開されるようになった。

第一に、フサイン政権崩壊後のアメリカ主導の占領統治下で、スンナ派、シーア派、クルド人の宗派や民族を単位とした利権配分がなされたことがあった。その結果、国内の権力闘争は宗派や民族の違いに沿って認識されるようになった。つまり、内面の信仰として宗派へのこだわりがなくとも、誰もが宗派別の利権配分に関心を持たざるを得なくなった。

第二に、宗派を単位とした政治的暴力の深刻化によって悪化した治安に対応するために、イラクの新政権が、宗派を異にする部族を基盤とする治安部門を新たに創設したことがあった。自警団として創設された覚醒評議会や、「イスラーム国」に対抗するための義勇兵や民兵組織から構成された人民動員隊は、実質的には宗派別の編成がなされた。

重要なのは、これらが本来的にはイラク国内の権力闘争に過ぎないものであったにもかかわらず、あたかも信仰や思想、アイデンティティを争点とした世界観闘争のようになってしまったことである。暴力の応酬が続くことで、人びとはただ宗派が違うというだけで相手を敵として憎悪しがちとなる。そして、政権やさまざまな勢力が、権力闘争を勝ち抜くために、そうした憎悪を利用して人びとを動員していく。その結果、人びとは、自身の宗派への帰属意識を強め、それを代表（しようと）する政権やさまざまな勢力を支持するようになる——こうした悪循環は、政治対立の「宗派化」と呼ばれる（Hashemi and Postel 2017）。

†イスラーム主義運動と「宗派化」

この政治対立の「宗派化」が拡大した結果、バハレーン、イエメン、シリアなどでも、イラクと同様の現象が見られるようになった。これらの国では、「アラブの春」をきっかけに政治的暴力を伴う権力闘争が発生していただけでなく、複数の宗派が存在するという共通点があった。これに対して、エジプトやチュニジア、リビアでは、スンナ派が圧倒的な多数派を占めていたため、「宗派化」が起こりにくい政治環境にあった。

バハレーンでは、「アラブの春」において君主制型の権威主義体制に対する抗議デモが起こったが、その中心的な役割を担ったのが、シーア派のイスラーム主義運動・政党のウィファークであった。これに対して、スンナ派の世襲王家は、自派のイスラーム主義運動を糾合した国民統一会合を結成し、これに対峙させる戦略を採用した。イエメンでも、スンナ派出身の大統領率いる新政権に対して、シーア派のイスラーム主義運動、通称フーシー派が気勢を上げた。

中東諸国のなかでも、スンナ派とシーア派のイスラーム主義運動が最も激しく衝突したのが、シリアであった。シリアでは、反体制派のなかからスンナ派の「シャームの民のヌスラ戦線（二〇一七年にシャーム解放機構に改名）」や「イスラーム国」などの過激派が台頭した。これに対して、アサド政権は、同盟国イランのイスラーム革命防衛隊や隣国レバノンのヒズブッラー――いずれもシーア派――の軍事支援を受けながら応戦した。その結果、シリアの地で、スンナ派とシーア派、それぞれのイスラーム主義運動同士がぶつかる激しい戦闘が繰り広げられることとなった。

このように、バハレーン、イエメン、シリアでの政治的暴力は、本質的には国内の権力闘争として始まった。しかし、結果として、スンナ派とシーア派に陣営が分かれたことで、政治対立の「宗派化」が起こったのである。

†なぜサウジアラビアとイランは対立するのか

バハレーン、イエメン、シリアで発生した政治的暴力には、もう一つ共通点があった。それは、スンナ派とシーア派のそれぞれの宗派の盟主を自認するサウジアラビアとイランが、これらの国の政権やイスラーム主義運動を支持・支援したことであった。そこには、第3章で論じた中東の紛争の「同心円」構造——国内、域内、国際の三つのレベル——を見ることができる。両国は、中東の域内のレベルにおける競合にあった。

ただし、サウジアラビアとイランの対立は、スンナ派とシーア派の信仰上の違いを争点としていたわけではなく、実際には、中東以外の地域における国家間関係と同様に、軍事力を背景とした安全保障上の相互不信と脅威認識によるものであった。

きっかけとなったのは、一九七九年のイラン・イスラーム革命であった。この革命によって、イランが反米姿勢を鮮明にしたこと、そして、「正統」なイスラーム国家を標榜したことが、中東におけるアメリカの同盟国であり、イスラーム世界における「二聖都の守護者」を自認していたサウジアラビアに強い警戒感を抱かせた（末近二〇一六）。

こうして起こった両国の対立は、直接戦火を交えることはなかったものの、それゆえに、イラク戦争や「アラブの春」によって中東の政治的不安定が拡大するとともに、外部介入を通した代理戦争へと発展していった。サウジアラビアとイランは、イラク、レバノン、バハレーン、イエメン、シリアの国内にそれぞれ「代理」をつくり、支持・支援をした。

その際の「代理」の選好において、シーア派とスンナ派という宗派の違いが規定要因の一つとなった。すなわち、イランは同じシーア派を、他方、サウジアラビアはスンナ派をそれぞれ「代理」に選ぶ傾向があった。そこには、歴史的な同盟関係や利益の共有が存在する場合もあるが、宗派を同じくすることで効率的な動員が容易になるという事情もあった。

しかし、ここであらためて強調すべきは、政治対立が「宗派対立」を惹起するのであって、その逆ではない、ということである。宗派の違いが宿命的・不可避的に対立を生むという「宗派対立」論は、こうした現実を的確に表していないだけではなく、後で詳しく述べるように、宗派の違いを争点にして残虐な行為を繰り返す過激なイスラーム主義者に利用されることで、結果的に政治対立の「宗派化」を助長する危険性がある（Gause 2014）。

†「宗派対立」と「イスラーム国」

宗派の違いそれ自体を明確に対立の争点としたのが、過激派の「イスラーム国」であった。「イスラーム国」は、自らが奉じるスンナ派以外の宗派を「不信仰者」や「背教者」と見なす独善的なイスラーム解釈を振りかざした。そこには、タブーであるはずの他宗派への攻撃を「真のイスラーム」を回復するための義務とする、転倒した解釈が見られた。

このような宗派の違いへの異常なまでのこだわりを見せた「イスラーム国」ですら、しかしながら、スンナ派とシーア派の「宗派対立」ではなく、中東における政治対立の「宗派化」の結果として生まれたものであった。

その起源は、先に述べた二〇〇三年のイラク戦争まで遡る。戦後に設置されたアメリカ主導の連合国暫定当局（CPA）が、スンナ派を中心とした旧体制派の幹部たちを公職追放したことから、同派の住民は、シーア派のダアワ党が強い影響力を持つようになった新政権とその後ろ盾であったアメリカへの不満を募らせた。同じ時期、アメリカを敵視していたのが、スンナ派のアル＝カーイダであった。アル＝カーイダは、二〇〇四年、イラクの地でアメリカと戦うために世界中から参集した「義勇兵」とともに「二大河の国（イラクの意）のアル＝カーイダ」を結成していた。この旧体制派の幹部たちと「二大河の国のアル＝カーイダ」という二つの勢力は、同じスンナ派であるだけでなく、アメリカを後ろ盾とするシーア派主導の新政権を「共通の敵」とすることで次第に歩調を合わせるようになり、二〇〇六年に「イラク・イスラーム国（ISI）」という新たな運動を結成した（ムバイヤド二〇一六：一三五－五〇頁）。

このように、戦後のイラクにおけるアメリカとの関係を軸とする政治対立が宗派の違いに沿って展開されたことで、宗派の違いそれ自体を争点とする過激派を生み出すこととなったのである。

その後、「イラク・イスラーム国」は、イラクの新政府の治安対策の強化によって劣勢に追い込まれたものの、二〇一一年に発生した内戦によってシリア領内に生じた「統治されない空間」に実効支配地域を築き、そこを拠点に世界中から資金、武器、「義勇兵」を集めることで急速に勢力を拡大させた。そして、二〇一四年、「イスラーム国」を名乗る「国家」の独立を宣言するに至った。

シリア内戦において、「イスラーム国」は、シーア派の住民だけでなく、同派の聖地や聖廟までをも激しく攻撃する一方、スンナ派が多数派の都市を奪取した際には、同派の住民によって歓迎されていることを喧伝するなど、宗派間の憎悪を煽ることで動員力を強めていった（Hassan 2016）。

†ローカルとグローバルの接続

「イスラーム国」は、先に述べた三つの戦術の特徴のすべてを備えた過激派であった。「イスラーム国」には、この三つの戦術のうち、まず、①権威主義体制下の革命運動と②外国軍の占領下での抵抗運動の両方の特徴が見られた。すなわち、①二〇〇三年のイラク戦争後に成立した新政権に対する革命運動としての性格を持ち、なおかつ②アメリカ軍の駐留に対する抵抗運動としての活動を展開していた。その意味において、当初の「イスラーム国」は、イラクという国民国家内のローカルな過激派であった。

しかし、それがかつての革命運動や抵抗運動と異なったのは、イラクとシリアの体制打倒を達成しないまま実効支配地域を獲得し、そこに一方的に「国家」の建設を宣言したことであった。それが可能となったのは、両国が紛争によって「弱い国家」の問題を露呈していたからであった。

紛争によって生じた「統治されない空間」に組織犯罪集団や反乱軍が勃興する現象は、中東だけでなく世界の各地で観察されており、その意味において、「イスラーム国」が「国家」を宣言したことを特別視する必要はない。しかし、その「国家」が単なるローカルな存在はなく、次の二つの点においてグローバルを志向していたことには注目しておく必要がある。

第一に、「イスラーム国」は、二〇一四年以降、イラクだけでなく、他の中東諸国、さらには、欧米諸国にまでテロ活動を拡大した。つまり、③のトランスナショナルなテロ組織としての戦術を採用したのである。特に二〇一五年から一六年にかけて、フランス、ベルギー、ドイツ、イギリスといったヨーロッパにおいて、一般市民を狙った無差別なテロ活動を活発化させた。

第二に、この第一の点においては、かつてのアル=カーイダと共通しているが、両者の間には違いもあった。それは、アル=カーイダが特定の国家に拠点を持たなかったのに対して、「イスラーム国」がイラクとシリアの一部というローカルな地域に「国家」を築いていたことである。そして、その「国家」は、ただ（スンナ派の）イスラーム教徒であることだけを「国民」の要件とすることで、世界中のすべての人びとに対するリクルートを試みた。これは、国民国家という今日の世界のスタンダードとなっている国家のあり方への挑戦でもあった（末近二〇一七：一七五－九五頁）。

＊

以上、本章では、中東において宗教が政治にさまざまなかたちで影響を与えてきた実態を見てきた。そこでは、かつての世俗化論の想定に反して、国家の側が、統治の正統性のために宗教を必要とする場合もあれば、社会の側が、イスラーム主義運動のようなかたちで政治と宗教の「結びつき」を求める場合もあった。

そのため、中東政治における政教関係を理解するためには、欧米諸国を範とする世俗化を前提とするのではなく――世俗化の不在を問うのではなく――、そこに確かに存在する政治と宗教の「結びつき」がどのようなダイナミズムを持っているか、そして、翻って、その「結びつき」が政治や宗教をどのように変えているのか、丁寧に見ていく必要がある。

イスラームは、そもそも中東に限定された宗教ではない。中東以外にもイスラーム教徒が多数派を占める国は無数に存在しており、そこでは、中東とは異なる政教関係が観察される。そのため、「そもそもイスラームだから」（あるいは、「イスラームにもかかわらず」）といったイスラームを独立変数とする通俗的な見方には、強い説明力を見いだすことはできない。

イスラーム主義やイスラーム主義運動を見る際にも、同様のことが言える。宗教へのこだわりが強いほど他宗教に対して不寛容・暴力的になると思われがちである。しかし、本章で見てきたように、過激派にせよ、「宗派対立」にせよ、宗教は常に独立変数であるとは限らない。むしろ、政治の側が宗教を変える、言い換えれば、従属変数になることも少なくないのである。

終　章

国際政治のなかの中東政治

緊急開催されたアラブ連盟の首脳会合。イラン問題が協議された。サウジアラビア、マッカ。

（新華社／アフロ、2019年5月31日）

中東の国家、独裁、紛争、経済、宗教に関わるさまざまな問題――その原因は、中東という地域が抱えてきた固有の事情、たとえば、イスラームや石油の存在にあると考えられがちである。

しかし、本書を通して見てきたように、国家の形成、権威主義体制の持続、戦争や内戦の発生、石油と経済発展の関係、政治と宗教の「結びつき」のいずれについても、中東以外の地域に対して用いられる一般的な説明でわかることは少なくない。だとすれば、中東政治の「なぜ」を「理解する」ための第一歩は、中東を最初から常識の通用しない特殊な地域だと必要以上に身構えないことであろう。その意味において、本書で論じてきたことは、マスメディアやアカデミア（学界）で語られがちであった、テーマ別のさまざまな中東例外論の見直しに他ならない。

今日の世界において中東は必ずしも例外的な地域ではない――このように言うことができるのは、それが説明の仕方をめぐる単なる認識によるからではなく、中東政治の現実に裏付けられているからである。世界で起こっていることは中東でも起こりうるし、中東で起こっていることは世界でも起こりうる。こうした現実は、本書の各章で繰り返し描かれてきた。つまり、中東は、歴史的に見ても「閉じられた地域」などではなく、一つの個有の地域を形成しながらも、世界に対して「開かれた地域」であり続けてきた（末近二〇一四）。

そこでこの終章では、国際政治のなかの中東政治と題して、国際関係論（ＩＲ）の知見を参照しながら、今日の世界における中東という地域の位置づけとその変化を確認してみたい。この作業は、これからの時代において、世界が中東にどのように向かい合っていけばよいのか、さらには、中東とは何かについて考えていくことでもある。

1　中東政治と国際政治の関係を規定するもの

†流動的な主従関係

中東政治と国際政治はどのような関係にあるのか。この問いについて、中東政治学では、伝統的に二つの考え方があった（Valbjørn 2015）。

一つは、中東で起こることは国際政治の力学によって規定されている、とする考え方である。たとえば、Ｌ・Ｃ・ブラウンは、中東を「今日の世界において最も国際関係が透徹したサブシステム」とし、「外部の政治システムとの継続的な対峙のなかで存在するもの」と捉えていた。いわば、国際政治を「主」、中東政治を「従」とする見方である

(Brown 1984: 5)。

もう一つの考え方は、これとは反対に、中東政治は、国際政治からの影響をあまり受けておらず、あくまでも中東諸国の国家間関係によって規定されている、という議論である。L・バインダーは、冷戦期の中東には米ソの東西対立を前提とした諸政策は通用しないとし、中東諸国には各国の利益にしたがった個別の地位と行動があることを強調した(Binder 1958: 427)。

どちらがより正確に現実を捉えているのであろうか。実際のところ、近年の研究では、両者のバランスを重視する折衷的な考え方が主流となっている。つまり、中東諸国が域外の諸国(特に超大国)からの影響を受けてきたことは確かであるが、だからといって、常に受動的な地位にあったわけではない、という考え方である(Ismael and Perry 2014: 3-38; Hinnebusch 2015; Fawcett 2019)。

事実、中東における国家や非国家主体は、域外の諸外国の影響を巧みに飼い慣らしながら、自国の利益の増大に利用しようとしてきた。そのため、国際政治の側が中東政治からの影響を受けることも少なくない。たとえば、F・ハリデーの名著『国際関係のなかの中東――権力・政治・イデオロギー』は、冷戦期の国際政治と中東政治の関係は主従関係として把握できるが、「どちらが主であったかについては明確ではない」と論じている(Halliday 2005: 286)。

†国際システム

このような国際政治と中東政治の間の動的で複雑な関係を理解するための手がかりとなるのが、国際政治を構造と主体からなる一つのシステムと捉える「国際システム」の理論である。すなわち、国際政治の構造はそれを構成する国家とその相互関係から形成されており、反対にその構造が国家の行動を規定する、という理論である（ウォルツ二〇一〇）。これは、国際関係論においてネオリアリズム（新現実主義）の知見の一つである。

詳しく見てみよう。国際政治は、国内政治のような政府を頂点とした権力の秩序を持たないため、本質的に無政府（アナーキー）である。ただし、無政府状況は無秩序を意味しない。こうした状況下で、政府の代わりに階層的（ヒエラルキー的）な秩序を形成するのは、自助による生存を至上とする国家とその相互関係から構成される構造である。たとえば、国家は、自国の安全保障を確保するために、軍備増強をしたり、外交を通して他国との同盟関係を築こうとする。

この構造は、常に一定のかたちをとるわけではない。それは、国家という主体の相互関係――「能力の分布状況」と呼ばれる――が変化すれば、構造自体も変化するからである。

国家間の同盟関係の成立や解消が国際政治の構造全体に影響を及ぼすことは、経験的にもよく知られている。

その際、特に大きな変化を与えるのが大国の数である。新たな大国が勃興したり、あるいは、既存の大国が衰退したりすれば、他の諸国も生存のためにはそれまでの戦略——たとえば、バランシング（勢力の均衡を目指すこと）やバンドワゴニング（勝ち馬に乗ること）など——を練り直さなくてはならなくなる（Walt 1987）。その結果、国家間の相互関係は変化し、さらには、構造自体も変化を余儀なくされる。

国際政治学者K・ウォルツは、大国を国際政治の「極」と捉え、その数の違いにしたがって生じる国際システムの変化のパターンを論じた（ウォルツ二〇一〇）。以下では、この議論を参照しながら、国際政治と中東政治の関係とその変化を見通してみよう（Lynch 2019: 311-5）。

†多極から二極構造へ

中東諸国を含む国際政治の構造は、この「極」の数の違いにしたがえば、歴史的に①多極（一九世紀末から二〇世紀初頭）、②二極（一九四五～九一年）、③単極（一九九一～二〇〇〇年代末）、④無極（二〇一〇年代初頭～）の順番で推移してきた。

中東には歴史的に「極」となりうる大国が存在してこなかったため、各国は米ソに代表される域外の超大国の動向に応じて行動を選択しがちとなる。しかし、中東諸国もそれぞれの構造をかたちづくる主体に他ならず、その行動が大国の動向や国際政治の全体に影響を与えてきた。先に述べたように、中東政治と国際政治の関係は、固定的な主従関係ではなく、相互の作用を中心に見ていかなければならない。

①多極構造は、一九世紀末から二〇世紀初頭に西洋列強の覇権争い、すなわち、第1章で論じた「東方問題」が展開された時期に見られた。英仏独露、そして、オスマン帝国といった複数の大国が競合し二度の世界大戦を引き起こすことで、多くの諸国が消滅する一方で、新たな国家が次々に誕生していった時期であった。このような多極構造に伴う不安定な状況が生じたことで、中東では、オスマン帝国が崩壊し、国民国家としての中東諸国が形成されていった。

②二極構造は、第二次世界大戦後の米ソによる冷戦の開始によって顕在化した。独立から間もない脆弱な中東諸国は、その生存を確実なものにするため、米ソのいずれかに接近していった。米ソとの同盟関係、そして、それぞれからの軍事や経済の面での支援を得ることで、国家としての能力と正統性を強化しようとしたのである。

それを象徴したのが、エジプト、シリア、イラクなどで共和革命によって成立した新政権がソ連との外交関係を強化し、社会主義的な計画経済を導入したことであった（第4章）。こうした中東での動きに対して、米ソの両超大国は、各国との同盟を通じて勢力圏の拡大を試み、その結果、北イエメンやレバノンの内戦を発生・激化させたり（第3章）、「アラブ冷戦」と呼ばれた中東を二分する諸国間の競合――親米の君主制と親ソの共和制の諸国間の対立――を助長した（Kerr 1965）。しかし、「冷戦」の表現が示唆するように、米ソ二つの超大国の対立を基調とする二極構造には、中東に破滅的な不安定が生じるのを抑止した面もあった（Gaddis 1992: 204）。

むしろ、ここで注目すべきは、一九八〇年代以降、中東諸国の行動が反対にこの二極構造を揺るがすようになったことである。特に一九七九年のイラン・イスラーム革命と一九九〇年の湾岸危機の二つの事件は、いずれも米ソに冷戦の東西対立を前提としない行動を選択させることとなった。

前者のイラン・イスラーム革命について言えば、ソ連が、アメリカとの緊張が高まる危険を厭わず、アフガニスタンへの軍事侵攻に踏み切った。その目的は、イランでの革命が自国領内のイスラーム教徒が多数派を占める地域へと波及することを阻止するための「防波堤」を築くことであった。ソ連は、アメリカと同等、あるいは、それ以上に、イランを脅威と見ていたのである。

後者の湾岸危機では、イラクがクウェートの併合を一方的に宣言したことを受けて、米ソが冷戦の対立を超えて「多国籍軍」を結成し、その軍事的な解決――「クウェートの解放」――に踏み切った。米ソの緊張緩和は一九八〇年代末には進んでいたが、冷戦終焉に向けた最終局面の舞台となったのは、他ならぬ中東であった（末近二〇一三：一〇五－一一一頁）。

†脆かった単極構造

③単極構造は、一九九一年のソ連の崩壊によってアメリカが唯一の超大国となったことで立ち現れた。中東でも、特にソ連との同盟関係にあったシリアや南イエメンといった諸国が生存のための新たな行動を模索せざる得なくなり、多国間の協調の機運が醸成されていった。

それを象徴したのが、一九九一年に開始されたパレスチナ問題の解決に向けた中東和平プロセス、そして、その一つの結実である一九九三年のオスロ合意（パレスチナ人による「暫定自治政府原則の宣言」）であった。同合意では、ソ連と密接な関係にあったＰＬＯとアメリカの同盟国イスラエルとの間で、和平に向けての共同姿勢をとることが確認された。

しかし、この単極構造による安定は、翻って、中東を震源とする国際政治の変化の衝撃によって大きく揺らぐこととなった。二〇〇一年の9・11事件は、唯一の超大国アメリカが中東を起源とする非国家主体――トランスナショナルなテロ組織であるアル＝カーイダ――の挑戦を受ける時代の幕開けとなった（第5章）。そして、これを受けてアメリカが発動した「対テロ戦争」は、多国間の協調よりも自国による単独行動を優先したことで、「テロリストの壊滅」という目的を十分に達成できなかったどころか、世界的な反米感情の高まりを招くこととなった。その結果、アメリカは、「極」としての地位を徐々に失っていった。

それを決定づけたのが、二〇〇三年のイラク戦争であった。フサイン政権の大量破壊兵器保有疑惑という曖昧な理由で開戦に踏み切ったこと、そして、その後の占領統治の失敗が、唯一の超大国であったはずのアメリカの威信を大きく傷つけた。

このように単極構造を規定していたアメリカは、中東への関与で躓いたのだと言える。そして、その凋落は、「極」のない世界、つまり、④の無極構造の始まりとなった。

†無極構造、あるいは、「Gゼロ」後の時代

国際政治学者I・ブレマーは、二〇一二年の著書で、こうした国際システムの特徴を「Gゼロ」と名付け、アメリカだけでなくいわゆるG7と呼ばれる先進国のリーダーシッ

プも機能しない状況、言い換えれば、国家の行動の予測が難しい状況が生まれたと論じた（ブレマー二〇一二）。

こうしたなか、中東では再び国際政治を震撼させる事件が起こった。「アラブの春」である。ある国家が体制転換を経験すれば、その行動も他国との関係が変化し、また、これに伴って域外の諸国による中東への関与のあり方も変化する――このように、「アラブの春」は、本質的には中東各国の内政の問題であったが、国際政治の構造に変化をもたらす契機を含んでいた（Gerges 2013）。

この「Gゼロ」と「アラブの春」という二つの変化は、国際政治と中東政治の関係にさまざまな影響を与えた。

第一に、中国とロシアの台頭である。イラク戦争以降、アメリカが中東への関与を弱めていったのに代わって、中国とロシアの外交攻勢が目立つようになった。それを象徴したのが、シリア内戦における両国によるアサド政権への支持・支援、特に二〇一五年秋に開始されたロシアによる直接的な軍事介入であった。紛争に関与する国家の増加は、紛争を激化・長期化させるだけでなく、停戦や和平協定へのシナリオの策定を困難にした（第3章）。

第二に、中東諸国の行動の予測がより難しくなったことである。アメリカという「極」

の揺らぎは、この唯一の超大国との同盟関係にあった諸国の生存を脅かした。その典型が、アメリカとの強固な同盟関係にあったサウジアラビアであった。サウジアラビアは、核兵器開発疑惑が囁かれるイランの脅威に対して、アメリカの力よりも自助によってこれを排除する必要に直面した。具体的には、さらなる軍備拡大を推し進めたり、かつての仇敵イスラエルとの外交関係を強めたり、イランの影響力が及んでいるとされるシリア、レバノン、イラク、イエメンなどの内政への関与を行うようになった。その結果が、これらの国で深刻化した代理戦争（第3章）や「宗派対立」（第5章）であった。

第三に、「極」の不在によってもたらされた予測不能な中東諸国の行動が、翻って、各国の能力や正統性の低下を招いたことである。中東諸国間での外部介入が常態化したことで、第3章で論じた「弱い国家」の問題が発生したのである。具体的には、紛争状態へと陥ったリビア、シリア、イエメンなどでは、各国による外部介入による主権や領域の侵害だけでなく、それに伴い、クルド人やフーシー派などの独立運動、さらには、「イスラーム国」のような過激派といったさまざまな非国家主体の台頭が見られるようになった。その結果、それぞれの国家としての輪郭が揺らぎ、国民国家を単位としてきた国際システムの構造が根底から揺るがされるような事態――「メルトダウン」――が生じた（末近二〇一六）。

このように、無極構造、あるいは、「Gゼロ」後の時代においては、中東で生起した問題はこれまで以上に大規模かつ即時的に国際政治に対して作用し、翻って、国際政治の変化に対して中東政治はこれまで以上に敏感かつ脆弱になっている。今日の中東は、これまで以上に「開かれた地域」となっているのである。

2 中東の国際関係を規定するもの

†アイデンティティの役割

前節で論じたように、国際システムの考え方は、国際政治を主体としての国家とその相互関係からなる構造と捉える。そこでは、中東諸国であれ、他の地域の諸国であれ、国家は同一の機能を持つ主体（ライク・ユニットと呼ばれる）と想定される――国家というものは、国際政治の無政府状況において自助による生存を至上とする。そのため、国際システムやネオリアリズムの考え方においては、中東とそれ以外の地域を区別することに本質的な意味はない。

中東政治学でも、こうした前提が共有されているものの、しかしながら、中東諸国の間の関係を見る際には、中東に固有の要素に注目する必要があると論じられてきた。すなわち、アイデンティティの役割である。中東諸国の行動は、自助による生存のための戦略的な行動だけでなく、本書でたびたび触れてきたアラブ人としてのアイデンティティである「アラブであること」――ウルーバ――や、イスラーム教徒が帰属するとされる世界大のイスラーム共同体――ウンマ――の教えによっても規定されてきた（Telhami and Barnett 2002)。

こうしたアイデンティティの役割を重視する考え方は、国際関係論においてはコンストラクティヴィズム（構成主義）と呼ばれる。コンストラクティヴィズムの特徴は、その代表的な論客であるA・ウェントによれば、アイデンティティやアイデア、規範のような観念的な要素を分析の軸とし、その観念も、所与の存在ではなく、国家／非国家からなるさまざまな主体間の相互作用から生じ変化する社会的な構成物と見なすことにある（Wendt 1999: 1-44)。

つまり、国家の行動は、物質的な力や利益だけでなく観念にも影響され、また、その観念も所与のものではなく、国際関係という「社会」のなかで構成され変化する、という考え方である。

たとえば、第3章で論じたように、現代は戦争違法化の時代であるが、それを支える戦争を悪とする観念は、第一次世界大戦の惨禍を経ることで本格的に生じ、その後、各国によって共有されるようになったものである。そして、その観念は、国家による侵略戦争を抑止する効果を発揮し、戦争の違法化という法制度の整備や運用へとつながっている。

中東域内の国家間関係――中東の国際関係と呼ぶことにする――については、コンストラクティヴィズムに依拠した分析が一つのトレンドをつくってきた。たとえば、第3章で論じた「弱い国家」や「国家と国民の不一致」の問題は、中東諸国には現行の国民国家を必ずしも前提としない、国民とは別のアイデンティティが存在していることを示していた。中東の国際関係は、物理的な力や利益をめぐる自助による生存だけでは十分に説明できないのである。

そこで本節では、中東で特に大きな影響力を持ってきたアラブとイスラームという二つのアイデンティティに着目し、それらが中東諸国の行動にどのような影響を与えてきたのかを順番に見てみよう。

†アラブ諸国家システム

まず、アラブのアイデンティティは、歴史的に見ても、中東の国際関係を規定する大きな要因であり続けてきた。「アラブであること」は、①アラブ諸国とそれ以外（トルコ、イラン、イスラエル）とを分ける作用と、②アラブ諸国間の特別な関係をかたちづくる作用の二つを見せてきた。

①のアラブと非アラブの区別については、中東戦争がその典型である。アラブ諸国は、連合軍を結成して、アラブ世界の不可分の一部であるパレスチナの土地をイスラエルの占領から解放するために、四度にわたって戦争を行った。その際、パレスチナ解放は、「アラブの大義」と呼ばれ、アラブ民族主義による統一アラブ国家建設のために不可欠な営みであるとされた。

②のアラブ諸国間の関係については、「アラブであること」が協調や連帯につながる場合と、反対に同じアイデンティティを共有しているゆえの対立や干渉を引き起こす場合がある（末近二〇〇九）。

前者の協調・連帯の場合としては、中東戦争におけるアラブ諸国による連合軍の結成の他に、一九四五年のアラブ諸国連盟（アラブ連盟）の設立が挙げられる。アラブ連盟は、エジプト、イラク、サウジアラビア、（トランス・）ヨルダン、シリア、レバノン、イエメンの七ヶ国によって設立された（その後、加盟国は二二まで増えた）。その目的として、アラブ諸国全体の「諸問題と利益」を共有することが謳われた（北澤二〇一五：一一二九頁）。

後者の対立・干渉の場合については、アラブ民族主義が隆盛した一九五〇年代から六〇年代には、イエメン内戦や第一次レバノン内戦に見られたように、一部のアラブ諸国が、同じ「アラブであること」を根拠に他国の内政への関与を行った。「アラブであること」というアイデンティティを共有しているがゆえに、「国境や国家主権が軽視される傾向」があったのである（オーウェン二〇一五：一二一頁；Owen 1983: 20-1）。そもそもアラブ諸国連盟という国際機構の存在自体が、統一アラブ国家建設という理念と国民国家群の併存という現実との間の矛盾を孕んでいた（Sela 1998: 36-41）。

こうした「アラブであること」によって規定されるアラブ諸国間関係を、M・バーネットは「アラブ諸国家システム」と呼んだ（Barnett 1998）。バーネットによれば、アラブ諸国は、自国の生存のためには「軍事」よりも「政治」を重視する傾向を見せてきたという。そこでは、「アラブであること」というアイデンティティを利用することで国内外からの正統性を獲得しようとする、「象徴政治（シンボリック・ポリティクス）」と呼ばれる独特な政治が展開されてきた。中東でのアラブ諸国の行動は、物質的な力や利益だけでなく、観念にも強く影響されてきたのである。

†社会的構成物としての「アラブであること」

しかし、先に述べたコンストラクティヴィズムの考え方を敷衍すると、この「アラブであること」も所与のものではない。アラブ人としてのアイデンティティも、アラブ諸国の行動を一方的に規定するものではなく、その行動によって常に変化する社会的構成物として見る必要がある。つまり、アラブ諸国の行動や相互関係の変化によって、そのアイデンティティが強まることもあれば、弱まることもあり、また、その内実が変わってしまうこともある。

アラブ人としてのアイデンティティが大きく傷つけられたのが、一九六七年の第三次中東戦争でのアラブ諸国の大敗であった。それまでは、アラブ諸国が協力と連帯を強めることで、イスラエルの打倒、すなわち、パレスチナ解放が実現できると信じられていた。しかし、この大敗によって、これに懐疑的な見方が広がり、やがて「アラブであること」よりもアラブ各国の国民意識や、後で詳しく述べるイスラーム教徒としてのアイデンティティが前景化するようになった。

さらには、一九七八年のエジプトによるイスラエルとの単独和平（キャンプ・デーヴィッド合意、アラブ／非アラブ諸国間の外交関係の強化）、そして、一九九〇年のイラクによるクウェート侵攻（湾岸戦争、アラブ諸国間の戦争の発生）が起こることで、「アラブであること」は名実ともにその重要性を失っていった。いずれの事件も、アラブ諸国全体の「諸問題と利益」よりは、自国の生存を重視する自助の行動によって起きたものであった。

その結果、一九九〇年代以降、中東の国際関係において「アラブであること」は、実質的に政治を動かすことができる力を失っただけでなく、その内実にも変化が生じることとなった。すなわち、統一アラブ国家建設を目指す政治的なイデオロギーよりも、アラビア語を話す人びととしての文化的なアイデンティティとしての色が強くなったのである。これは、アラブ民族主義の時代の終焉を意味し、それに伴い、パレスチナ解放は、「アラブの大義」ではなく、パレスチナだけの問題として語られるようになった（Barnett 1998; Sela 1998）。

†イスラームに基づく外交と国家間関係

こうして「アラブであること」は、政治的な影響力や価値を衰退させていったが、しかしながら、中東の国際関係においてアイデンティティの役割が失われたわけではなかった。一九七〇年代以降、「アラブであること」に代わって、イスラームに基づくアイデンティティが存在感を見せるようになったからである。

イスラームは、次の二つの面において、国家の行動を規定する要因となる。一つは、国家の外交政策をさまざまなイスラーム的価値の実践の一環とすること、もう一つは、その価値を共有する諸国との協調や連帯、さらには、同盟関係を推し進めることである。こうして展開されるイスラームが駆動する外交や国家間関係は、中東政治を超えて国際政治全体へと広がる可能性を持つ。それは、イスラームが中東に限定された宗教ではないからである（末近二〇〇七；Alikhani 2016）。

具体的に見てみよう。イスラームのアイデンティティに基づく外交政策は、古くは二〇世紀初頭のオスマン帝国による「汎イスラーム主義」に見られた。汎イスラーム主義とは、イスラーム世界の統一を目指すイデオロギーである。東方問題の渦中にあったオスマン帝国は、その生存のために、カリフを戴く正統なイスラーム国家としてイスラーム教徒を抱えるさまざまな諸国に対して連帯と協調を求めた。さらには、第一次世界大戦への参戦も、イスラームの義務の一つであるジハード（聖戦）であると主張した。

これと似た外交政策は、一九七九年の革命後のイランによる「革命の輸出」にも見られた。「革命の輸出」とは、文字通り、イランで成功したイスラーム革命をイスラーム教徒が暮らす他の諸国にも波及させようとする試みであった。イランは、これを外交政策の一つの指針とし、中東の各国の革命勢力を政治や軍事の面から支援した。第5章で論じた「外国軍の占領下での抵抗運動」として結成されたレバノンのヒズブッラーは、この「革命の輸出」の所産の一つであった。

近年では、「二聖都の守護者」を自認するサウジアラビアが、各国に対してイスラームの名の下での連帯と協調を重視する外交政策を展開している他に、二〇〇二年に誕生したトルコの公正発展党政権が、アラブ各国のムスリム同胞団への支持・支援を行ったり、イスラーム教徒が人口の多数派を占める中央アジア諸国との外交関係の強化につとめている(Mandaville 2019: 192-8)。

†イスラームがもたらす安定と不安定

こうしたイスラームが作用する外交や国家間関係は、中東政治や国際政治に安定と不安定の両方をもたらしてきた。

イスラームのアイデンティティは、アラブの場合(アラブ連盟)と同様に、独自の国際機構の設立につながった。イスラーム諸国会議機構(一九七一年設立、二〇一一年にイスラーム協力機構に改称)である。その設立の目的は、イスラーム教徒が強い影響力を持つ諸国の政治的な協力と連帯を強化することとされた。加盟国は、中東だけでなく、アフリカや中央・南・東南アジアなどの五七の諸国に広がっている(森二〇一二)。

しかし、イスラームのアイデンティティは、国家間の関係を円滑化する一方で、その本来的なトランスナショナル性のために、現行の国民国家の仕組みや考え方を必ずしも所与としない傾向を持つことから、非国家主体の台頭を促進する面もある。こうしたトランスナショナル性を持つ非国家主体は、国民よりもイスラーム教徒を自覚し、国家よりもイスラーム共同体を重視することで、既存の国家の能力や正統性への挑戦者となり得る（Volpi 2019）。

こうしたイスラーム的な非国家主体のなかには、当初より現行の国民国家に対峙することを目的に結成され、それゆえにその枠を超える独自のネットワークを形成するものも少なくない。それを象徴するのが、さまざまなイスラーム主義運動である。第3章で見たような穏健派では、ムスリム同胞団が、一四の国家と二つの地域の支部の代表者からなる「国際機構」を設立しており、一方、過激派では、アル＝カーイダや「イスラーム国」が、トランスナショナルなテロ組織としての活動を展開している。

穏健派と過激派の両者の間には、活動の内実の面では大きな違いがあるが、国家の能力や正統性を相対化する作用を持つという面では共通する。イスラーム主義運動は、しばしば「国家内国家」と呼ばれることがあるように、イスラームのアイデンティティに基づく独自の活動を展開することで、現行の中東諸国の国民国家としての行政・立法・司法、さらには、安全保障の機能を「乗っ取る」（ないしは、国家が機能不全に陥っている場合は「補完する」）ことがある。たとえば、エジプトのムスリム同胞団やレバノンのヒズブッラーは、独自のネットワークを駆使して国外から資金を調達することで、幅広い社会福祉や医療、教育の活動を展開している。

さらに、第5章で論じたように、今日の中東の国際関係においては、イスラームにおける宗派の違いが国家間の関係を規定する要因の一つになっている。「宗派対立」の問題である。サウジアラビアとイランの国家間の相互不信と脅威認識が増大するにしたがい、それぞれがあたかもスンナ派とシーア派の代弁者のような行動をとること――「宗派化」を推し進めること――で、宗派のアイデンティティそれ自体を争点とするような対立の構図が顕在化することとなった。つまり、国家間の相互関係を通して宗派のアイデンティティが社会的に構成され、翻って、それが現実の中東の国際関係を規定する要因となったのである(ヴァルビョーン二〇一九)。

†中東の国家の行動を左右するもの

以上、前節と本節で見てきたように、中東諸国は、世界の他の諸国と同様に、軍備増強や他国との同盟関係の構築といった自助による国家の生存を至上命題としながらも、中東という地域に固有のアラブやイスラームといったアイデンティティに基づく行動をとる傾向がある。

そのため、中東の国家の行動を分析するためには、ネオリアリズムとコンストラクティヴィズムのいずれか一つに依拠するよりも、両方に目配りしながら慎重に議論を運んでいく必要がある――こうした考え方は、多くの論者によって掲げられており、近年の研究における主流となっている（Halliday 2005; Hinnebusch 2015; Valbjørn 2015; Akbarzadeh 2019; Fawcett 2019）。

その代表的な論者であるR・ヒンネブッシュは、先に述べたアラブ諸国家システムにイスラエル、トルコ、イランを加えた「中東諸国家システム」が歴史的に形成されてきたと論じた。このシステムにおいて、中東諸国の行動は、自助による生存の追求を基調としながらも、アイデンティティによっても左右される。そして、このアイデンティティの影響力の度合いは、国家形成のレベルから説明されるという（Hinnebusch 2015）。

ここで言う国家形成のレベルとは、統治機構の確立の度合い、そして、国民意識の醸成の度合いである。両者は、本書で用いてきた用語に置き換えれば、国家としての能力と正統性である。この「国家形成のレベル」が低い国家ほど、自助による生存だけでなく、アイデンティティから派生する規範に応える必要が生じる。それは、そうした国家が能力と正統性の両方に問題を抱える傾向があることから、国内外の支持や承認を得るためにアイデンティティ――アラブやイスラーム――に訴えなくてはならなくなるからである。こうした国家は、アラブ人やイスラーム教徒として「正しい振る舞い」をすることで国民や諸外国の歓心を買い、自らの生存を確固たるものにしようとする。

第1章で見たように、国家形成の初期の段階において西洋列強による関与の度合いが高い、つまり、「人工性」が比較的高かった諸国は、植民地国家の時代を経て独立を達成した後も、国家としての能力と正統性に問題を抱えることとなった。たとえば、シリアやイラクは、独自の外交を通してソ連という超大国との結びつきを強める一方で、アラブ民族主義による「アラブの統一」を政治目標として掲げることで国民や周辺諸国からの承認の獲得を目指した。そこには、確かに、自助だけでなくアイデンティティに依拠した行動を見ることができる。

3 中東という課題に取り組むために

†固有性と共通性

今日の世界において中東という地域はどのような位置づけにあるのか。そして、その位置づけはどのように変化してきたのか。この終章では、国際政治と中東政治の動的で複雑な関係を捉えるために、国際関係論の知見を用いながら、「国際政治と中東政治の関係」

と「中東の国際関係」の二つの面から論じてきた。

そこで明らかになったのは、中東諸国は、他の地域の国家と同様に自助による生存を至上命題とすると同時に、中東という地域に根ざしたアイデンティティに依拠した行動を取る傾向がある、ということであった。そこには、中東に固有の側面と他地域との共通の側面を見ることができる。

この固有性と共通性を丁寧に見ていくことは、中東の国家の行動だけでなく、他のさまざまな中東における政治現象を「理解する」ためにも重要となる。

一般に、中東で起こっている政治現象は、あくまでも対岸の火事にすぎないか、あるいは、自分とは無関係なものであると思われがちである。独裁が横行しても、紛争が蔓延しても、経済が停滞しても、宗教が存在感を強めても、すべては中東に固有の問題として語られることは少なくない。そして、そうした語りには、「遅れている彼ら」と「進んでいる我ら」という思い込みや偏見、さらには、差別的なまなざしが見え隠れしていることもある。

他方で、中東という地域が世界の他の地域とフラットでシームレスにつながっていることを前提とし、そこで起こっている政治現象を他の地域の政治現象とまったく同じものと捉えることにも問題はある。現象の細部を等閑視してしまうだけでなく、実質的に他地域の説明を一方的に中東に適用することに終始し、結局のところ、「進んでいる我ら」が「遅れている彼ら」のことを説明するという構図を強化しかねないからである。

そのため、中東政治を「理解する」ためには、それをまなざす側に慎重な姿勢が求められる。中東という地域を単純に世界の一部として俯瞰するだけでは、その固有性を見落としかねない。しかし、だからといって、反対に世界から切り離された「箱庭」のような地域として近視眼的に観察するだけでは、世界の他の地域との共通性を見つけることはできない。

このような中東という地域をめぐる認識上のアポリア（困惑、当惑）は、本書の各章で取り上げたようなさまざまなテーマ——国家、独裁、紛争、経済、宗教——を扱う際にも、大きな課題であり続けてきた。

独裁の横行、紛争の蔓延、経済の停滞、宗教の存在感のいずれについても、何が、どこまで中東に固有なのか、あるいは、何が、どこまで他の地域と共通しているのか。中東政治学という学問は、一貫してこのアポリアの克服に取り組んできた——そう言っても過言ではない。

†地域研究と社会科学

なぜこうしたアポリアが長らく存在してきたのか。その一つの原因は、中東政治を対象とするさまざまな学問分野の配置や経路依存性にある。つまり、学問それ自体がアポリアの再生産に加担してきたのである。

中東という地域の固有性と共通性――あるいは、特殊性と普遍性――のどちらにフォーカスするのか。この問題は、それぞれ異なるアプローチを持つ地域研究と社会科学という二つの学問分野の間に横たわってきた。

地域研究とは、「特定の地域に内在する論理を明らかにしようとする研究分野であり、対象地域の言語や地域固有の事情についての知識が必要とされ、政治だけでなく経済、歴史、言語、文化など、さまざまな分野の研究が含まれる」。他方、社会科学とは、たとえば、本書においては政治学や国際関係論がそれにあたり、政治現象の因果関係の解明やそれを説明するための普遍的な理論の構築に力点を置く研究分野である（久保・末近・高橋二〇一六：三頁；Bates 1997）。

中東政治の研究だけでなく、教育においても、この二つの学問分野の関係は常に緊張を孕んできた（Tessler, Nachtwey and Banda 1999）。

地域の固有性の解明を得意とする地域研究から見ると、社会科学は政治現象に対する普遍的な説明を試みる理論重視ゆえに、中東の複雑な現実や細部を捉え切れていないように見える。たとえば、イランとサウジアラビアの対立を軍事的な権力政治を用いて説明してしまうことは、両国の歴史的な関係や宗派の違いといった要素を等閑視しているものと見なされる。

反対に、普遍的な理論の構築を射程に入れる社会科学からは、中東に内在する論理や固有性を描き出すことに力を注ぐ地域研究は理論軽視で叙述的にすぎるといった批判の声が上がる。イランとサウジアラビアの歴史的な関係や宗派の違いを細かく論じることに意味はあるが、それだけでは対立の原因を説明したことにはならない、といった批判である。

地域研究と社会科学の間には目的や手段・方法に大きな違いがあるため、優劣を問うことに本質的な意味はない。しかし、それゆえに、両者の間の対話が進まず、結果的に、研究や教育の場において、このアポリアの克服への歩みを進められないという状況が生み出されてきた。

†中東で起こっていることを「理解する」

こうした学問分野の上での問題は、中東に関する研究だけでなく教育の現場にも見られ、結果的に、学生をはじめとする一般の人びとが中東を「理解する」ときの足かせとなってきた（Haddad and Schwedler 2013: 211-6）。

地域研究と社会科学は、大学をはじめとする高等教育機関において別個の学部やカリキュラムで教えられる傾向がある。中東政治に関する授業は「（中東）地域の専門家」が担当することがほとんどであり、教員も学生も社会科学や一般理論との接点を持ちにくい。反対に、社会科学の授業においては、政治学や国際関係論の一般理論を学ぶ際にも中東の事例が取りあげられることは少ない。地域研究と社会科学が、それぞれ別の方向から中東例外論を再生産するような事態が続いてきたのである。

研究と教育の両面から再生産されてきた中東をめぐる認識上のアポリア――これを克服するために、中東で起こっていることを正確に「理解する」ための新たな知見を生み出す必要がある。

本書の各章で論じてきたことは、すべて、こうしたアポリアを乗り越えるための一つの試みであった。「はじめに」では、次のように述べた――中東政治学とは、「中東政治」を「学」ぶことと、「中東」を「政治学」することの二つの側面をあわせ持つ。

言葉遊びのように見えるかもしれないが、実際には、前者は地域研究、後者は社会科学に重なる。つまり、本書における中東政治学とは、中東という地域の固有性や特殊性を捉えることを重視する地域研究と、そこで生じる政治現象の因果関係の解明やその説明のための普遍的な理論の構築や発展を目指す社会科学の二つの意味が込められている。この中東政治学こそが、中東の政治現象を「理解する」ための学問であり、さらには、中東という課題に向き合うための一助となりうるものなのである。

†混迷の中東に向き合うこと、世界に向き合うこと

今この瞬間、中東では、国家、独裁、紛争、経済、宗教に関わるさまざまな問題が現在進行形で起こっており、また、そこで暮らす多くの人びとがそれに苦しんでいるという現実がある。これに対して、中東政治学という学問が何の役に立つのか、と思われるかもしれない。確かに、中東政治学それ自体には、これらの問題を即座に解決する力はない。

しかし、そもそも役に立つとはどういうことであろうか。独裁者を倒せない、内戦や戦争を止められない、貧困を解消できない、過激派のテロを撲滅できない——このように問題の解決に直接つながらないという意味であれば、ほとんどの学問が役に立たないことになる。また、役に立つということが眼前の問題を即座に解決できるかどうかだけを基準とするならば、それは、すぐに役に立たなくなる運命にある。役に立つかどうかを事前に想定できるということは、想定外の事態が生じたときには対応できないことになるからであ

る。

「アラブの春」以降、中東政治は未曾有の混迷のなかにあり、想定外の事件が次々に起こっている。中東だけではない。世界を見渡してみても、無数の「想定外」が生起しており、これまでの常識では考えられなかった事態が進行している。このような先行きが不透明な時代においては、世界のあり方それ自体を捉え直す作業が必要となる。そのため、中東政治を正確に「理解する」ことを目指すことは、今後いっそう重要になるであろう。一見すると遠回りのようにも思えるが、学問を通してそれまでの常識を絶えず見直しながら中東に向き合うことこそが、中東のさまざまな問題に対する解決を導くための営みになるはずである。

グローバル化の進展に伴い、中東という地域は、日本にとっても身近な存在になりつつあり、それを「知る」ための手段や方法も充実してきている。しかし、むしろ、だからこそ、中東政治を「理解する」ことが求められているのである。

あとがき

中東は、日本から見て近くて遠い地域である。物理的な距離ではヨーロッパやアメリカよりも近いはずであるが、心理的にはそれよりも遠くに置かれ続けてきた。それでも、いや、だからこそ、中東で起きていることを「理解する」ための営みは大きな課題であり、今後ますます重要なものになっていくであろう。

筆者が研究者の道を志した一九九〇年代初頭に比べると、今では中東へのアクセスは格段に容易になった。スマートフォン一つあれば片手で即座にその日にエジプトやサウジアラビアで起こったことを「知る」ことができるし、旅行や出張、留学などを通じて実際に現地の空気を吸ったり人びとと触れあう機会も増えた。

しかし、中東で起こっていることを「理解する」ための「知のインフラ」が十分に整備されてきたとは言い難い。もちろん、学問としての中東政治学は不断の発展を遂げてきたが、その成果については、数千円の学術書や論文集として公開されることがほとんどであり、多くの人にとってはなかなか気軽に手を出せる／手が届くものではない。中東政治、あるいは中東情勢についての手軽な本がなかったわけではないが、それらのほとんどは報道や時事解説をもとにしたものが多く、入門書と呼べる著作の数は極めて限られてきたように思う。

入門書とは、「一冊でわかる」といった類いのものではなく、文字通り門を入った向こう側に広がる知の世界へと読者を誘うための本である。言い換えれば、読者にとって「終わり」ではなく、「始まり」となる本のことである。

本書は、現代の中東政治に関する、そんな入門書の一つとなることを目指して企画された。いわば中東政治の学問分野——中東政治学——における「ソフトすぎる概説書」と「ハードすぎる専門書」の間の橋渡しを試みる本である。

筆者の中東政治学の入門書の「原体験」は、イギリスの大学院で中東政治を勉強していたときに遡る。伝統的に歴史や宗教・思想の分野を得意とする日本の中東研究に対して、政治学や国際関係論の知見を取り入れたイギリスのそれは筆者にとって新鮮であり、また、現在進行型で起こっている現象に合理的な説明を与えることを重視していた。

もちろん、イギリスは良くも悪くも現実の中東政治に深く関わってきたため、そこには政策的なニーズが見え隠れしていたのも事実である。それでも、そこで読みあさった数々の本と同じようなものが、単なる輸入学問にはならないかたちで、日本語でも読めるようにはならないか。そんなことをずっと考えていた。

とはいえ、いざ書き始めてみると、浅学非才という言葉がこれほど身に染みることはなかった。前著『イスラーム主義――もう一つの近代を構想する』（岩波新書）が、「中東政治」と「イスラーム」の二つの研究領域を結びつけることで新たな視座を提示しようとしたのに対して、本書では、地域研究と社会科学のそれぞれの考え方や強みを活かしながら中東政治の大きな絵を描くことを試みた。しかし、その執筆は、想像していた以上の難物であった。

筆者はシリアやレバノンといった東アラブ地域を中心に中東政治を研究してきたが、中東という地域の広さや奥深さをあらためて知ることとなった。本書では中東政治のダイナミズムをテーマ別に論じることに注力したが、それゆえに、各国政治における細かな事象や必須の文献への言及が十分でないとの指摘や批判はあるであろう。

また、このテーマ別の構成を採用したことで、中東政治のさまざまな事象が歴史的にどのように展開したのか、時系列順に把握することが難しい、といった感想もあると思う。特定の事象の史的展開、たとえば、特定の国における権威主義体制の持続、崩壊、内戦の発生といった一連の事件については、章を異にしていても記述同士がつながるように最大限の工夫をしたつもりではある（中東の政治史については、いつか書いてみたいと思っている）。

何よりも、地域研究と社会科学の両方にバランスよく目配りしながら、それでいて、中東政治を「理解する」ための一つの読み物としての一貫性を持たせることは、思っていたよりもはるかに難しい作業であった。結果として、本書の記述のなかには、筆者の迷いやブレのようなものが滲み出てしまっている箇所が残っているかもしれない。

このような拙い小著ではあるが、今の筆者ができることを詰め込んだという実感はある。本書が、中東政治、さらには中東という地域それ自体を「理解する」ための一助になることを願っている。さらに言えば、この入門書を「始まり」として、中東政治の勉強や研究に携わりたいと思ってくれる方々が数多く出てきてくれることを期待している。特に、本書が、これから研究の道を歩もうとする学生・院生の方々に意味があるものになれば、筆者としては望外の喜びである。

本書は、筑摩書房編集部の河内卓氏からの執筆のお誘いから生まれた。直筆のお手紙をいただいたのは二〇一七年春のことであったが、その後、筆者が大きく体調を崩して一年近く仕事ができなくなってしまったこともあり、刊行にこぎ着けるまで実に三年半もお待たせしてしまった。その間も辛抱強く原稿を待ち続け、また、筆者の細かな注文にも快く応じて下さった氏のご尽力に、いくえにも厚くお礼申し上げたい。

執筆にあたっては、多くの方々のご支援を賜った。研究のテーマ、ディシプリン、地域などを異にする、さまざまな研究者とのつながりのなかで培われてきた知見が、本書の血となり肉となっている。特に、中東政治をどのように分析するか、そして、どのように教えるか——学会や研究会、国際会議などで顔を合わすたびに語り合ってきた内容は、本文の随所に深く刻まれているはずである。紙幅の関係上お名前を挙げることは控えさせていただくが、この場を借りてお礼を申し上げる。筆者は、いつも良い出会いに恵まれてきた。これからも、さまざまな垣根を飛び越えながら、多くの方々と一緒にわくわくするような研究を続けていきたいと思う。

また、本書の草稿にコメントをくれた所属先の学生・ゼミ生たち、また、図表の作成を手伝ってくれた大学院生の米田優作さんに、感謝の気持ちを伝えたい。本書の内容が少しでもわかりやすいものになっているとすれば、その瑞々しくも鋭い知性や感性から率直な感想や疑問を寄せてくれた彼ら／彼女らのおかげである。

このような多くの方々の支援なしに本書を書き上げることは到底できなかった。とはいえ、言うまでもなく、内容に間違いや誤りがあるとすれば、それはすべて筆者の責任である。読者諸氏の斧正（ふせい）を乞うものである。

最後に、どんなときも笑顔で応援してくれた家族、妻と娘に、心からの感謝の言葉を伝えたい。ありがとう。

二〇二〇年八月

末近　浩太

ちくま新書
1514

中東政治入門

二〇二〇年九月一〇日　第一刷発行

著者　末近浩太（すえちか・こうた）

発行者　喜入冬子

発行所　株式会社　筑摩書房
東京都台東区蔵前二-五-三　郵便番号一一一-八七五五
電話番号〇三-五六八七-二六〇一（代表）

装幀者　間村俊一

印刷・製本　三松堂印刷　株式会社

ISBN978-4-480-07344-0 C0231

参考文献

第1章　国家

今井宏平［2017］『トルコ現代史――オスマン帝国崩壊からエルドアンの時代まで』中公新書
ウェーバー、マックス［2012］『権力と支配』（濱嶋朗訳）講談社学術文庫
臼杵陽［2013］『世界史の中のパレスチナ問題』講談社現代新書
オーウェン、ロジャー［2015］『現代中東の国家・権力・政治』（山尾大・溝渕正季訳）明石書店
小杉泰［1994］『現代中東とイスラーム政治』昭和堂
末近浩太［2018］『イスラーム主義――もう一つの近代を構想する』岩波新書
鈴木董［2018］『オスマン帝国の解体――文化世界と国民国家』講談社学術文庫
ローガン、ユージン［2013］『アラブ500年史――オスマン帝国支配から「アラブ革命」まで（上）』（白須英子訳）白水社
ローガン、ユージン［2016］『オスマン帝国の崩壊――中東における第一次世界大戦』（白須英子訳）白水社
吉村慎太郎［2011］『イランの歴史――従属と抵抗の100年』有志社
Adelson, Roger［1995］*London and the Invention of the Middle East: Money, Power, and War, 1902–1922*. Yale University Press
Angrist, Michele Penner［2019］“The Making of Middle East Politics,” Michele Penner Angrist ed., *Politics and Society in the Contemporary Middle East*. 3rd edition. Lynne Rienner
Ayubi, Nazih N.［1995］*Over-stating the Arab State: Politics and Society in the Middle East*. I.B. Tauris
BP［2020］*BP Statistical Review of World Energy*. 69th edition. BP
Bromley, Simon［1994］*Rethinking Middle East Politics: State Formation and Development*. Polity
Gelvin, James L.［2020］*The Modern Middle East: A History*. 5th edition Oxford University Press
Harik, Iliya［1990］“The Origins of the Arab State System,” Giacomo Luciani ed., *The Arab State*. Routledge

Pew Research Center [2015] *The Future of World Religions: Population, Growth, Projections, 2010–2050*. Pew Research Center
Rogan, Eugene L. [2019] "The Emergence of the Middle East into the Modern State System," Louise Fawcett ed., *International Relations of the Middle East*. 5th edition. Oxford University Press
Saouli, Adham [2012] *The Arab State: Dilemmas of Late Formation*. Routledge
Sato, Shohei [2016] *Britain and the Formation of the Gulf States*. Manchester University Press
Tilly, Charles [1992] *Coercion, Capital and European States, AD 990–1992*. Blackwell

第2章　独裁

青山弘之・末近浩太 [2009]『現代シリア・レバノンの政治構造（アジア経済研究所叢書５）』岩波書店
今井真士 [2017a]『権威主義体制と政治制度――「民主化」の時代におけるエジプトの一党優位の実証分析』勁草書房
今井真士 [2017b]「「アラブの春」の比較政治学」『国際政治』188
小杉泰 [2001]「イスラーム政党をめぐる研究視座と方法論的課題――比較政治学と地域研究の交差する地点で」『アジア・アフリカ地域研究』 1
サイード、エドワード・W [1993]『オリエンタリズム（上・下）』（今沢紀子訳、板垣雄三・杉田英明監修）平凡社
酒井啓子 [2012]「中東政治学――地域研究と比較政治の架橋」酒井啓子編『中東政治学』有斐閣
末近浩太 [2017]「イスラームとデモクラシーをめぐる議論」私市正年・浜中新吾・横田貴之編『中東・イスラーム研究概説――政治学・経済学・社会学・地域研究のテーマと理論』明石書店
ダール、ロバート・A [2014]『ポリアーキー』（高畠通敏・前田脩訳）岩波文庫
浜中新吾 [2014]「中東諸国の体制転換／非転換の論理」日本比較政治学会編『体制転換／非転換の比較政治（日本比較政治学会年報 第16号）』ミネルヴァ書房
ハンチントン、サミュエル [1972]『変革期社会の政治秩序（上）』（内山秀夫訳）サイマル出版会

ハンチントン、サミュエル［1995］『第三の波――20世紀後半の民主化』（坪郷實・中道寿一・藪野祐三訳）三嶺書房
松本弘編［2011］『中東・イスラーム諸国民主化ハンドブック』明石書店
横田貴之、ホサム・ダルウィッシュ［2012］「エジプト政治の民主化と社会運動」酒井啓子編『中東政治学』有斐閣
リンス，J［1995］『全体主義体制と権威主義体制』（高橋進監訳）法律文化社
ロス、マイケル［2017］『石油の呪い――国家の発展経路はいかに決定されるか』（松尾昌樹・浜中新吾訳）吉田書店
Albrecht, Holger and Oliver Schlumberger［2004］"'Waiting for Godot': Regime Change without Democratization in the Middle East," *International Political Science Review*, 25（4）
Anderson, Lisa［2011］"Demystifying the Arab Spring: Parsing the Differences between Tunisia, Egypt, and Libya," *Foreign Affairs*, 90（3）
Angrist, Michele P.［2006］*Party Building in the Modern Middle East*. University of Washington Press
Barany, Zoltan［2016］*How Armies Respond to Revolutions and Why*. Princeton University Press
Beblawi, Hazem and Giacomo Luciani［1987］*The Rentier State in the Arab World*. Croom Helm
Bellin, Eva［2005］"Coercive Institutions and Coercive Leaders," Marsha Pripstein Posusney and Michele Penner Angrist eds., *Authoritarianism in the Middle East: Regimes and Resistance*. Lynne Rienner
Bellin, Eva［2012］"Reconsidering the Robustness of Authoritarianism in the Middle East: Lessons from the Arab Spring," *Comparative Politics*, 44（2）
Bromley, Simon［1997］"Middle East Exceptionalism: Myth or Reality?" David Potter ed., *Democratization*. Polity
Brownlee, Jason［2006］*Authoritarianism in an Age of Democratization*. Cambridge University Press
Diamond, Larry, Marc Plattner, and Daniel Brumberg eds.［2003］*Islam and Democracy in the Middle East*. Johns Hopkins University Press
Eisinger, Peter K.［1973］"The Conditions of Protest Behavior in American Cities," *American Political Science Review*, 67（1）

Geddes, Barbara, Joseph Wright, and Erica Frantz [2014] "Autocratic Breakdown and Regime Transitions: A New Data Set," *Perspectives on Politics*, 12 (2)

Gandhi, Jennifer [2008] *Political Institutions under Dictatorship*. Cambridge University Press

Gandhi, Jennifer and Ellen Lust-Okar [2009] "Elections Under Authoritarianism," *Annual Review of Political Science*, 12

Herb, Michael [1999] *All in the Family: Absolutism, Revolution, and Democracy in the Middle Eastern Monarchies*. State University of New York Press

Hofmann, Steven Ryan [2004] "Islam and Democracy: Micro-Level Indications of Compatibility," *Comparative Political Studies*, 37 (6)

Ianchovichina, Elena [2018] *Eruptions of Popular Anger: The Economics of the Arab Spring and Its Aftermath*. International Bank for Reconstruction and Development, The World Bank

Khatib, Lina and Ellen Lust eds. [2014] *Taking to the Streets: The Transformation of Arab Activism*. Johns Hopkins University Press

Lewis, Bernard [1996] "Islam and Liberal Democracy: A Historical Overview," *Journal of Democracy*, 7 (2)

Lipset, Seymour Martin [1994] "The Social Requisites of Democracy Revisited: 1993 Presidential Address," *American Sociological Review*, 59 (1)

Lucas, Russell [2004] "Monarchical Authoritarianism: Survival and Political Liberalization in a Middle Eastern Regime Type," *International Journal of Middle East Studies*, 36 (1)

Lust, Ellen [2020] "Institutions and Governance," Ellen Lust ed., *The Middle East*. 15th edition. Sage

Lust-Okar, Ellen [2005] *Structuring Conflict in the Arab World: Incumbents, Opponents, and Institutions*. Cambridge University Press

Magaloni, Beatriz [2008] "Credible Power-Sharing and the Longevity of Authoritarian Rule," *Comparative Political Studies*, 41 (4/5)

Magaloni, Beatriz and Ruth Kricheli [2010] "Political Order and One-Party Rule," *Annual Review of Political Science*, 13

McAdam, Doug, Sidney Tarrow and Charles Tilly [2001] *Dynamics of Contention*. Cambridge University Press

Norris, Pippa and Ronald Inglehart [2004] *Sacred and Secular: Religion and Politics Worldwide*. Cambridge University Press
Phillips, Christopher [2016] *The Battle for Syria: International Rivalry in the New Middle East*. Yale University Press
Scott, James C. [1987] *Weapons of the Weak: Everyday Forms of Peasant Resistance*. Yale University Press
Snow, David A. and Robert D. Benford [1992] "Master Frames and Cycles of Protest," Aldon D. Morris and Carol McClurg Mueller eds., *Frontiers in Social Movement Theory*. Yale University Press
Tessler, Mark [2011] "Islam and Democracy in the Middle East: The Impact of Religious Orientations on Attitudes toward Democracy in Four Arab countries (2002)," Mark Tessler ed., *Public Opinion in the Middle East: Survey Research and the Political Orientations of Ordinary Citizens*. Indiana University Press
Tessler, Mark [2015] *Islam and Politics in the Middle East: Explaining the Views of Ordinary Citizens*. Indiana University Press
Willis, Michael J. [2014] *Politics and Power in the Maghreb: Algeria, Tunisia and Morocco from Independence to the Arab Spring*. Oxford University Press

第3章　紛争

青山弘之［2017］『シリア情勢――終わらない人道危機』岩波新書
クラウゼヴィッツ、カール・フォン［1968］『戦争論（上）』（篠田英雄訳）岩波文庫
末近浩太［2005］『現代シリアの国家変容とイスラーム』ナカニシヤ出版
末近浩太［2013］『イスラーム主義と中東政治――レバノン・ヒズブッラーの抵抗と革命』名古屋大学出版会
末近浩太［2020］「紛争下シリアにおける国家観の拡散――アサド政権の「勝利」を捉え直す」末近浩太・遠藤貢編『紛争が変える国家（シリーズ・グローバル関係学 第4巻）』岩波書店
トリップ、チャールズ［2004］『イラクの歴史』（大野元裕監訳）明石書店
Bilgin, Pinar [2019] *Regional Security in the Middle East: A Critical Perspective*. 2nd edition. Routledge

Collier, Paul and Anke Hoeffler [1998] "On Economic Causes of Civil War," *Oxford Economic Papers*, 50 (4)

Collier, Paul and Anke Hoeffler [2004] "Greed and Grievance in Civil War," *Oxford Economic Papers*, 56 (4)

Falk, Richard [2016] "The UN in the Middle East and the Arab Awakening," Rami G. Khouri, Karim Makdisi, Martin Wählisch eds., *Interventions in Conflict: International Peacemaking in the Middle East*. Palgrave Macmillan

Fearon, James D. [1995] "Rationalist Explanations for War," *International Organization*, 49 (3)

Fearon, James D. and David D. Laitin [2003] "Ethnicity, Insurgency, and Civil War," *American Political Science Review*, 97 (1)

Gelvin, James [2014] *The Israel-Palestine Conflict: One Hundred Years of War*. 3rd edition. Cambridge University Press

Hiltermann, Joost [2017] *Tackling the MENA Region's Intersecting Conflicts*. International Crisis Group

Hinnebusch, Raymond [2015] *The International Politics of the Middle East*. 2nd edition. Manchester University Press

Kamrava, Mehran [2016] "Weak States in the Middle East," Mehran Kamrava ed., *Fragile Politics: Weak States in the Greater Middle East*. Hurst

Khadduri, Majid and Edmund Ghareeb [1997] *War in the Gulf, 1990-91: The Iraq-Kuwait Conflict and Its Implications*. Oxford University Press

Lucas, Russell E. [2005] *Institutions and the Politics of Survival in Jordan: Domestic Responses to External Challenges, 1988–2001*. State University of New York Press

Miller, Aaron David [2014] "Middle East Meltdown," *Foreign Policy*, October 30

Miller, Benjamin [2007] *States, Nations and Great Powers: The Sources of Regional War and Peace*. Cambridge University Press

Murray, Williamson and Kevin M. Woods [2014] *The Iran-Iraq War: A Military and Strategic History*. Cambridge University Press

Quirk, Patrick W. [2017] *Great Powers, Weak States, and Insurgency: Explaining Internal Threat Alliances*. Palgrave Macmillan

Razoux, Pierre [2015] *The Iran-Iraq War*. Nicholas Elliott trs. Belknap Press of Harvard University Press

Salem, Paul [2019] "Middle East Civil Wars: Definitions, Drivers, and the Record of the Recent Past," Paul Salem and Ross Harrison eds., *Escaping the Conflict Trap: Toward Ending Civil Wars in the Middle East*. The Middle East Institute

Sørli, Mirjam E., Nils Petter Gleditsch and Håvard Strand [2005] "Why Is There So Much Conflict in the Middle East?" *Journal of Conflict Resolution*, 49 (1)

Suechika, Kota [2011] "Arab Nationalism Twisted?: The Syrian Ba'th Regime's Strategies for Nation/State-building," Yusuke Murakami, Hiroyuki Yamamoto and Hiromi Komori eds., *Enduring States: In the Face of Challenges from Within and Without*. Kyoto University Press

第4章　石油

オーウェン、ロジャー［2015］『現代中東の国家・権力・政治』（山尾大・溝渕正季訳）明石書店

松尾昌樹［2010］『湾岸産油国――レンティア国家のゆくえ』講談社選書メチエ

松尾昌樹［2014］「湾岸アラブ諸国の権威主義体制とエスノクラシー・モデル」『中東研究』521

松尾昌樹［2016］「グローバル化する中東と石油――レンティア国家再考」松尾昌樹・岡野内正・吉川卓郎編著『中東の新たな秩序（グローバル・サウスはいま３）』ミネルヴァ書房

ロス、マイケル［2017］『石油の呪い――国家の発展経路はいかに決定されるか』（松尾昌樹・浜中新吾訳）吉田書店

Al-Rasheed, Madawi [2010] *A History of Saudi Arabia*. 2nd edition. Cambridge University Press

Batatu, Hanna [1999] *Syria's Peasantry, the Descendants of Its Lesser Rural Notables, and Their Politics*. Princeton University Press

Benhayoun, Gilbert and René Taboul [2013] "The Birth and Development of the Israeli Economy, 1948–77," Alain Dieckhoff ed., *Routledge Handbook of Modern Israel*. Routledge

Bustos, Rafael [2003] "Economic Liberalization and Political Change in Algeria: Theory and Practice (1988–92 and 1994–99)," *Mediterranean Politics*, 8 (1)

Cammett, Melani and Ishac Diwan [2020] "The Political Economy of

Development in the Middle East," Ellen Lust ed., *The Middle East*. 15th edition. Sage

Cammett, Melani, Ishac Diwan, Alan Richards, and John Waterbury [2015] *A Political Economy of the Middle East*. 4th edition. Westview Press

ESCWA [2011] *Statistical Abstract of the ESCWA Region*. No. 31. United Nations

FRONTEX [2018] *Risk Analysis for 2018*. FRONTEX

Güven, Ali Burak [2019] "Political Economy," Alpaslan Özerdem and Matthew Whiting eds., *Routledge Handbook of Turkish Politics*. Routledge

Hertog, Steffen [2019] "The Role of Cronyism in Arab Capitalism," Ishac Diwan, Adeel Malik, and Izak Atiyas eds., *Crony Capitalism in the Middle East: Business and Politics from Liberalization to the Arab Spring*. Oxford University Press

Ikram, Khalid [2018] *The Political Economy of Reforms in Egypt*. The American University in Cairo Press.

Matsuo, Masaki [2019] "Ethnocracy in the Arab Gulf States: Oil Rent, Migrants and Authoritarian Regimes," Lian Kwen Fee, Naomi Hosoda, and Masako Ishii eds., *International Labour Migration in the Middle East and Asia: Issues of Inclusion and Exclusion*. Springer

Morrison, Christian [1991] "Adjustment, Incomes and Poverty in Morocco," *World Development*, 19 (11)

Murphy, Emma [1999] *Economic and Political Change in Tunisia: From Bourguiba to Ben Ali*. Palgrave Macmillan.

Owen, Roger and Şevket Pamuk [1999] *A History of Middle East Economies in the Twentieth Century*. Harvard University Press

O'Donnell, Guillermo [1978] "Reflections on the Patterns of Change in the Bureaucratic-Authoritarian State," *Latin American Research Review*, 13 (1)

Richards, Alan and John Waterbury [2008] *A Political Economy of the Middle East*. 3rd edition. Westview Press

Rivlin, Paul [2001] *Economic Policy and Performance in the Arab World*. Lynne Rienner

Rouach, Daniel and Michaël Bikard [2013] "The 'New Israeli Economy': Opting for High Technology," Alain Dieckhoff ed., *Routledge Handbook of Modern Israel*. Routledge

SIPRI [2015] *SIPRI Yearbook 2015: Armaments, Disarmament and International Security*. Oxford University Press

Springborg, Robert [1986] "Infitah, Agrarian Transformation and Elite Consolidation in Contemporary Iraq," *Middle East Journal*, 40 (1)

UNDP [2019] *Human Development Report 2019: Beyond Income, Beyond Averages, Beyond Today: Inequalities in Human Development in the 21st Century*. UNDP

Wilson, Rodney [2013] *Economic Development in the Middle East*. 2nd edition. Routledge

第5章　宗教

青山弘之・末近浩太［2009］『現代シリア・レバノンの政治構造（アジア経済研究所叢書5）』岩波書店

アサド、タラル［2004］『宗教の系譜――キリスト教徒とイスラムにおける権力の根拠と訓練』（中村圭志訳）岩波書店

アサド、タラル［2006］『世俗の形成――キリスト教、イスラム、近代』（中村圭志訳）みすず書房

ヴェーバー、マックス［1989］『プロテスタンティズムの倫理と資本主義の精神』（大塚久雄訳）岩波文庫

臼杵陽［2008］「イスラエルの政教分離とユダヤ・アイデンティティ」市川裕・臼杵陽・大塚和夫・手島勲矢編『ユダヤ人と国民国家――「政教分離」を再考する』岩波書店

大塚和夫［2015］『イスラーム的――世界化時代の中で』講談社学術文庫

カサノヴァ、ホセ［1997］『近代世界の公共宗教』（津城寛文訳）玉川大学出版部

小杉泰［1994］『現代中東とイスラーム政治』昭和堂

酒井啓子［2019］「中東の「宗派」を巡る問題の視座」酒井啓子編著『現代中東の宗派問題――政治対立の「宗派化」と「新冷戦」』晃洋書房

澤江史子［2005］『現代トルコの民主政治とイスラーム』ナカニシヤ出版

白谷望［2019］「革命後のチュニジアが見せた2つの顔――民主化とテロリズム」髙岡豊・溝渕正季編著『「アラブの春」以後のイスラーム主義運動』ミネルヴァ書房

末近浩太［2013］『イスラーム主義と中東政治――レバノン・ヒズブッラーの抵抗と革命』名古屋大学出版会
末近浩太［2016］「中東の地域秩序の変動――「アラブの春」、シリア「内戦」、そして「イスラーム国」へ」村上勇介・帯谷知可編『融解と再創造の世界秩序（相関地域研究２）』青弓社
末近浩太［2017］「現象としての「イスラーム国（IS）」――反国家・脱国家・超国家」村上勇介・帯谷知可編『秩序の砂塵化を超えて――環太平洋パラダイムの可能性』京都大学学術出版会
末近浩太［2018］『イスラーム主義――もう一つの近代を構想する』岩波新書
バーガー、ピーター・L［2018］『聖なる天蓋――神聖世界の社会学』（薗田稔訳）ちくま学芸文庫
ムバイヤド、サーミー［2016］『イスラーム国の黒旗のもとに――新たなるジハード主義の展開と深層』（高尾賢一郎・福永浩一訳）青土社
森伸生［2014］『サウディアラビア――二聖都の守護者（イスラームを知る19）』山川出版社
山尾大［2011］『現代イラクのイスラーム主義運動――革命運動から政権党への軌跡』有斐閣
横田貴之［2006］『現代エジプトにおけるイスラームと大衆運動』ナカニシヤ出版
横田貴之［2009］『原理主義の潮流――ムスリム同胞団（イスラームを知る10）』山川出版社
横田貴之［2019］「エジプトのイスラーム主義は失敗したのか――ムスリム同胞団の栄枯盛衰」髙岡豊・溝渕正季編著『「アラブの春」以後のイスラーム主義運動』ミネルヴァ書房
Abdul Rauf, Imam Feisal [2015] *Defining Islamic Statehood: Measuring and Indexing Contemporary Muslim States*. Palgrave Macmillan
Al-Rasheed, Madawi [2010] *A History of Saudi Arabia*. 2nd edition. Cambridge University Press.
Brown, Nathan J. [2017] *Arguing Islam after the Revival of Arab Politics*. Oxford University Press
Fox, Jonathan [2008] *A World Survey of Religion and the State*. Cambridge University Press
Gause, F. Gregory, III [2014] *Beyond Sectarianism: The New Middle East Cold War*. Brookings Doha Center Analysis Paper 11. Brookings Doha

Center
Hashemi, Nader and Danny Postel [2017] "Introduction: The Sectarianization Thesis," Nader Hashemi and Danny Postel eds., *Sectarianization: Mapping the New Politics of the Middle East*. Hurst
Hassan, Hassan [2016] *The Sectarianism of the Islamic State: Ideological Roots and Political Context*. Carnegie Endowment for International Peace
Lee, Robert [2014] *Religion and Politics in the Middle East: Identity, Ideology, Institutions and Attitudes*. 2nd edition. Westview Press
Lee, Robert and Lihi Ben Shitrit [2020] "Religion, Society, and Politics in the Middle East," Ellen Lust ed., *The Middle East*. 15th edition. Sage
Lerner, Daniel [1958] *The Passing of Traditional Society: Modernizing the Middle East*. MacMillan
Mandaville, Peter [2020] *Islam and Politics*. 3rd edition. Routledge
March, Andrew F. [2015] "Political Islam: Theory," *Annual Review of Political Science*, 18
Menashri, David [1990] *Iran: A Decade of War and Revolution*. Holmes and Meier
Menashri, David [2001] *Post-Revolutionary Politics in Iran: Religion, Society and Power*. Routledge
Norris, Pippa and Ronald Inglehart [2004] *Sacred and Secular: Religion and Politics Worldwide*. Cambridge University Press
Pargeter, Alison [2011] "Qadhafi and Political Islam in Libya," Dirk Vandewalle ed., *Libya since 1969: Qadhafi's Revolution Revisited*. Palgrave Macmillan
Platteau, Jean-Philippe [2017] *Islam Instrumentalized: Religion and Politics in Historical Perspective*. Cambridge University Press
Sakai, Keiko and Suechika Kota [2020] "Sectarian Fault Lines in the Middle East: Sources of Conflicts or Communal Bonds?" Larbi Sadiki ed., *Routledge Handbook of Middle East Politics*. Routledge
Schwedler, Jillian [2006] *Faith in Moderation: Islamist Parties in Jordan and Yemen*. Cambridge University Press
Schwedler, Jillian [2020] "Religion and Politics," Jillian Schwedler ed., *Understanding the Contemporary Middle East*. 5th edition. Lynne Rienner

Yavuz, M. Hakan [2003] *Islamic Political Identity in Turkey*. Oxford University Press
Zubaida, Sami [2009] *Islam, the People and the State: Political Ideas and Movements in the Middle East*. 3rd edition. I.B. Tauris

終章

ヴァルビョーン、モーテン [2019]「シーア派／スンナ派政治における（宗派間／宗派内）ダイアローグ――宗派主義化した新たな中東で、古典的アラブ冷戦を歴史的類推に用いること（の限界）について」酒井啓子編著『現代中東の宗派問題――政治対立の「宗派化」と「新冷戦」』晃洋書房
ウォルツ、ケネス [2010]『国際政治の理論（ポリティカル・サイエンス・クラシックス 3）』（河野勝・岡垣知子訳）勁草書房
オーウェン、ロジャー [2015]『現代中東の国家・権力・政治』（山尾大・溝渕正季訳）明石書店
北澤義之 [2015]『アラブ連盟――ナショナリズムとイスラームの交錯（イスラームを知る22）』山川出版社
久保慶一・末近浩太・高橋百合子 [2016]『比較政治学の考え方』有斐閣
末近浩太 [2007]「グローバリゼーションと国際政治（2）――「イスラーム」の「外部性」をめぐって」大久保史郎編『グローバリゼーションと人間の安全保障（講座 人間の安全保障と国際犯罪組織 第1巻）』日本評論社
末近浩太 [2009]「中東におけるリージョナリズム」篠田武司・西口清勝・松下冽編著『グローバル化とリージョナリズム（シリーズ グローバル化の現代――現状と課題 第2巻）』御茶の水書房
末近浩太 [2013]『イスラーム主義と中東政治――レバノン・ヒズブッラーの抵抗と革命』名古屋大学出版会
末近浩太 [2014]「序論 中東の政治変動――開かれた「地域」から見る国際政治」『国際政治（特集 中東の政治変動）』178
末近浩太 [2016]「中東の地域秩序の変動――「アラブの春」、シリア「内戦」、そして「イスラーム国」へ」村上勇介・帯谷知可編『融解と再創造の世界秩序（相関地域研究2）』青弓社
ブレマー、イアン [2012]『「Gゼロ」後の世界――主導国なき時代の勝者はだれか』（北沢格訳）日本経済新聞出版社

森伸生［2012］「イスラーム諸国会議機構（OIC）の活動と政治的役割」吉川元・中村覚編『中東の予防外交』信山社
Akbarzadeh, Shahram［2019］"The Blurred Line Between State Identity and Realpolitik," Shahram Akbarzadeh ed., *Routledge Handbook of International Relations in the Middle East*. Routledge
Alikhani, Ali Akbar［2016］"Fundamentals of Islam in International Relations," Deina Abdelkader, Nassef Manabilang Adiong and Raffaele Mauriello eds., *Islam and International Relations: Contributions to Theory and Practice*. Palgrave Macmillan
Barnett, Michael［1998］*Dialogues in Arab Politics: Negotiations in Regional Order*. Columbia University Press
Bates, Robert H.［1997］"Area Studies and the Discipline: A Useful Controversy?" *PS: Political Science and Politics*, 30（2）
Binder, Leonard［1958］"The Middle East as a Subordinate International System," *World Politics*, 10（3）
Brown, L. Carl［1984］*International Politics and the Middle East: Old Rules, Dangerous Game*. Princeton University Press
Fawcett, Louise［2019］"Introduction: The Middle East and International Relations," Louise Fawcett ed., *International Relations of the Middle East*. 5th edition. Oxford University Press
Gaddis, John L.［1992］*The United States and the End of the Cold War: Implications, Reconsiderations, Provocations*. Oxford University Press
Gerges, Fawaz A.［2013］"Introduction: A Rupture," Fawaz A. Gerges ed., *The New Middle East: Protest and Revolution in the Arab World*. Cambridge University Press
Haddad, Bassam and Jillian Schwedler［2013］"Teaching about the Middle East since the Arab Uprisings," *PS: Political Science and Politics*, 46（2）
Halliday, Fred［2005］*The Middle East in International Relations: Power, Politics and Ideology*. Cambridge University Press
Hinnebusch, Raymond［2015］*The International Politics of the Middle East*. 2nd edition. Manchester University Press
Ismael, Tareq Y. and Glenn E. Perry［2014］"Toward a Framework for Analysis," Tareq Y. Ismael and Glenn E. Perry eds., *The International Relations of the Contemporary Middle East: Subordination and Beyond*. Routledge

Kerr, Malcolm [1965] *The Arab Cold War, 1958–1964: A Study of Ideology in Politics*. Oxford University Press

Lynch, Marc [2019] "International Relations," Ellen Lust ed., *The Middle East*. 15th edition. Sage

Mandaville, Peter [2019] "Islam and International Relations in the Middle East: From Umma to Nation State," Louise Fawcett ed., *International Relations of the Middle East*. 5th edition. Oxford University Press

Owen, Roger [1983] "Arab Nationalism, Arab Unity and Arab Solidarity," Talal Asad and Roger Owen, eds., *Sociology of "Developing Societies" The Middle East*. Monthly Review Press

Sela, Avraham [1998] *The Decline of the Arab-Israeli Conflict: Middle East Politics and the Quest for Regional Order*. State University of New York Press

Telhami, Shibley and Michael Barnett [2002] "Introduction: Identity and Foreign Policy in the Middle East," Shibley Telhami and Michael Barnett eds., *Identity and Foreign Policy in the Middle East*. Cornell University Press

Tessler, Mark, Jodi Nachtwey and Anne Banda [1999] "Introduction: The Area Studies Controversy," Mark Tessler ed., *Area Studies and Social Science: Strategies for Understanding Middle East Politics*. Indiana University Press

Valbjørn, Morten [2015] "Introduction: Studying International Relations of the Middle East," Morten Valbjørn and Fred Lawson eds., *International Relations of the Middle East*. Volume I. Sage

Volpi, Frédéric [2019] "Islam, Political Islam, and the State System," Shahram Akbarzadeh ed., *Routledge Handbook of International Relations in the Middle East*. Routledge

Walt, Stephen [1987] *The Origins of Alliances*. Cornell University Press

Wendt, Alexander [1999] *Social Theory of International Relations*. Cambridge University Press